David Gutmann, Fabian Peters, André Kendel,
Tobias Faix und Ulrich Riegel (Hg.)

Kirche — ja bitte!

HERAUSGEGEBEN VON
DAVID GUTMANN, FABIAN PETERS, ANDRÉ KENDEL,
TOBIAS FAIX UND ULRICH RIEGEL

KIRCHE – JA BITTE!

INNOVATIVE MODELLE UND STRATEGISCHE PERSPEKTIVEN GELUNGENER MITGLIEDERORIENTIERUNG

neukirchener

MIX
Papier aus verantwortungsvollen Quellen
FSC® C014138
www.fsc.org

Bibliografische Information der Deutschen Nationalbibliothek:
Die Deutsche Nationalbibliothek verzeichnet diese Publikation in der Deutschen Nationalbibliografie; detaillierte bibliografische Daten sind im Internet über http://dnb.d-nb.de abrufbar.

2. Auflage 2020

Umschlaggestaltung: Andreas Sonnhüter, www.grafikbuero-sonnhueter.de, unter Verwendung eines Bildes © Design Collection (shutterstock.com)
Lektorat: Hauke Burgarth, Pohlheim
DTP: Breklumer Print-Service, info@breklumer-print-service.com
Verwendete Schrift: Frutiger, Sabon
Gesamtherstellung: Finidr, s.r.o
Printed in Czech Republic
ISBN 978-3-7615-6667-1

www.neukirchener-verlage.de

VORWORT

Liebe Leserinnen und Leser,

wann sagt jemand heute: „Kirche – ja bitte!"? Wenn die Vesperkirchen ihre Tore öffnen, wenn Flüchtlinge Schutz suchen, wenn Menschen nach Gott fragen, nach Hoffnung über den Tod hinaus – all das waren und sind Situationen, in denen Menschen sich berührt fühlen, die Gemeinschaft der Kirche suchen und sich zu ihr bekennen.

Der vorliegende Band vereint unter dem Begriff der *Mitgliederorientierung* Analysen und Praxiserfahrungen, Projekte, Initiativen und Fachexpertisen, die Wege suchen und finden, heute als Kirche mit Menschen in Kontakt zu treten. Sie stellen sich den Herausforderungen, die sich für die Kirchen aus rückläufigen Mitgliedszahlen ergeben. Sie wollen hören, was Menschen heute von Kirche erwarten und brauchen.

Mitgliederorientierung heißt, Verbindung aufzunehmen und sich Fragen zu stellen: Wie nah sind wir als Gemeinde oder Initiative an den Lebenswelten der Menschen dran? Wie flexibel sind wir als Organisation Kirche, um auf die gegenwärtigen Herausforderungen zu reagieren? Wie sehr lassen wir uns als Volk Gottes und freie Christenmenschen von der Haltung Jesu inspirieren, der sich zu seiner Zeit allen ohne Vorbehalt und radikal zugewandt hat?

Wer gehört zu Jesus, wer folgt ihm auf seinem Weg? Die Gruppe derer, die sich ihm zu seinen Lebzeiten anschlossen und mit ihm unterwegs waren, ist überschaubar. Die Namen dieser Frauen und Männer sind bekannt; von manchen wissen wir auch die genaueren Lebensumstände. Aber das Neue Testament erwähnt darüber hinaus Tausende von Menschen, auch wenn sie mit Jesus von Nazareth und später mit den ersten Gemeinden nur punktuell in Kontakt kamen. Wie ihr weiteres Leben verlief, wissen wir nicht. Aber wir erfahren, dass die Christusbegegnung sie bewegt, berührt und verändert hat. *Mitgliederorientierung* heißt, dass wir als Kirche diese unterschiedlichen Formen von Berufung, Nachfolge und Verbundenheit ernst nehmen und ihnen mit Wertschätzung begegnen. Zugleich ist das Anliegen, *dass* Menschen mit unseren Kirchen in Verbindung stehen, biblisch gut begründet: denn die Verkündigung Jesu und sein Handeln zielen darauf, sie in seine neue Gemeinschaft zu rufen.

Unsere Kirchen freuen sich, wenn viele Personen dazu beitragen, dass wir auch in Zukunft Gottesdienste feiern, in der Seelsorge tätig sind und für andere da sind, dass wir auch zukünftig eine kulturprägende Kraft sein können und das Evangelium so vielen Menschen wie möglich nahebringen. *Mitgliederorientierung* heißt aber vor allem, dass Menschen erfahren, dass

Christus für sie da ist und jeder und jede mit ihm eine unverwechselbare Geschichte verbindet.

Wir sind dankbar für die Beiträge in diesem Tagungsband, für die Menschen, die sich in den Initiativen engagieren, und für konkrete, mutige und experimentelle Schritte vor Ort! Die Analysen, Projekte und Fachexpertisen werden helfen, Leitungsverantwortliche in den Kirchen noch stärker mit den Anliegen der *Mitgliederorientierung* sowie den damit verbundenen inhaltlichen Aspekten vertraut zu machen. So können viele ihre eigenen Ideen entwickeln, um die Frohe Botschaft in unserer Zeit anschaulich werden zu lassen und in die Welt zu tragen.

Bischof Dr. Michael Gerber
Landesbischof Prof. Dr. Jochen Cornelius-Bundschuh

EINLEITUNG DER HERAUSGEBER

Gemeindebindung und Kirchenzugehörigkeit haben sich in den letzten Jahren stark verändert. Formale Kriterien wie Mitgliedschaft, Taufe und kirchliche Sozialisation spielen für die meisten Menschen eine immer geringere Rolle.

Können die Kirchen dem etwas entgegensetzen? Und wenn ja, was? Welche strategischen Entscheidungen, welche Innovationen reagieren erfolgversprechend auf die komplexe Situation des Relevanzverlustes und des Mitgliederrückgangs? Die Herausgeber dieses Buches sind überzeugt: Wenn sich die Kirchen wieder neu ihren Mitgliedern und deren Fragen zuwenden, werden sich weniger von der Kirche abwenden. Und einige werden bewusst und überzeugt „Kirche – ja bitte!“ sagen!

Dazu möchte dieser Band einen Beitrag leisten: zum einen, indem er zentrale Fragen der Mitgliederorientierung – bewusst im ökumenischen Kontext – thematisiert und miteinander vernetzt. Zum anderen, indem er ganz konkrete Praxisbeispiele zeigt und Menschen zu Wort kommen lässt, die den aktuellen kirchlichen Wandel mutig und aktiv gestalten. Grundlage dieses Buches war das „erste Treffen des ökumenischen Netzwerkes Mitgliederorientierung“, welches auf eine überraschend hohe Resonanz stieß. Im Mittelpunkt stand der gemeinsame Blick nach vorne, der durch viele innovative Initiativen und Projekte aufgegriffen wurde. Es ist zu hoffen, dass etwas von dem Geist dieses Treffens im vorliegenden Buch spürbar wird.

Der inhaltliche Aufbau des Buches

Das Buch besteht aus drei Teilen. Zu Beginn erläutern die Herausgeber, warum sie Mitgliederorientierung für eine der bedeutendsten „Zukunftsaufgabe(n) von Kirche“ halten. Sie erklären, warum Mitglieder ihre Kirche verlassen und was daraus zu lernen ist. Das Reduzieren der Kirchenaustritte allein auf die immer wieder postulierte Stellungnahme der Kirchensteuer greift dabei zu kurz. Vielmehr liefert ein schleichender Entfremdungsprozess zwischen den Kirchen und ihren Mitgliedern Anknüpfungspunkte für kirchliches Handeln. Es stellt sich die Frage, wie Kirche neu, flächendeckend und koordiniert auf ihre Mitglieder zugehen kann.

Im zweiten Teil des Buches wird an zehn konkreten Projekten aus der kirchlichen Praxis beschrieben, wie unterschiedlich, aber doch mit einem gemeinsamen Ziel, das Thema Mitgliederorientierung aufgenommen wird. Die zehn Projektskizzen, die beim ersten Treffen des ökumenischen Netzwerks Mitgliederorientierung im September 2018 in Karlsruhe vorgestellt wurden, zeigen aus ganz unterschiedlichen Blickwinkeln verschiedene Facetten und Möglichkeiten der Mitgliederorientierung auf. Dabei reichen die Beispiele von Initiativen, die bei einer bestimmten Zielgruppe ansetzen („Kirchenkiste“ oder „Draußen. Hier. – Die mobile Kirchenbank“) über gemeindliche Initiativen („Auf dem Weg zur Quellgemeinde“ oder „‚In die Stadt gehen‘ – Citykirchenarbeit als Forum experimenteller Projektarbeit“), die neue Kontaktmöglichkeiten mit Menschen vor Ort erschließen, bis hin zu Maßnahmen innerhalb oder auch durch ganze Kirchen/Bistümer („Eine Quadratur des Kreises? Kirchehoch2 in der Landeskirche Hannovers und im Bistum Hildesheim“, „‚Willkommenskultur‘ und berührende Gottesdienste – Mitgliederorientierung im Bistum Essen“ oder „Das Projekt ‚Kirchenpost‘ der Evangelisch-Lutherischen Kirche in Bayern“). Die Motivation, mit Kirchenmitgliedern und Nichtmitgliedern in Kontakt zu kommen, die sich durch parochiale oder überregionale Angebote nicht erreichen lassen, ist vergleichbar. Kasualien und direkte Kontaktaufnahme sind genauso Wege wie die postalische Direktkommunikation mit den Mitgliedern. Es gibt auch auf kirchenleitender Ebene Projektskizzen zur Marken- und Mitgliederpflege („Markenentwicklung im Bistum Münster im Kontext von Mitgliederorientierung und Glaubwürdigkeits- und Vertrauensverlust“, „Das Modell ‚Lebenslang Mitglied bleiben‘: Grundlagen, Voraussetzungen und Maßnahmen für die Beziehungspflege mit distanzierten Mitgliedern in der Kirche“ oder „Voraussetzungen für eine gelingende Mitgliederorientierung in der Badischen Landeskirche“). Die vorgestellten Projekte ermutigen zu einem Fokus- und Haltungswechsel der Kirchen im Umgang mit ihren Mitgliedern und zeigen auf, dass eine Zeit des Umbruchs immer auch eine Zeit des Aufbruchs darstellt. Mitgliederorientierung wird so verstanden, dass man verschiedene Formen der Zugehörigkeit ernst nimmt genauso wie die Notwendigkeit des Beziehungsaufbaus und der Beziehungspflege mit den Menschen, unabhängig davon, ob sie bereits Mitglieder sind oder es werden könnten. Die Herausforderungen durch diesen Kulturwechsel sind auf den unterschiedlichen Ebenen kirchlicher Arbeit nicht zu verleugnen, genauso wenig wie die Freude und das ehrliche Interesse am anderen Menschen. Die beschriebenen Projekte stellen selbstverständlich nur einen ersten Ausschnitt dar.

Im dritten Teil des Buches werden sechs Expertisen zu zentralen Themen der Mitgliederorientierung ausführlich reflektiert und diskutiert. Den Anfang machen Johannes Först und Peter Frühmorgen, die einen geschichtlichen Ein- und Überblick zum Thema Mitgliederorientierung aus katholischer Perspektive geben und dabei einen zweifachen Blick auf die „Mitgliederorientierung und die Innen-Außen-Frage kirchlicher Identität“ wagen. Sie stellen eine einseitige Wahrnehmung in der Kirche zur Mitgliederorientierung fest und zeigen auf, wie eine wechselseitige Mitgliederorientierung am Beispiel von Seelsorge aussehen kann. Aus dieser Perspektive fordern sie eine pastorale (Neu-)Ausrichtung der Kirche. Mit Dieter Beese folgt anschließend eine explizit evangelische Sichtweise, die besonders „Kirchentheoretische Aspekte aus evangelischer Sicht“ beleuchtet. Beese verknüpft in seinem Beitrag die dogmatische Lehre der Kirche (Ekklesiologie) mit sozial-empirischer Analyse (Soziologie) und praktischen Leitungs- und Entwicklungsaufgaben (Kybernetik). Anhand der fünften Kirchenmitgliedschaftsuntersuchung der EKD und der Anschlussfähigkeit der Kirchenverbleibstudie der Evangelischen Kirche von Westfalen zur Mitgliederorientierung entwickelt Beese ganz praktische Folgerungen für die kirchenleitende Praxis. Thomas Schmidt wendet sich dann dem „Mitgliedschaftsparadox“ zu, hebt in seinen Ausführungen besonders auf die Beziehungsqualität im Nahraum Kirche ab und beschreibt diese anhand von verschiedenen Mitgliedertypen, die jeweils eine unterschiedliche Kommunikation brauchen. Udo Schnieders sieht in der Thematik der Mitgliederorientierung den „Stresstest für eine missionarische Kirche“ und fordert in seinem Beitrag Kirche dazu auf, die wichtigen Herausforderungen um die Mitgliedschaft ernst und anzunehmen. Anhand des Segens und Fluchs des Kirchensteuermodells zeigt er auf, dass Kirche endlich umdenken muss. Dazu fordert er konkrete Ziele und Ressourcen, eine konsequente Evaluierung der Mitgliederorientierung, eine Direktkommunikation mit allen Mitgliedern und mehr Investitionen in die „Marke Kirche“. Daran schließt sich inhaltlich auch der Kommentar von Bernd Raffelhüschen, Fabian Peters und David Gutmann an, der die „nicht ganz so einfache Beziehung der Kirche und ihrer Mitglieder“ beleuchtet. Anhand eines lebensweltlichen Beispiels einer Kieler Studentin wird am Beispiel der Kasualhandlungen und der Kirchensteuer das Angebot und die Nachfrage kirchlicher Angebote diskutiert. Dabei fordern sie, dass Kommunikationshürden abgebaut werden, und fragen, wie der Kern von Kirche für Mitglieder neu sichtbar gemacht werden kann. Abschließend entwerfen Martin Kastrup und Martin Ritter anhand „Strategische[r] Konsequenzen der kirchlichen Mitgliederentwicklung aus Sicht der Kirchenfinanzen am Beispiel der Evangelischen Landeskirche in Württemberg“ eine kirchliche Zukunftsprognose. Die Kirchensteuer zeigt, wie wichtig das Nachhaltigkeitsniveau, der Rücklagenaufbau und das Vermögensmanagement für die einzelnen Kirchen sind. Um eine Stabilisierung der Erträge zu gewährleisten, fordern sie die zusätzliche Erschließung alternativer Finanzierungsquellen.

Was wir uns von dem Buch wünschen

Wir wollen mit diesem Buch einen optimistischen Blick in die Zukunft richten und Mitglieder sowie Kirchenleitende motivieren, nicht nur problemgerichtet auf die Erhaltung von gefährdeten Strukturen, sondern vielmehr mutig nach vorn zu blicken. Wenn die Beiträge Einzelne sowie Kirchen neu dazu anregen, über die Wichtigkeit der Mitgliederorientierung nachzudenken und beherzt innovative Projekte zu starten, um wieder den kommunikativen Nahbereich mit den Mitgliedern zu stärken, dann ist aus unserer Sicht schon viel gewonnen.

Die Herausgeber
Ostern 2019

INHALT

TEIL I
PROBLEMAUFRISS

MITGLIEDERORIENTIERUNG ALS ZUKUNFTSAUFGABE VON KIRCHE

Fabian Peters, David Gutmann, André Kendel, Tobias Faix und Ulrich Riegel

In der sogenannten guten alten Zeit waren die Kirchen noch voll, wenn am Sonntag Gottesdienst gefeiert wurde. Neu geborene Kinder wurden selbstverständlich getauft und der Geistliche vor Ort achtete darauf, dass das Leben der Menschen in seiner Pfarrei grosso modo im Sinne der kirchlichen Moral verlief.

Es sei dahingestellt, ob die hier skizzierte Zeit wirklich so gut war wie behauptet. Das Bild der Gegenwart fällt auf jeden Fall deutlich anders aus. Zum Gottesdienst versammeln sich sonntags ein paar aufrechte Christinnen und Christen und das Gemeindeleben stützt sich auf wenige Engagierte. Es werden zwar immer noch relativ viele Kinder getauft, die Gesamtzahl von Taufen und Aufnahmen liegt aber seit vielen Jahren deutlich unter der Anzahl an Sterbefällen und Austritten, sodass die Mitgliederzahl beider Großkirchen stetig schrumpft.

Dazu kommt, dass sich heute nur noch wenige Menschen von den Kirchen vorschreiben lassen, wie sie ihr Leben gestalten und ihren Glauben feiern sollen. Es gilt die allgemeine Überzeugung, dass jede und jeder selbst zu entscheiden habe, wie sie leben will und woran er glauben kann. Bei dieser Wahl achten immer noch viele – mehr oder weniger bewusst – die Werte, die oft eine große Übereinstimmung mit kirchlichen Werten haben. Auch werden nach wie vor spirituelle Angebote der Kirche wahrgenommen, sofern sie dem eigenen spirituellen Bedürfnis entsprechen.

Angesichts dieser gesellschaftlichen Situation lassen sich zwei Gruppen identifizieren, die sich relativ fremd gegenüberstehen. Auf der einen Seite finden sich hochreligiöse Christinnen und Christen, die in ihrer Kirche – oft in der Heimatpfarrei – eine Gemeinschaft gefunden haben, in der sie ihren Glauben leben können, und die sich gegenseitig im Alltag stützen, wenn es darum geht, welche Konsequenzen der eigene Glauben im Leben haben kann und soll. Auf der anderen Seite stehen überzeugte Atheisten und religiös indifferente Menschen, die Religion für nicht mit der Vernunft vereinbar halten bzw. an Religion nichts finden, das ihr Leben bereichern kann. Sie lehnen Glaube und Kirche als nicht mehr zeitgemäß ab und orientieren sich an säkularen Weltanschauungen wie dem Humanismus oder der Ökosophie.

Zwischen diesen beiden Gruppen erstreckt sich ein weites Feld an Menschen, die mehr oder weniger stark religiös ansprechbar sind. Viele von ihnen sind (noch) Mitglieder beider Großkirchen, andere von ihnen (bereits) aus ihrer Kirche ausgetreten. Sie nehmen punktuell an religiösen Vollzügen teil, etwa am Weihnachtsgottesdienst, weil er zum Fest einfach dazugehört, sind aber sonst für die Gemeinden vor Ort schwer greifbar. Manchmal werden diese Menschen als „Kasualienfromme"[1] bezeichnet, an anderer Stelle als „Kirchendistanzierte"[2]. Für die Kirchen entscheidend ist die Einsicht, dass es genau diese Menschen sind, an denen sich aller Wahrscheinlichkeit nach ihre Zukunft entscheiden wird. Abhängig davon, wie die Kirchen mit den Personen dieses breiten Feldes umgehen, das die Mehrheit der mehr oder weniger christlich orientierten Bevölkerung in Deutschland darstellt, werden ihre zukünftige Gestalt und ihr zukünftiges gesellschaftliches Gewicht ausfallen.

Der Weg aus der Kirche hinaus

Eine zentrale Frage im Umgang mit diesen Menschen ist, was sie in der Kirche hält bzw. was sie aus dieser austreten lässt. Was die Austrittsmotive betrifft, gibt es eine lange Forschungstradition.[3] Dabei erweisen sich die zentralen Austrittsmotive als über die Jahrzehnte hinweg erstaunlich stabil. Immer wieder wird das Erscheinungsbild der Kirchen kritisiert, die als machtbewusst, hierarchisch und kaum noch zeitgemäß erlebt werden. Weiterhin findet sich eine konstante Kritik an den Glaubensüberzeugungen und moralischen Normen, die als rückständig und aus der Zeit gefallen eingestuft werden. Charakteristische Kritikpunkte in diesem Zusammenhang sind zum Beispiel die Sexualmoral oder das Frauenbild. Ferner werden durchgängig Glaubenszweifel als Austrittsgrund genannt. Diesen Menschen sagt der christliche Glaube persönlich entweder nichts mehr oder sie sind der Überzeugung, dass sie ihren Glauben auch außerhalb der beiden Kirchen leben können. Schließlich finden sich in allen Untersuchungen Berichte von enttäuschenden Erlebnissen, die zum Austritt geführt haben. Dabei handelt es sich in der Regel um Menschen, die der Kirche eigentlich

---

[1] Först, Johannes; Kügler, Joachim (2010): Die unbekannte Mehrheit. Mit Taufe, Trauung und Bestattung durchs Leben?, Münster.

[2] Schank, Christopher (2006): Gottesdienste für Kirchendistanzierte. Konzepte und Perspektiven, Wuppertal.

[3] Vgl. Riegel, Ulrich; Faix, Tobias (2018): The Relational Dimension of Disaffiliation. Thematic Analysis on the Relevance of Relationship in the Process of Leaving the Roman-Catholic Church, in: Journal of Empirical Theology 31, 137-166.

offen gegenüberstehen oder sich sogar in dieser engagiert haben. Zu einem bestimmten Anlass aber hatten sie ein Erlebnis mit einem Menschen aus der Kirche, das sie persönlich so tief getroffen hat, dass sie nicht mehr Mitglied in dieser Kirche sein können oder wollen.

Diese relativ stabile Liste an Austrittsgründen wird ergänzt um Motive, die zur jeweiligen Zeit eine große öffentliche Aufmerksamkeit erfahren haben. Aktuell ist es zum Beispiel der sogenannte Missbrauchsskandal, der relativ häufig als Austrittsgrund genannt wird. Gerade die Konstellation, dass sich Geistliche aus der Kirche, die sich eigentlich um das Seelenheil der ihnen Anbefohlenen kümmern müssten, an wehrlosen Kindern und Jugendlichen sexuell vergehen, lässt die Menschen zweifeln, ob es den Kirchen gelingt, ihrem Auftrag gerecht zu werden. Es bleibt abzuwarten, wie lange dieses Motiv noch genannt wird. Zumindest scheint sich die öffentliche Berichterstattung von den Missbrauchsfällen selbst auf die Aufarbeitung dieser Fälle durch die beiden Großkirchen zu verlagern. Es könnte sein, dass sich dadurch auch der einschlägige Austrittsgrund verschiebt.

Für die Frage, was die Menschen aus der Kirche austreten lässt, ist jedoch entscheidender, wie die Menschen mit diesen Facetten kirchlicher Wirklichkeit umgehen. Eine aktuelle Auswertung einer Onlinebefragung, an der vor allem Menschen aus Deutschlands Westen teilgenommen haben, kommt dabei zu den folgenden Ergebnissen:[4] Je weniger religiös die Menschen sind, desto stärker achten sie auf das Erscheinungsbild der Kirchen. Umgekehrt ringen die Menschen umso stärker mit der Glaubwürdigkeit beider Institutionen, je religiöser sie sind. Etwas zugespitzt könnte man formulieren: Menschen, die kaum noch religiös sind, achten vor allem auf Äußerlichkeiten im kirchlichen Auftreten. Eine als altmodisch eingestufte Sexualmoral oder ein als machtbewusst erlebter Geistlicher wird deshalb zum Anlass für Kritik. Menschen dagegen, die sich selbst als religiös erachten, fragen nach den inneren Konsequenzen solcher Äußerlichkeiten. Ihnen geht es nicht um die Sexualmoral als solche, sondern um die Frage, wie eine Institution mit so eklatanten Schwächen überhaupt noch ihrem Auftrag gerecht werden kann. Zu diesem Szenario passt die dritte Beobachtung dieser Studie: Je stärker die Menschen dazu neigen, aus der Kirche auszutreten, desto mehr betonen sie, dass sie keine Beziehung (mehr) zu dieser Institution haben.

---

[4] Vgl. Riegel, Ulrich; Faix, Tobias (2019): Disaffiliation motives as indicator to better understand the relationship between religious institutions and individuals in modern Western society, in: Riegel, Ulrich; Heil, Stefan; Kalbheim, Boris; Unser, Alexander (Eds.): Understanding Religion, Münster (2019).

Außerdem verweisen zwei jüngere Studien darauf, dass der Austritt selbst normalerweise das Ende eines längeren Prozesses darstellt[5], in dem verschiedene Motive eine Rolle spielen und der sich als schleichende Entfremdung gegenüber der Kirche erweist. In diesem Sinne verwundert es nicht, dass in jüngeren Studien vor allem die Distanz gegenüber der Kirche als dominantes Austrittsmotiv hervortritt.

Bringt man die verschiedenen Dynamiken des Austrittsprozesses auf einen Nenner, ergibt sich das folgende Bild:[6] In der Regel wird ein Mensch durch die Kindertaufe Mitglied der Kirche. Es handelt sich somit nicht um eine freiwillig gewählte oder bewusst eingegangene Mitgliedschaft. Ob aus ihr eine Beziehung zur Ortsgemeinde oder einer anderen kirchlichen Gruppe erwächst, hängt stark von der religiösen Einbindung der eigenen Familie ab, oft auch von den kirchlichen Angeboten im persönlichen Umfeld. Im Jugendalter lassen sich somit zwei typische Zustände kirchlicher Mitgliedschaft unterscheiden: Entweder fühlen sich die Jugendlichen mit der Kirche verbunden, weil sie in ihrer Pfarrei oder einer anderen kirchlichen Gruppe eine spirituelle und soziale Heimat gefunden haben, oder sie leben ihre Mitgliedschaft ohne Beziehung zur Kirche, weil die ihnen zugänglichen kirchlichen Angebote keinem ihrer spirituellen oder sozialen Bedürfnisse gerecht werden. Natürlich finden sich vielfältige Abstufungen innerhalb dieser Zustände und zwischen ihnen. Entscheidend ist jedoch, dass der Austrittsprozess – so er denn eintritt! – sehr oft im späten Jugendalter oder im frühen Erwachsenenalter beginnt. Dann findet eine kritische Auseinandersetzung mit der Kirche statt, in der die oben genannten Motive eine wichtige Rolle spielen. Der junge Mensch stößt sich an der Moral seiner Kirche, erlebt sie als rückständig oder wird vom öffentlichen Erscheinungsbild abgestoßen. Oft kommen diese Menschen auch zu der Erkenntnis, dass sie eigentlich gar nicht gläubig sind oder einen Glauben haben, der nicht dem entspricht, was in der Kirche geglaubt wird oder geglaubt werden soll. Sind die Jugendlichen, die sich solche Gedanken machen, kirchlich eingebunden, beginnt ein schleichender Entfremdungsprozess. Es setzt sich das Gefühl durch, dass das, was man bislang als echt und begeisternd erlebt hat, in Wirklichkeit doch hohl und vordergründig ist. Es drängt sich die Frage auf, wie glaub-

---

[5] Vgl. Bonath, Stefan (2005): Kirchlichkeit zwischen Ambivalenz und Eindeutigkeit. Wiedereintritt und Übertritt in die römisch-katholische Kirche, Hamburg; Ebertz, Michael; Eberhardt, Monika; Lang, Anna (2012): Kirchenaustritt als Prozess. Gehen oder bleiben?, Münster.

[6] Vgl. Riegel, Ulrich; Faix, Tobias; Kröck, Thomas (2018): Warum Menschen die katholische Kirche verlassen. Eine explorative Untersuchung zu Austrittsmotiven im Mixed-Methods Design, in: Etscheid-Stams, Markus; Laudage-Kleeberg, Regina; Rünker, Thomas (Hg.): Kirchenaustritt – oder nicht? Wie sich Kirche verändern muss, Freiburg, 125–207, hier: 186–189.

würdig eine Kirche tatsächlich ist, die einen hohen Anspruch vertritt, selbst jedoch schon an niedrigeren Ansprüchen scheitert. Bestand bislang schon keine Beziehung zur Kirche, in der man Mitglied ist, bedarf es auch keiner weiteren Entfremdung. Dadurch wird die fehlende Beziehung augenscheinlich und die Gründe für ein Bleiben in einer Organisation schwinden, die offensichtlich so weit weg von den eigenen Ansprüchen und Bedürfnissen ist. In beiden Fällen bedarf es dann normalerweise (nur) noch eines konkreten Anlasses, um den Austritt auch formal zu vollziehen. Das kann die öffentliche Diskussion um den Missbrauch sein, die einem zeigt, dass man mit seiner Wahrnehmung der Kirche richtigliegt. Das kann aber auch ein enttäuschend verlaufenes Gespräch anlässlich der Taufe des eigenen Kindes sein. In all diesen Fällen mündet die kritische Auseinandersetzung mit der Kirche im formalen Vollzug des Austritts.

Kirchensteuer als Austrittsgrund?

Bislang war noch nirgends von der Kirchensteuer die Rede. Tatsächlich findet sie sich als prominentes Motiv in allen einschlägigen Untersuchungen. Fragt man die Menschen, warum sie aus der Kirche ausgetreten sind, antworten viele von ihnen mit einem Verweis auf die Kirchensteuer. Diese Antwort ist besonders brisant, weil die Kirchensteuer in Deutschland prinzipiell eine Pflichtabgabe für jedes Kirchenmitglied ist. Wer Einkommensteuern zahlt, muss normalerweise auch Kirchensteuern abführen.[7] Grundsätzlich hat jede staatlich anerkannte Religionsgemeinschaft in Deutschland das Recht, von ihren Mitgliedern Abgaben zu erheben. Im Fall der beiden großen Kirchen wird Kirchensteuer in der Regel im Umfang von acht Prozent der Einkommensteuerschuld in Bayern und Baden-Württemberg und in Höhe von neun Prozent in den übrigen Bundesländern erhoben. Diese Steuer wird vom Staat eingezogen und an die beiden Kirchen weitergeleitet. Offen bleibt, inwieweit die Kirchensteuer einen Grund für den Austritt aus der Kirche darstellt.

Die Wahrscheinlichkeit für einen Kirchenaustritt ist dann am höchsten, wenn Erwerbstätige ihr Einkommen versteuern müssen (vgl. Abbildung 1). In der Altersspanne zwischen 18 und 60 Jahren liegt die Wahrscheinlichkeit sowohl bei Frauen als auch bei Männern deutlich über dem Durchschnitt. Weiterhin fällt auf, dass diese Wahrscheinlichkeit ab dem 16. Lebensjahr rapide ansteigt und in der Spanne zwischen 25 und 30 Jahren ihren Höhepunkt erreicht. Das sind die Jahre, in denen man in der Regel seinen

7 Vgl. Petersen, Jens (2017): Kirchensteuer kompakt: Strukturierte Darstellung mit Berechnungsbeispielen, 3. Auflage, Wiesbaden.

ersten bezahlten Job annimmt und damit erstmals kirchensteuerpflichtig wird. Vor allem Menschen, die bislang keine Beziehung zu ihrer Kirche hatten, spüren zum ersten Mal, dass diese Mitgliedschaft auch Konsequenzen mit sich bringt – im vorliegenden Fall eine zum Teil nicht unbeträchtliche finanzielle Abgabe für eine Institution, zu der bislang wenig oder keine Bindung vorlag. Letzteres trifft vor allem für Menschen mit einer sehr guten Ausbildung zu, die in der Regel nach einem Studium mit Ende zwanzig in den Arbeitsmarkt eintreten. Schließlich lässt sich noch ein kleiner Anstieg der Austrittswahrscheinlichkeit bei Frauen zwischen 45 und 50 Jahren erkennen. In diese Zeit fällt oft ein Wiedereinstieg in den Beruf nach der Kindererziehungsphase. Aufgrund des im Einkommensteuerrecht verankerten Ehegattensplittings erscheint die Kirchensteuerzahlung für ein zweites geringeres Einkommen sehr hoch. Da zudem Kinderfreibeträge nicht mehr angesetzt werden können, kommt eine weitere Erhöhung der Kirchensteuer hinzu. Alle drei Indizien weisen darauf hin, dass der Austritt aus der Kirche nicht unabhängig von ökonomischen Erwägungen verläuft. Die Kirchensteuer könnte somit einen zusätzlichen triftigen Austrittsgrund darstellen.

Abb. 1: Austrittswahrscheinlichkeit 2017 nach Alter und Geschlecht (Quelle: Kirchenamt der EKD (2018), Verband der Diözesen Deutschlands (2018).) Berechnung: Gutmann/Peters.

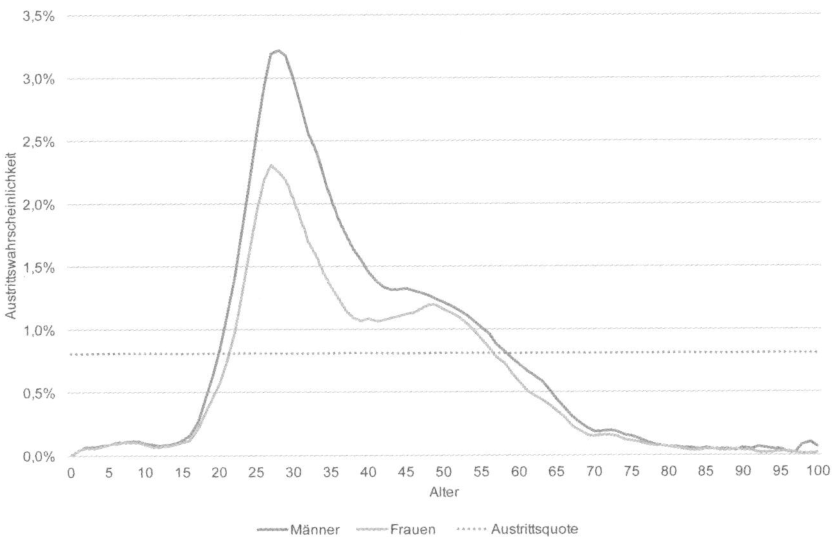

Diese Annahme wird gestützt durch die Beobachtung, dass der Anteil der Kirchenmitglieder an allen staatlichen Steuerzahlern bei niedrigeren Einkommensgruppen größer ist als bei höheren Einkommensgruppen.[8] So sinkt der Anteil an Kirchensteuerfällen von einem Durchschnittseinkommen von 15.000 Euro bis zu einem Durchschnittseinkommen von 50.000 Euro um fast fünf Prozentpunkte. Je mehr man verdient – und damit auch mehr Kirchensteuer zahlt –, umso dringlicher scheint sich die Frage zu stellen, wofür man das ganze Geld abgeben soll.

Alle diese Indizien liefern gute Gründe, warum die Kirchensteuer regelmäßig als Austrittsgrund genannt wird. Geht man bei den Studien zu den Austrittsmotiven jedoch ins Detail, wird die Kirchensteuer nur in Ausnahmefällen als alleiniger Grund genannt. In einem Stimmungsbild im Rahmen der Essener „Initiative für den Verbleib in der Kirche" zum Beispiel konnten Menschen in einer offenen Frage sagen, warum sie aus der Kirche ausgetreten sind.[9] In diesem Stimmungsbild wird die Kirchensteuer zwar häufig genannt, bis auf wenige Ausnahmen aber nie als einziger Grund. Oft ist es ein komplexes Gemenge an Gründen, zu denen auch die Kirchensteuer beiträgt. Weiterhin ergab eine Analyse von 30 Interviews mit Ausgetretenen, dass die finanzielle Dimension eine eher untergeordnete Rolle für ihren Austritt gespielt hat.[10] Grundlage dieser Analyse war eine Zusammenschau vorliegender Studien zu Dimensionen, die Menschen an die Kirchen binden bzw. diese Bindung negativ beeinflussen.[11] In dieser Analyse werden die finanziellen Aspekte einer Kirchenmitgliedschaft als eigene Dimension ausgewiesen. Sie spielt in den untersuchten Interviews jedoch keine entscheidende Rolle. Die Befragten traten aus der Kirche aus, weil sie sich mit ihrem (Un-)Glauben in dieser Institution nicht mehr aufgehoben fühlten, weil das Leben in den kirchlichen Gruppen ihre sozialen Bedürfnisse nicht mehr befriedigte oder weil das Erscheinungsbild der Kirche zu schlecht und altmodisch war. Es scheint also so zu sein, dass die Kirchensteuer nur unter bestimmten Umständen der ausschlaggebende Grund dafür ist, aus der Kirche auszutreten.

Der zentrale Indikator für die Bedeutung der Kirchensteuer scheint die Art und Weise der Beziehung des Menschen zur Kirche zu sein. So bildet die Kirchensteuer in der oben bereits erwähnten Onlineerhebung keinen eigenständigen Faktor innerhalb der Austrittsmotive der Befragten.[12] Vielmehr bildet dieses Motiv mit zwei weiteren Aussagen, die eine fehlende Bindung

---

[8] Vgl. Riegel, Ulrich; Gutmann, David; Peters, Fabian; Faix, Tobias (2019): Does Church Tax Matter? The Influence of Church Tax on Leaving the Church, in: International Journal of Practical Theology 23 (2), 168-187.

[9] Vgl. Riegel; Faix; Kröck 2018, 145–146 (vgl. Fn 6).

[10] Vgl. Riegel; Faix 2018 (vgl. Fn 3).

[11] Vgl. Szymanowskyi; Jürgens; Sellmann (2018): Dimensionen der Kirchenbindung. Meta-Studie, in: Etscheid-Stams; Laudage-Kleeberg; Rünker, 57–124.

[12] Vgl. Riegel; Faix 2019 (vgl. Fn 4).

zur Kirche ausdrücken, eine gemeinsame Dimension des Austrittsprozesses. Die Bedeutung der Kirchensteuer und das Fehlen einer Beziehung zur Kirche scheinen zwei Seiten einer Medaille im Austrittsprozess darzustellen. Gestützt wird diese These von einer Beobachtung des Freiburger Teams um Michael Ebertz.[13] Demnach ringen Kirchenmitglieder, die sich der Kirche einmal verbunden gefühlt haben, mit dem Austritt, und der Prozess ist vor allem durch emotionale Effekte geprägt. Oft sind es persönlich enttäuschende Erlebnisse oder existenzielle Rückschläge, für die man die Kirche verantwortlich macht, die zum Austritt führen. Menschen dagegen, die eine eher lose Beziehung zur Kirche pflegen, entscheiden über ihren Austritt eher nach einem – oftmals unterbewusst vollzogenen – Kosten-Nutzen-Kalkül.

Mit der These eines Kosten-Nutzen-Kalküls lässt sich die Rolle der Kirchensteuer für den Austrittsprozess gut abschätzen. Wer sich in der Kirche sozial beheimatet und spirituell geborgen fühlt, verknüpft seine Mitgliedschaft mit Nutzen und Vorteilen. Der finanzielle Aufwand ist dadurch gut begründbar. Der Einzelne hat den Eindruck, dass das Bezahlen der Kirchensteuer eine gute Investition darstellt. Anders stellt sich die Angelegenheit für die Leute dar, die keine Beziehung zur Kirche haben. In den ersten Lebensjahren fallen für diese Mitgliedschaft keine Kosten an. Man kann heute kirchlichen Angeboten problemlos fernbleiben, ohne die Mitgliedschaft kündigen zu müssen. Mit dem ersten bezahlten Job ändert sich diese Situation durch die Kirchensteuer als Pflichtabgabe fundamental. Plötzlich kostet die Mitgliedschaft in einer Kirche etwas, und man stellt sich die Frage, was diesen Kosten gegenübersteht. Wie dieses Kalkül ausgeht, hängt von den persönlichen Umständen und Bedürfnissen ab. So kann zum Beispiel der Ärger über die Missbrauchsfälle ebenso als ein Aspekt der Kosten einer Kirchenmitgliedschaft angesehen werden wie die Empörung über einen Priester bzw. eine Ordinierte, die ein teures Auto fahren. Die Kostenseite in besagtem Kalkül besteht somit nicht notwendig nur aus finanziellen Aspekten. Auf der Nutzen-Seite können pragmatische Gründe wie etwa die Hoffnung, als Kirchenmitglied eher einen Platz für das Kind im kirchlichen Kindergarten zu bekommen, ebenso eine Rolle spielen wie spirituelle, wenn man sich zum Beispiel unsicher ist, ob man vielleicht nicht doch von einem Priester begraben werden will. Abhängig davon, wie dieses Kalkül ausfällt, tritt man aus der Kirche, zu der man ohnehin keine Beziehung empfindet, aus oder eben nicht. Dabei deutet vieles darauf hin, dass die beschriebene Kosten-Nutzen-Rechnung eher einem Bauchgefühl als einem rationalen Abwägen entspricht. Man tritt dann aus, wenn sich das Gefühl einstellt, dass eine Mitgliedschaft in der Kirche viel mehr kostet, als sie nutzt.

---

[13] Vgl. Ebertz; Eberhardt; Lang 2012 (vgl. Fn 5).

Künftige Entwicklung der Mitgliederzahlen

Seit Beginn der 1970er-Jahre verlieren sowohl die evangelische als auch die katholische Kirche in Deutschland kontinuierlich Mitglieder. Gleichzeitig steigt der Anteil der Bevölkerung ohne Bindung an eine der beiden Kirchen. Gerade angesichts hoher Austrittszahlen in den zurückliegenden Jahren stellt sich für die beiden großen christlichen Kirchen die Frage nach der langfristigen Entwicklung der Mitgliederzahlen. Jeder einzelne Austritt schmerzt in mehrfacher Weise: In erster Linie verliert die Gemeinde ein Mitglied mit Fähigkeiten und Talenten, was gleichzeitig eine Reduzierung der Mitgliederzahl und langfristig in vielen Fällen auch der finanziellen Möglichkeiten bedeutet. Wenn der Austritt vor der Geburt des ersten Kindes erfolgt – und die Wahrscheinlichkeit dafür ist, wie aus Abbildung 1 hervorgeht, hoch –, hat dies eine doppelte Wirkung, weil damit auch die Wahrscheinlichkeit einer Taufe und kirchlichen Sozialisation des Kindes abnimmt.

Für die Analyse der Mitgliederentwicklung ist zwischen den natürlichen Auswirkungen des demografischen Wandels – also der Differenz aus Sterbefällen, Geburten und dem Wanderungssaldo von Kirchenmitgliedern – und einer individuellen Entscheidungsebene des Tauf-, Austritts- und Aufnahmeverhaltens bzw. der kirchenspezifischen Einflüsse zu unterscheiden. Teilt man den Mitgliederrückgang auf diese beiden Kategorien auf, ergibt sich in konkreten Zahlen für das Jahr 2017 folgendes Bild:[14] Den 651.000 Sterbefällen, die einer der beiden Großkirchen angehörten, stehen 415.000 Geburten von Kindern evangelischer oder katholischer Mütter gegenüber. Hinzu kommt ein positiver Saldo aus Zuzügen und Fortzügen von Kirchenmitgliedern von knapp 28.000. Somit betrug 2017 der Mitgliederrückgang aufgrund demografischer Faktoren 208.000 bzw. 0,5 Prozent. Dazu kommen kirchenspezifische Einflüsse: 365.000 Austritten stehen 36.000 Aufnahmen und 21.000 Erwachsenentaufen gegenüber. Außerdem wurden 2017 nicht 415.000, sondern lediglich 324.000 Kinder getauft, sodass die evangelische und katholische Kirche 2017 zusammen knapp 400.000 bzw. 0,9 Prozent ihrer Mitglieder aufgrund kirchenspezifischer Einflüsse verloren haben. Kirchenspezifische Faktoren haben demnach eine beinahe doppelt so große Rolle wie demografische gespielt. Neben dieser ersten Erkenntnis verdeutlicht das einfache Rechenbeispiel auch, dass nicht nur

[14] Die Daten für diese am Forschungszentrum Generationenverträge vorgenommene Berechnung stammen vom Kirchenamt der EKD (2018), vom Verband der Diözesen Deutschlands (2018) sowie vom Statistisches Bundesamt (2018). Abweichungen zur Differenz der Mitgliederstände 2016 und 2017 ergeben sich vermutlich vor allem durch Statistikbereinigungen im Meldewesen aufgrund der Einführung des OSCI-XMeld-Verfahrens.

die hohe Zahl der Austritte für den kirchenspezifischen Rückgang verantwortlich ist, sondern gerade auch die unterbliebenen Taufen. Werden die Kindertaufen ins Verhältnis zur Gesamtzahl aller von evangelischen bzw. katholischen Müttern geborenen Kindern gesetzt, variiert diese Kennzahl zwischen den Diözesen und Landeskirchen stark zwischen 40 und über 100 Prozent.[15] Dabei bedeuten weniger getaufte Kinder nicht nur kurzfristig weniger Mitglieder, sondern sie führen auch langfristig zu weniger Geburten von Kirchenmitgliedern. So verstärken die kirchenspezifischen Einflüsse langfristig den demografisch bedingten Rückgang.

Gerade diese langfristige Perspektive steht im Fokus der 2019 vom Forschungszentrum Generationenverträge erstmals erstellten koordinierten Mitgliedervorausberechnung für die evangelische sowie die katholische Kirche in Deutschland.[16] Für jede der 20 evangelischen Landeskirchen und 27 römisch-katholischen Diözesen wurde eine langfristige Projektion von Kirchenmitgliedschaft und Kirchensteueraufkommen erstellt. Die der Projektion zugrunde liegenden demografischen Annahmen zur Geburtenhäufigkeit, Sterblichkeit sowie den Außenwanderungsbewegungen liegen außerhalb des Einflussbereichs der Kirchen und müssen daher als gegeben hingenommen werden. Wenn überhaupt, dann sind kirchenspezifische Faktoren, das künftige Taufverhalten und die Zahl der Eintritte sowie der Austritte – zumindest theoretisch – von den Kirchen beeinflussbar.

Die Austrittsquote, also das Verhältnis von Kirchenaustritten zu Kirchenmitgliedern verändert sich von Jahr zu Jahr – und zwar teilweise erheblich. Auch zwischen den Landeskirchen und Diözesen variiert die Austrittsquote stark – 2017 von 0,5 bis 1,6 Prozent. Bundesweit und überkonfessionell zeigt sich im Zeitverlauf aber eine ähnliche Entwicklung. Seit einem – durch die deutsche Wiedervereinigung bedingten – historischen Hoch zu Beginn der 1990er-Jahre ist die Austrittsquote bis ins Jahr 2005 kontinuierlich gefallen. Seitdem steigt sie allerdings erneut und verweilt seit einigen Jahren auf einem erhöhten Niveau, das auch der langfristigen Projektion zugrunde gelegt wurde. Die Aufnahme- sowie auch die Taufquote, errechnet als das Verhältnis von Taufen und Geburten von Kirchenmitgliedern, waren hingegen in den vergangenen Jahren kaum Schwankungen ausgesetzt.

---

15 Es werden alle Geburten evangelischer und katholischer Mütter mit allen Taufen bis einschließlich des 14. Lebensjahres verglichen, die jeweils im selben Jahr stattfinden. Zähler und Nenner beziehen sich somit nicht auf denselben Zeitpunkt, bilden aber einen guten Benchmark. Werte über 100 Prozent ergeben sich durch variierende Geburtenstärken im Zeitverlauf und die Taufe von Kindern, deren Mütter nicht der entsprechenden Konfession angehören.

16 Vgl. Gutmann, David; Peters, Fabian (2020): German Churches in Times of Demographic Change and Declining Affiliation: A Projection to 2060, in: Comparative Population Studies 45.

Für die Projektion werden die Kirchenmitglieder der einzelnen Diözesen und Landeskirchen Jahr für Jahr fortgeschrieben.[17] Dass sich die Anzahl der Mitglieder bis 2060 deutlich verringert, kann angesichts des aufgeführten Rechenbeispiels intuitiv erwartet werden: 2060 werden den Berechnungen zufolge nur noch halb so viele Christen in Deutschland leben wie heute. Dabei sind die Unterschiede zwischen den beiden Konfessionen nur gering. Große Abweichungen zeigen sich dagegen zwischen den einzelnen Diözesen und Landeskirchen. Je nach gegenwärtiger Altersstruktur der Mitglieder sowie dem regional stark variierenden Tauf-, Aufnahme- und Austrittsverhalten liegen die Mitgliederzahlen im Jahr 2060 um über 20 Prozent höher oder tiefer.

Da im Rahmen der Mitgliedervorausberechnung auch der Teil der Bevölkerung fortgeschrieben wird, der keiner der beiden großen Kirchen angehört, können auch Aussagen über den Anteil der Kirchenmitglieder an der Gesamtbevölkerung getroffen werden[18]: Bereits Mitte der 2020er-Jahre wird nur noch die Hälfte der Bevölkerung Mitglied der katholischen oder evangelischen Kirche sein, 2060 nur noch ein knappes Drittel. Je geringer der Anteil der Kirchenmitglieder an der Gesamtbevölkerung ist, desto schwächer wird aller Voraussicht nach auch die gesellschaftliche Bedeutung der Kirchen sein. Pollack und Rosta folgern, dass die Verbundenheit mit der Kirche stark abnehmen kann, wenn sich die öffentliche Meinung durch negative Ereignisse oder Erfahrungen ändert. Sie weisen in diesem Zusammenhang auf einen Kippprozess zwischen Bindungskräften und Vorbehalten hin.[19]

Die Kirchen stehen daher vor der Frage, ob und wie sie dem Mitgliederrückgang begegnen können und welche Handlungsoptionen für die Verantwortlichen vor Ort bestehen. Obwohl sich zahlreiche Ansatzpunkte aus Daten des kirchlichen Meldewesens ergeben, lagen in den Landeskirchen und Diözesen detaillierte Zahlen über Mitglieder und Kasualien häufig nicht vollumfänglich vor. Es kann daher bezweifelt werden, dass entsprechende systematische Auswertungen der Daten zu Taufen, Austritten und Aufnahmen Grundlage für strategische kirchenleitende Entscheidungen sind. Vor allem diözesan- und landeskirchenübergreifende Auswertungen und Vergleiche wären aufgrund der dezentralen Datenhaltung mit hohem Aufwand verbunden, aber lohnenswert. Als Beispiel soll hier die in Abbildung 1 dargestellte Austrittswahrscheinlichkeit nach Alter und Geschlecht dienen. In den Jahren vor der ersten Kirchensteuerzahlung werden die we-

[17] Vgl. ebd.
[18] Vgl. ebd.
[19] Vgl. Pollack, Detlef; Rosta, Gergely (2015): Religion in der Moderne. Ein internationaler Vergleich. Frankfurt am Main, 173.

nigen Kontaktpunkte, die sich für junge Kirchenmitglieder bieten, von diesen kaum wahrgenommen. Damit haben die Kirchen in dieser Lebensphase wenig bis nichts entgegenzusetzen, das die individuelle Kosten-Nutzen-Abwägung positiv beeinflussen könnte.

Auch aus dem altersspezifischen Taufverhalten lassen sich Erkenntnisse ableiten. Während in beiden Kirchen die meisten Taufen in den ersten sechs Lebensjahren stattfinden, lassen sich danach zwischen den beiden Konfessionen Unterschiede feststellen. Neun Prozent der evangelischen Taufen finden zwischen dem 13. und 16. Lebensjahr und damit rund um die Konfirmation statt. Dagegen kann die katholische Kirche im Zusammenhang mit dem Sakrament der Firmung dieses Taufpotenzial bei den Jugendlichen nicht ausschöpfen.

Würde es den Kirchen gelingen, die Tauf- und Aufnahmebereitschaft um zehn Prozent zu erhöhen und gleichzeitig die individuelle Austrittswahrscheinlichkeit um zehn Prozent zu verringern, dann würde sich die vorausberechnete Zahl der Kirchenmitglieder für das Jahr 2060 um zwei Millionen Menschen erhöhen. Vermutlich werden nicht wenige Verantwortungsträger auf örtlicher oder überörtlicher Ebene – angesichts der zahlreichen Skandale nicht unbegründete – Zweifel haben, ob sich durch eigenes Handeln die Zahl der Austritte verringern ließe oder die Zahl der Taufen erhöht werden könne. Folgende Beispielrechnung für eine Pfarrgemeinde mit etwa 2.000 Kirchenmitgliedern kann hier für Entlastung sorgen: Der Gemeinde müsste es gelingen, in zwei Jahren drei bis vier Austritte zu verhindern und drei zusätzliche Menschen zu taufen. Angesichts der zahlreichen und unterschiedlichen Maßnahmen, die teilweise in diesem Band vorgestellt werden, erscheinen diese Zahlen im Bereich des Möglichen zu liegen. Allerdings sind auch im umgekehrten Fall – also eines Rückgangs von Tauf- und Aufnahmeverhalten um zehn Prozent und einem entsprechenden Anstieg der Austrittswahrscheinlichkeit – diese absoluten Zahlen kein unrealistisches Horrorszenario und würden langfristig zu einem weiteren Rückgang der Kirchenmitglieder um knapp zwei Millionen Menschen führen. Das Beispiel zeigt, dass leitende Verantwortliche in den Pfarrgemeinden wie auch auf Diözesan- und Landeskirchenebene gefordert sind.

Es sei dahingestellt, ob die Zahl von zwei Millionen mehr oder zwei Millionen weniger Kirchenmitgliedern ausreicht, um Kirchenleitungen zu überzeugen, bereits heute Gegenmaßnahmen in die Wege zu leiten. Angesichts von aktuell immerhin (noch) 44 Millionen Kirchenmitgliedern wird dies vermutlich nicht überall der Fall sein. Entscheidend ist aber die Zahl der Kirchenmitglieder des Jahres 2060: Eine Änderung der kirchenspezifischen Faktoren um zehn Prozent beeinflusst die Kirchenmitgliedschaft langfristig um etwa zehn Prozent. Nach den Berechnungen ist der Rückgang der Mitgliederzahl nur zu einem Drittel auf demografische Faktoren, aber zu zwei Dritteln auf kirchenspezifische Faktoren zurückzuführen. Die Hebelwirkung beeinflussbarer Faktoren ist daher entsprechend stärker. Maßnahmen, die das Potenzial haben, das Tauf-, Aufnahme- und Austrittsverhalten zu beeinflussen, sollten daher auf der Agenda der Kirchen weit oben platziert werden.

Mitgliederorientierung als Zukunftsaufgabe der Kirchen

Die bisherigen Überlegungen zeichnen ein deutliches Bild: Die beiden großen christlichen Kirchen Deutschlands schrumpfen. Wahrscheinlich liegt der Anteil der Kirchenmitglieder im Jahr 2060 bei circa einem Drittel der Gesamtbevölkerung. Viele gesellschaftliche Privilegien, die beide Kirchen heute noch selbstverständlich genießen, werden dann wahrscheinlich politisch nicht mehr haltbar sein. So viel zum ernüchternden Teil der obigen Problemanzeige, denn es gibt auch Indizien, die Hoffnung machen.

So beruht nur ein vergleichsweise geringer Teil des Schwunds an Kirchenmitgliedern auf demografischen Prozessen. Der größte Teil des Mitgliederschwunds scheint hausgemacht zu sein. Wenn Menschen die Kirchen verlassen, weil sie mit ihrem Erscheinungsbild nicht zufrieden sind oder das kirchliche Personal vor Ort wenig von dem erkennen lässt, was die Botschaft Jesu Christi verheißt, sind das keine naturgegebenen Ereignisse. Ein Erscheinungsbild kann man ebenso ändern wie kirchliches Handeln vor Ort. In diesem Sinn muss die obige Problemanzeige nicht notwendigerweise als Untergangsprophetie gelesen werden. Sie verweist auf Zusammenhänge, die sich ändern lassen. Wenn man sich auf diese Perspektive einlässt, stellt sich als Nächstes die Frage, wo Veränderungen ansetzen sollen.

Die Frage nach Ansatzpunkten für Veränderungen hat es in sich. Zum einen liegt es auf der Hand, dass sich ein kirchliches Erscheinungsbild, das ausweislich einschlägiger Untersuchungen bereits seit den 1970er-Jahren als altmodisch und machtorientiert gilt, nicht von heute auf morgen ändern lässt. Außerdem verbieten sich einfache Antworten. So wäre eine Imagekampagne hinsichtlich des kirchlichen Erscheinungsbildes wohl Geldverschwendung, wenn sich parallel zur Kampagne nicht auch das Miteinander in dieser Kirche ändern würde. Denn eine gute Werbung ohne gutes Produkt trägt nicht lange. Der Ansatzpunkt für Veränderungen will somit gut gewählt sein.

Wir sind davon überzeugt, dass die Art und Weise, auf die Mitglieder der Kirche zuzugehen und mit diesen umzugehen, ein vielversprechender Ansatzpunkt ist. Und das aus mehreren Gründen. Erstens ist es in ökonomischer Hinsicht weniger aufwendig, Menschen in der Kirche zu halten, als solche, die ausgetreten sind, für eine Rückkehr zu gewinnen. Aufwand und Ertrag scheinen bei Letzteren in keinem günstigen Verhältnis zu stehen. Dagegen ist es die natürlichste Sache der Welt, wenn sich eine Organisation oder Institution an ihre Mitglieder richtet. Menschen anzusprechen, die Mitglieder der Kirche sind, ist somit eine nachvollziehbare Handlung. Das schließt natürlich auch die Mitglieder ein, die – zumindest vordergründig – nur noch auf dem Papier Teil dieser Gemeinschaft sind. Solche Menschen in der Kirche zu halten und neu für sie zu begeistern, ist auch angesichts der realen Zahlenverhältnisse vielversprechender.

Zweitens gehört Mitgliederorientierung zu den Kernaufgaben kirchlichen Handelns. Die Kehrseite der Verkündigung des Evangeliums ist die Sorge um die Seelen der Menschen. Wer die Frohe Botschaft weiterträgt, hat sich auch um die Menschen zu kümmern, und zwar auf eine Art und Weise, die die Menschen die Liebe und Zuwendung Gottes spüren lässt. Einer Neubesinnung auf Mitgliederorientierung im Licht des Evangeliums wird es dabei nicht um eine einseitige Anpassung an den Zeitgeist gehen. Vielmehr steht das Ringen um die richtige Art und Weise im Mittelpunkt, die Menschen in ihren Hoffnungen, Sorgen und Bedürfnissen ernst zu nehmen. Mitgliederorientierung angesichts der obigen Problemskizze führt beide Kirchen somit auf den Kern ihres Daseinszwecks zurück.

Drittens verändert Mitgliederorientierung die Kirchen selbst. Die Art und Weise, wie Menschen in der Kirche miteinander umgehen, schlägt sich nieder in dem, was Kirche ist. In einem System wirken sich Änderungen in Teilen des Systems immer auch auf das Gesamtgefüge dieses Systems aus. Wenn aufgrund bestimmter Maßnahmen zum Beispiel Menschen neu in den Gemeinden auftauchen, bringen sie ihre Wünsche und Bedürfnisse ins Gemeindeleben ein. Man kann nicht einfach so weitermachen wie bisher. Nicht umsonst entstehen gerade in beiden Großkirchen innovative ekklesiologische Modelle. So wird in der evangelischen Kirche das Hybrid-Modell[20] diskutiert, während im katholischen Diskurs eben versucht wurde, Kirche als soziale Bewegung zu denken.[21] Beide Modelle zeichnet aus, dass sie vielfache Formen von Mitgliedschaft einräumen und somit eine neue Idee zur Debatte stellen, was Kirche sein könnte. Wie immer man diesen Modellen gegenübersteht, sie zeigen eindrücklich, dass eine Neubesinnung von Mitgliederorientierung die Kirche als Ganzes betrifft.

Aus den genannten drei Gründen scheint es uns hilfreich zu sein, Mitgliederorientierung als dringlichste Zukunftsaufgabe beider Kirchen wahr-

---

[20] Vgl. Hauschildt, Eberhard; Pohl-Patalong, Uta (2013): Kirche (Lehrbuch Praktische Theologie), Gütersloh.

[21] Vgl. Collet; Eggensperger; Engel (2018): Offene Ränder – vielgestaltige Zugehörigkeiten. Theologische Reflexionen zu einer pluralitätsfähigen und engagierten Kirche in Bewegung, in: Etscheid-Stams; Laudage-Kleeberg; Rünker, 208–284.

zunehmen. Außerdem ist Mitgliederorientierung eine Aufgabe, die alle Ebenen kirchlicher Wirklichkeit betrifft und auf jeder Ebene angegangen werden kann. Gemeinden vor Ort müssen nicht warten, bis sie grünes Licht von oben erhalten. So zeigt das Projekt „Kirchenbank", das später im Detail vorgestellt wird, dass jede und jeder mit innovativen Ideen anfangen kann, auf Menschen zuzugehen, die bislang nicht zum Kern kirchlicher Aufmerksamkeit gehören. Umgekehrt zeigen das Schweizer Projekt „Lebenslang Mitglied bleiben" oder „Kirchenkiste", wie Gemeinden vor Ort durch zentrale Maßnahmen in ihrer Mitgliederorientierung gestützt werden können. Und Projekte wie die Kirchenpost in Bayern oder das Essener Bistumsmagazin BENE, wie sich Landeskirchen und Diözesen direkt an ihre Mitglieder richten können. Mitgliederorientierung ist ein weites Feld, das vielfältige Ideen und Initiativen zulässt. Es eignet sich somit hervorragend dazu anzufangen, um Kirche zu verändern – und, angesichts der obigen Problemanzeige, als gesellschaftlich relevante Wirklichkeit zu bewahren.

TEIL II
PROJEKTBEITRÄGE

„IN DIE STADT GEHEN" – CITYKIRCHENARBEIT ALS FORUM EXPERIMENTELLER PROJEKTARBEIT

Dirk Keller

Das Karlsruher David-Projekt 2018 zeigt, dass der gesamtstädtische Handlungsraum der Citykirchenarbeit ein ideales Feld für experimentelle kirchliche Arbeit ist. Der städtische Raum ermöglicht es, im unmittelbaren Dialog mit hauptsächlich nicht kirchlichen Partnern die Relevanz christlicher Themen für das zeitgenössische Leben in der Stadt auszuhandeln und an den Alltagsorten der Partner angemessen zu gestalten. So wird der christliche Glaube kontextualisiert und konkret. „David wird zum Stadtgespräch" – so titelte eine Karlsruher Wochenzeitung am 7.9.2018 einen Artikel, der die gut vierzig Veranstaltungen zwischen September und November des Jahres vorstellte. Damit ist der Horizont der Citykirchenarbeit Karlsruhe am Beispiel des David-Projektes sehr gut auf den Punkt gebracht. Parochiale und landeskirchliche Arbeit werden damit ideal ergänzt. Gleichzeitig können aus den citypastoralen Experimenten Impulse für die stetige kirchliche Arbeit entstehen.

„Wen interessiert das denn?" – auf der Suche nach Relevanzgewinn

Der Schlüssel des Erfolges liegt in der experimentellen Suche nach der Relevanz des christlichen Glaubens. „Wie können wir dazu beitragen, dass das Leben in unserer Stadt noch besser gelingt? Was ist unser christlicher Beitrag im Chor der vielen Stimmen in Karlsruhe?" Diese Fragen stehen am Anfang jedes Projektes. Mit der biblischen Figur Davids haben wir bereits ein Jahr vor der Projekteröffnung einen ersten Anlauf genommen und in einer bunt zusammengewürfelten achtköpfigen Gruppe an drei Abenden Lebensthemen identifiziert, die seine Welt mit unserer Welt verbinden. Da standen an den Moderationswänden Themen wie „David und Goliat", „Liebhaber", „Musik als Therapie", „Hirte", „Freundschaft", „König", „Schuld", „Poesie", „Scheitern" oder „Gewalt", verbunden mit den jeweiligen Textpassagen und ersten Assoziationen, an welchen Orten und mit welchen Partnern in der Stadt diese Themen lebendig werden können. Im nächsten Schritt haben wir uns aus dem Denklabor herausgewagt. Ein ehrenamtliches sechsköpfiges Projektteam aus erfahrenen Frauen und Männern aus der Werbebranche, der kaufmännischen Welt und aus der evangelischen Gemeindearbeit hat jetzt die Aufgabe übernommen, im Gespräch mit den möglichen Projektpartnern die Chancen des Themas „David" auszuloten. Dabei stellte sich schnell heraus, dass das Motiv „David und Goliat" zum Leitthema werden könnte. Selbst bei kirchenfremden Menschen klingelt es immer noch, wenn sie bei Fußballspielen und anderen ähnlichen Augenblicken den unerwarteten Sieg des Kleinen über den Großen mit dieser biblischen Geschichte verbinden und sie damit reaktualisieren. An dieser vorfindlichen Relevanz knüpfte die weitere Arbeit an. Dabei wurde das Motiv „David gegen Goliat" auf unterschiedliche Lebensbereiche übertragen, geleitet von der Schlüsselfrage: „Wo ringen in unserer Stadt Einzelne, Gruppen oder Institutionen mit einem schier übermächtigen Goliat und finden Mittel und Wege, mutig den Kampf aufzunehmen und ihn zu überwinden?" Dreizehn der gut vierzig Veranstaltungen widmeten sich ausschließlich diesem Motiv, gefolgt von den Themen „Liebe" und „Musik". Insgesamt waren 31 Projektpartner unterschiedlichster Herkunft beteiligt.

Wir mussten uns beschränken! Es waren mehr Ideen entstanden, als wir in einem Zeitraum von zehn Wochen realisieren konnten. David verselbstständigte sich mit einem Mal. In der Beschränkung wollten wir aber auch dafür sorgen, dass eine möglichst große Vielfalt entsteht. Vielfalt in den Veranstaltungsformen (Gottesdienste, Workshops, Diskussionsforen, Führungen), Vielfalt in der Ortswahl (Straße, Bäckerei, Theater, Modehaus, Museum, Schule, Kneipe ...) und die damit verbundene Vielfalt der Begegnungen mit Menschen unterschiedlichster Herkunft.

„Wir brauchen ein Symbol" – zur Erkennbarkeit

Im Lutherjahr 2017 hatten wir gute Erfahrungen mit Büsten des Künstlers Harald Birck gemacht. 25 namhafte und unbekannte Frauen und Männer aus der Stadt, die sich mit einem Thema Martin Luthers verbunden fühlten, saßen dem Künstler Modell. Ihre auf Säulen präsentierten Köpfe wurden im Laufe des Jahres an öffentlich wirksamen Orten Karlsruhes präsentiert. Bis heute steht im Hauptbahnhof etwa die Büste von „Heiner", einem ständigen Besucher der Bahnhofsmission, die mit ihrer Arbeit für die christliche Hilfsbereitschaft einsteht. Im Schaufenster der Lokalzeitung wird dauerhaft die Büste des Zeitungsgründers gezeigt und auf die Bedeutung der Medien für die Verbreitung von Botschaften und Information hingewiesen. Der temporäre Charakter dieses experimentellen Projektes wurde so mit einem nachhaltigen Akzent über diese sichtbaren Kunstobjekte verbunden.

Mit dieser Erfolgsgeschichte des Vorjahres gingen wir in die Vorbereitung des David-Projektes. Erste Kontakte zu einem prominenten Künstler in Karlsruhe zeigten, dass ein eventuelles Kunstwerk stark vom biografischen Bezug des Kunstschaffenden und seiner Leidenschaft für das Projekt leben würde. Deshalb suchten wir weiter und fanden in dem fast 40-jährigen Bildhauer Thomas Hildenbrand einen idealen Partner. Hildenbrand ist von Jugend auf mit der christlichen Welt vertraut, hat sich früh mit sakraler Kunst befasst und war sofort von der Idee angetan, einen lebensgroßen David aus Holz zu schaffen. Wohl wissend, dass er an großen Arbeiten wie dem Florentiner David Michelangelos gemessen werden würde. Aber gerade das forderte ihn heraus. Beim ersten Blick auf den Entwurf Hildenbrands stieg das Projektteam in eine spannende Diskussion ein. Thomas Hildenbrand zeigte einen jungen, am Oberkörper unbekleideten David. Intensive Diskussionen löste die Augenbinde aus, die in starker Spannung zur Krone auf dem Kopf stand. „In Karlsruhe denkt da sofort jeder an die Justitia“, meinten die einen. „Er wirkt so zerbrechlich“, sagten die anderen. Diese Diskussion wiederholte sich im Verlauf des Projektes immer wieder neu und löste intensive Gespräche über Davids Rolle und Haltung aus. Das Stadtgespräch war von Anfang an eröffnet. Thomas Hildenbrand hielt sich öffentlich mit seiner Deutung zurück. Er wollte bewusst einen Gesprächsraum öffnen. Dem Projektteam legte er diesen Zugang nahe: „Die größte Herausforderung war es für mich, die religiöse Seite Davids zu zeigen, seine Verbindung zu Gott, die in den Psalmen deutlich wird. Die verbundenen Augen drücken diesen inneren Kontakt zu seinem Gott aus. Er ist ein suchender König, der im Gespräch mit Gott nach seinem Weg fragt. Und ich will eine politische Botschaft setzen. Gegen die schnellen, lauten und unbesonnenen Töne in der weltweiten Politik werbe ich für eine nachdenkliche, suchende politische Haltung, die ihre Grenzen kennt und hinhört.“ So machte sich während des Projektes Hildenbrands David auf den Weg in die Stadt und löste viele Gespräche aus. Er stand in Schaufenstern der Einkaufsmeile, in der Stadtkirche, in einem Café und der Karlsruher Keramikmanufaktur „Majolika“. Eine ihm nachgebildete, gut transportable Pappfigur begleitete Veranstaltungen in Schulen, einer Kneipe und in Gottesdiensten. Bei aller Vielfalt des Projektes sorgte die Figur für die innere Einheitlichkeit und Identifizierbarkeit des Gesamten. Die Vielzahl der Veranstaltungen sollten nicht wie unverbundene Puzzleteile auseinanderfallen, sondern durch das Gesamtbild der Leitfigur zusammengehalten werden.

Abb. 2: Davidfigur mit Künstler.

„Wie soll das Kind heißen?" – das Ringen um den Slogan

Die große Stunde unseres Werbedesigners kam, als es um den Slogan für das David-Projekt ging. „Der Slogan muss Hoffnung und Zuversicht ausdrücken", meinte er, „der Glaube muss wieder interessant für die Menschen werden!" Freilich dürfe er nicht zu fromm daherkommen und altbacken wirken. „So typisch Kirche halt", als Klischee. Trotzdem dürften wir uns nicht als evangelische Kirche und Christenmenschen verstecken. „Christlich selbstbewusst für etwas einstehen ist wichtig!", unterstrich er. Und es komme entscheidend auf die Wortwahl an. Auf die Anschlussfähigkeit, Lebenstauglichkeit, Atmosphäre. Erst ganz am Ende stand der Slogan. Als die meisten Veranstaltungen geplant waren. „David … Liebe, Mut und Gottvertrauen". „Das passt!", zeigten auch die Reaktionen in der Bäckerei und den anderen Orten, an denen der Slogan unter die Leute kam.

Die „Highlights"

Von den gut vierzig Veranstaltungen mussten nur drei Workshops ausfallen, weil es zu wenig Interessierte dafür gab (es gab 1.521 Teilnehmende an den nicht gottesdienstlichen Angeboten). Unsere thematischen Gottesdienste mit unterschiedlichen Musikfarben (Klassik, Pop, Breakdance, Harfe), namhaften Predigern (Landesbischof, Professor Wilfried Härle, Eventmanager Martin Wacker u. a.) und Gästen aus dem Karlsruher Leben (der Weitspringer Julian Howard und die contergangeschädigte Autorin Stefanie Ritzmann) waren überdurchschnittlich gut besucht (2.122 Gottesdienstbesucher bei 16 Gottesdiensten).

Zu den „Highlights" im Sinne des Projektanliegens zählten Veranstaltungen, die Lebenswelten in der Stadt erreicht haben, mit denen die kirchliche Arbeit normalerweise ganz selten kooperiert. Diese Beispiele zeigen, wie weit die experimentelle Suche nach der Bedeutung christlicher Themen im städtischen Alltag führen kann und dabei unerwartete Begegnungen stiftet.

Die „Daviddeis"

Die Inklusionsbäckerei Schmidt gehörte zu den Partnern, die in der Stadt den Kampf mit dem „Goliat" Inklusion in der ersten Arbeitswelt aufgenommen hatte. Sechs der aktuell 14 Mitarbeitenden waren zur Projektzeit Menschen mit Handicaps, die auf dem ersten und zweiten Arbeitsmarkt keine Chance hatten. „Wir leben als Christen von der Zuversicht, dass Segen auf unserer Bäckerei liegt. Mit viel Liebe und Geduld gehen wir jeden Tag zusammen mit unseren Mitarbeitenden ans Werk", so bekennt sich das Bäckerehepaar Martina und Thomas Schmidt zum Projekt David. Ihr Schaufenster in der Innenstadt war mit dem Projektslogan „David … Liebe, Mut und Gottvertrauen" und der Leitfigur des Projektes beklebt, die Projektbooklets lagen aus. Die Bäckerei hat im Projektzeitraum 3.000 eigens dafür gebackene „Daviddeis" verkauft und die Werbung und den Verkauf über den eigentlichen Projektverlauf hinaus um sechs Wochen verlängert. Auf der Straße vor der Bäckerei wurde unser David-Projekt eröffnet und mit einem Bericht des regionalen Fernsehens öffentlich wirksam bekannt gemacht. Es ist der Ort mit der größten und nachhaltigsten Strahlkraft. Hier gehen Junge und Alte, einfache und hochgebildete Karlsruher ein und aus. Eine der offensten Zielgruppen des Projektes überhaupt. Die Glaubwürdigkeit der Bäckerei schuf einen Vertrauen stiftenden Rahmen für unser David-Projekt.

Abb. 3: Das Schaufenster der Bäckerei.

David vor dem Bundesverfassungsgericht

Zu Karlsruhe gehören die großen bundesdeutschen Gerichte, der Bundesgerichtshof und das Bundesverfassungsgericht. In einem Gespräch mit einem lokalen Journalisten bekam ich den Hinweis, dass die Geschichte von „David gegen Goliat" sich gut mit dem Auftrag des Bundesverfassungsgerichts (BVG) verbinden ließe. Über das mittlerweile entstandene Netzwerk unserer Citykirchenarbeit ist es uns gelungen, mit unserem Anliegen auf dem Schreibtisch des Präsidenten des BVG zu landen. „Aussichtslos", unkten schon einige, „in so kurzer Zeit, und dann noch Kirche." Wochen später saßen wir mit BVG-Richter Peter Müller in seinem Büro. „Das ist ein wunderbares Thema für uns", meinte er sofort, „wir sind wohl weltweit das einzige Rechtssystem, in dem der Bürger so viel Einfluss auf die Rechtsentwicklung unserer Gesellschaft nehmen kann. Eine Lernerfahrung aus der NS-Zeit zuvor. Die Individualrechte in Deutschland haben absoluten Vorrang und spiegeln sich in der Eröffnung des Grundgesetzes in Artikel 1 von der unantastbaren Würde des Menschen", referiert er kurz im Vorgespräch und schließt mit: „Ich bin dabei!" Und dann trifft sich eine illustre Gesellschaft aus Karlsruher Juristen und juristisch interessierten Bürgern im Gartensaal des Karlsruhes Schlosses (etwa 120 Leute) und hört von Peter Müller anhand von Beispielen der Rechtsgeschichte, wie einzelne Bürger als „David" gegen den „Goliat" Staat Rechtsveränderungen anstrengen konnten. Dabei bezieht sich Müller immer wieder auf den biblischen Kontext und vergleicht die Bedingungen damaliger Zeit mit den Bedingungen der deutschen Rechtsprechung. Ein Thema, das so spannend war für das Karlsruher Stadtgespräch, dass die Tagespresse davon auf der überregionalen Politik-Seite berichtete. Dem Projekt kam außerdem sehr entgegen, dass just im selben Jahr darüber entschieden wurde, dass in Karlsruhe das bundesdeutsche „Forum Recht" aufgebaut werden soll und ein neu gegründeter Verein die Aufgabe übernimmt, mit an der allgemein verständlichen Vermittlung des Rechtswesens zu arbeiten und das politische Bewusstsein dafür zu schärfen. Ähnliche Aufgaben, die sich für unsere Kirche und die Vermittlung ihrer Botschaft stellen. Eine geistverwandte Partnerschaft ist da plötzlich entstanden.

Abb. 4: Gesprächsrunde mit Peter Müller.

Tanz auf dem Marktplatz

Die evangelische Stadtkirche als Trägerin der Citykirchenarbeit steht im Herzen Karlsruhes am Marktplatz, gegenüber dem Rathaus. Ein Platz, der nach der Verlegung der Straßenbahn in den Untergrund auf Dauer ganz neue Möglichkeiten bietet, Begegnungen zu stiften und Passanten zufällig zu erreichen. Weil alle Veranstaltungen mit dem biblischen David verbunden sein sollten, um ein in sich plausibles Konzept zu leben, stellte sich die Frage, wo Israels König den Marktplatz von Jerusalem als Forum seiner Politik nutzte. „Er brachte doch eines Tages die Bundeslade in seine neu gegründete Hauptstadt", fiel uns da ein, „er wollte viele Bürger damals erreichen und zog deshalb in einer Prozession in die Stadt über den Marktplatz und tanzte vor Begeisterung. Die Zehn Gebote der Bundeslade und die Lade als Ort der Gegenwart Gottes sollten zum Kitt des neu geschaffenen Königtums Israel werden." Das inspirierte dazu, an Erntedank in der Stadtkirche zunächst zu einem Gottesdienst einzuladen, in dem der Karlsruher Eventmanager über christlichen Mut und Zuversicht in bewegten Zeiten predigte und mit viel Lokalkolorit Bezüge zur Stadt herstellte. Danach wurde die Davidskulptur auf den Marktplatz gebracht, und eine kleine Band lud zum öffentlichen Tanz unter freiem Himmel zwischen Rathaus und Stadtkirche ein. „Ich hab dem Ganzen nicht getraut", meinte der Bandleader danach, „und wäre gerne an einer Hauswand gestanden mit meiner Band, um nicht einsam auf dem Marktplatz mit unserer Musik zu verhungern. Und dann das ..." Ungezählte Tänzerinnen und Tänzer schwoften über eine Stunde, angeleitet vom Tanzlehrer einer hiesigen Tanzschule, und waren hin und weg. Gottesdienstbesucher und Passanten mischten sich schnell. Wo Menschen sind, kommen andere dazu. Und sicherheitshalber erzählte der Tanzlehrer noch so nebenbei die Geschichte von König David, der verzückt wie die Karlsruher heute auf dem Marktplatz seiner Stadt tanzte. Die Bibel wird zum Stadtgespräch!

„Wir müssen auf die Straße" – Putzgraffiti mit Schülern

Uns war klar, dass wir insgesamt mit unserem David-Projekt eher die über 50-Jährigen in der Stadt erreichen. Mehr als nur die Kirchenverbundenen. Das hatte sich an den Veranstaltungsorten schnell gezeigt. Unsere Partner mobilisierten jeweils ihr eigenes Klientel, das sich mit überhaupt Interessierten und kirchlich Geneigten immer wieder neu durchmischte. Und trotzdem wollten wir auch Spuren in die schulische Welt in Karlsruhe legen, um Kinder und Jugendliche und ihre Schulgemeinschaft in Kontakt mit David zu bringen. Am aufwendigsten war ein Projekt der evangelischen Gemeinschaftsschule, das aufgrund der biblischen Davidgeschichte ein fächerübergreifendes Theater-Projekt „DAVID – ein König und was noch?" entwickelte, in dem die Schüler ihre Lebensdynamik mit dem Leben Davids verbanden und den Weg vom Hirtenjungen aus Bethlehem zum König von Israel vergegenwärtigten. Oberstufenschüler eines gymnasialen Wirtschaftskurses diskutierten zusammen mit einem Start-up-Unternehmer die ökonomischen Herausforderungen und die Chancen, die ein kleines, noch unbekanntes Unternehmen mit seinen Möglichkeiten und dem Mut seiner Mitarbeitenden für seinen wirtschaftlichen Aufstieg nutzen kann.

Die größte Aufmerksamkeit freilich genoss ein Projekt des Künstlers Max Kosoric. Zusammen mit einem gymnasialen Religionslehrer befasste er sich im Unterricht mit den vielen Facetten des biblischen David. Da entstand viel Neugier und Diskussion, weil die Mittelstufenschüler die ganz unterschiedlichen Seiten des Menschen David kennenlernten. Viel Licht und Schatten. Scheitern und Mut. Liebe und Gottvertrauen. Ziel des Projektes war es, am Ende David mit Schlagwörtern zu charakterisieren. Da fielen Worte wie „krass“, „Held“, „Krieger“, „megacool“ oder „Verzeihen“. Diese Worte wurden auf große Schablonen übertragen. Damit konnte es losgehen. Mitten in der Einkaufsstraße an einem Samstag während des Stadtfestes saßen Schülerinnen und Schüler vor der Kleinen Kirche auf dem Pflaster und schrubbten mit Bürsten leidenschaftlich den Boden. Sie schrubbten die Buchstaben der Schablonen frei. Passanten blieben stehen, fragten nach. Und nach zwei Stunden Putzen waren die Schlagwörter Davids auf dem Karlsruher Pflaster zu lesen. Und das über den Tag hinaus. Die Spuren dieser Aktion waren mindestens ein halbes Jahr noch zu erkennen. Dieses Schulprojekt zu David zeigte, wie der experimentelle Charakter des Gesamtprojektes auf die Schüler übersprang. „Das war eine willkommene Gelegenheit, aus den Schulräumen in die Stadt zu gehen und unsere Arbeit zu zeigen. Das war nicht nur Unterricht um des Unterrichtens willen. Die Schüler waren gepackt vom Gedanken, etwas zu tun!“, meinte der Lehrer danach.

Abb. 5: Straßenmalerei von Schülerinnen und Schüler.r

Meditation im Bürofachgeschäft

Eine generationsübergreifende Veranstaltung war ein Workshop an einem Abend in den Verkaufsräumen eines Karlsruher Bürofachgeschäftes. Nachdem eine gute Woche lang die originale Holzskulptur des David im Schaufenster des Geschäftes auf der Einkaufsmeile der Stadt auf den Workshop „Kalligrafie und Handlettering" aufmerksam gemacht hatte und über Facebook, die Homepage und Printmedien dafür geworben wurde, fanden sich vierzig Frauen und Männer zwischen 25 und 80 Jahren zu diesem ausgebuchten Abend ein. Thematischer Anlass waren die poetischen Psalmen Davids in der Bibel, die schon in den klösterlichen Skriptorien zu zauberhaften Buchmalereien inspiriert hatten. So entschieden sich die Teilnehmenden zu Beginn für einen ausgewählten Psalmvers wie etwa „Der Herr ist mein Hirte" und befassten sich drei Stunden unter fachmännischer Anleitung mit der Gestaltung dieser geistlichen Worte. Über die Aktionen auf der Straße und in anderen öffentlichen Räumen kam es so zu einem meditativen Abend und nachdenklicher Stille in Räumen, die tagsüber vom Verkaufen geprägt waren. Gerade diese Kontrasterfahrung im Alltag der Stadt hat die inwendigen Quellen christlicher Spiritualität für Menschen erfahrbar gemacht, die nicht mehr unbedingt mit christlichen Gebetsformen und Gottesdiensten vertraut sind. Auch darin spiegelte sich der experimentelle Charakter des gesamten Projektes, der auf die überraschende Verbindung von an sich fremden Welt ausgerichtet war und neue unerwartete innere Erlebnisräume ermöglichte.

Auf Nachfrage bei den Teilnehmenden stellte sich heraus, dass die Jüngeren unter ihnen weniger durch die klassischen Printmedien auf die Veranstaltung aufmerksam wurden, sondern durch die sozialen Medien. Das Bürofachgeschäft und der Leiter des David-Projektes hatten über ihre jeweiligen Facebook-Seiten eine Veranstaltungsseite eingerichtet (wie bei allen Veranstaltungen auf Projektleitungsseite). Der Workshop war eines der wenigen Angebote, bei dem sich die Wirkung der neuen Medien ablesen ließ. Und er bestätigte die gängige Hypothese, dass Tages- und Wochenzeitungen eine andere Reichweite in die Generationen hinein haben als die Social Media. Beide Plattformen sind bei experimentellen Projekten notwendig, um eine breite Öffentlichkeit zu erreichen.

„So geht das nicht" – über das Ringen um David

Das badische Landesmuseum gehört zu den ständigen Projektpartnern der Karlsruher Citykirchenarbeit. Zu den ersten Kontakten in der Vorbereitung gehörte ein Gespräch mit dem Direktor des Landesmuseums. „Wir würden so gerne wieder mit Ihnen zusammenarbeiten", meinte der Direktor, „aber außer einem langweiligen Glasfenster mit David und Batseba können wir nichts bieten. Eher abstrakte Assoziationen mit davidfremden Objekten unseres Museums". Erste Ernüchterung und Klärung. Klar wurde, dass es keine unbedingte Kooperation geben könne. „Wir dürfen uns David nicht zurechtbiegen. Das nimmt uns keiner ab", so die Stimmung im Projektteam. Dann kam ein Anruf. „Wir hätten da eine Idee", so die Stimme am Telefon, „vielleicht ist ja unsere aktuelle Revolutionsausstellung eine Plattform und gute Verbindung zu Ihrem David". Bei einem ersten Durchgang durch die Ausstellung wurde die Konzeption klar. Revolutionen wurde auf ihre Entstehung, ihren Verlauf und ihre Wirksamkeit hin dargestellt und Strukturen zur Diskussion gestellt, geleitet von der Frage, wie sich Umbrüche und Aufbrüche gesellschaftlich nachhaltig entwickeln. „Das könnte etwas sein" – damit gingen wir auseinander. Wir machten unsere Hausaufgaben und erarbeiteten eine erste Idee. Und da wartete auch schon die zweite Ernüchterung. Nach intensiver Darstellung, wie sich David und die Revolutionsausstellung zusammenbringen lassen könnten, kommentierte der Kurator des Museums offen: „Ganz ehrlich. Das funktioniert so nicht!". Es schlossen sich zwei weitere Treffen an, in denen wir miteinander die biblischen Davidgeschichten danach befragten, wo und wie David in seiner Gesellschaft für nachhaltige Umbrüche gesorgt hatte, wie es zum ersten vereinigten Königreich kam, welche Rolle die Bundeslade spielte und wie er politisch für Frieden mit den Nachbarn sorgte. Am Ende stand ein Gottesdienst in der Revolutionsausstellung des badischen Landesmuseums. Eine Dialogpredigt mit dem Kurator öffnete die Blicke auf die revolutionären Seiten Davids, inspiriert durch die Umgebung der Ausstellung. Dieser mühsame Weg zeigt einerseits das Interesse nicht kirchlicher Projektpartner und andererseits das Ringen um die Relevanz der christlichen Botschaft im Dialog mit einer außerkirchlichen Gedankenwelt. Sowohl der Blick auf David als auch der Blick auf die Ausstellung im Landesmuseum weiteten und veränderten sich damit. Darin liegt eine besondere Seite des experimentellen Charakters der Projektarbeit. In der Begegnung entsteht etwas „Drittes".

David für daheim

Inspiriert von der Playmobilfigur des Martin Luther zum Reformationsjubiläum wollten wir mit einer Davidfigur in der Wohnung interessierter Karlsruher landen. Vorbild dafür sollte die Holzskulptur des Künstlers Thomas Hildenbrand sein. Das filigrane Werk ließ allerdings keinen einfachen preisgünstigen Artikel zu. Es war schnell klar, dass es eher ein wertvolles

Sammlerobjekt werden würde. Nun war zur Zeit der Projektentwicklung die Zukunft der hiesigen Keramikmanufaktur Majolika in der Diskussion. Sie war auf der Suche nach neuen Märkten und städtischer Unterstützung. So waren sich beide Seiten schnell einig, dass eine Kooperation sowohl der Majolika als auch dem David-Projekt guttäte. „Wir müssen nach den Standards unseres Hauses arbeiten", stellte der Geschäftsführer klar, „wir erreichen die Kunstinteressierten der Stadt am besten mit einer zertifizierten, limitierten und nummerierten Auflage. Es müssen vom Künstler handbemalte Unikate sein. Mindestens 50 Exemplare müssen wir produzieren, damit es sich lohnt. Und in jedem Fall sollte der Käufer noch etwas Gutes damit tun." Bei der Vernissage in den Räumen der Majolika war wie bei den meisten Veranstaltungen ein bunt gemischtes Publikum aus kirchennahen und Majolika-affinen Leuten beisammen. Über die Galerie des Künstlers, durch Werbung in den Schaufenstern dreier weiterer Projektpartner und ein Galadinner des Hospizvereines „Arista" sind zum Zeitpunkt der Verfassung dieser Zeilen 40 David-Miniaturen (50 Zentimeter hoch) verkauft. Vom Gesamtverkaufspreis fließt ein Teil in die Arbeit des Hospizes „Arista", weil Sterben und Tod auch David beim Abschied von seinen Söhnen und Freunden stark beschäftigt hat und damit eine innere Verbindung da war, die in einem Gottesdienst mit dem badischen Landesbischof am Ende des Projektes geistlich entfaltet wurde. Ein weiterer Teil des Erlöses unterstützt das Davidprojekt selbst und sorgt damit für die solide Gesamtfinanzierung.

Das Experiment mit der Davidminiatur war einerseits mit dem Risiko verbunden, auf den Figuren und ihren Kosten sitzen zu bleiben. Andererseits hat es sich gezeigt, dass durch die Kooperation mit Majolika und der Karlsruher Kunstszene eine eigene Öffentlichkeit erreicht wurde, die durch den Erwerb des Davids im Alltag der Käufer „weiterlebt". Abhängig vom Original war nur dieses aufwendige Angebot möglich. Zukünftige Projekte könnten auch erschwingliche Objekte ermöglichen und für eine breitere Streuung sorgen.

„Wie lief es denn?" – Erfolgsfaktoren

Mit der Teilnahme an den Veranstaltungen und der Berichterstattung waren nach Abschluss des Projektes das Team und die Projektpartner sehr zufrieden. Eine telefonische Umfrage unter den Partnern ergab, dass für einzelne (wie die Bäckerei) der Arbeitsaufwand relativ hoch war. Alle signalisierten, dass sie bei zukünftigen Projekten gerne wieder dabei wären. Sie sehen einen großen Gewinn in der grenzüberschreitenden Zusammenarbeit. Bisher unverbundene Welten in der Stadt begegnen sich, bringen ihre jeweiligen Leute zusammen und lassen etwas „Drittes“ jenseits ihrer Alltagsroutine entstehen. Gerade der experimentelle Charakter des Projektes reizt auch andere, sich für einen überschaubaren Zeitraum auf ein „kleines Abenteuer“ einzulassen.

Mit den lokalen Medien waren wir früh im Kontakt. Mit dem Lokalfernsehen wurde ein Spot entwickelt, der im laufenden Programm und im TV-Programm der Karlsruher Straßenbahnen in den Bahnen gezeigt wurde. Zusammen mit der Tageszeitung ist ein Booklet entstanden, das die biblische Geschichte Davids anregend nacherzählte und die einzelnen Veranstaltungen jeweils präsentierte und den Bezug zu David herstellte, um so für den roten Faden in allem und die Konsistenz des Projektes zu sorgen. Dieses Booklet lag der Tageszeitung bei und wurde aufgrund seiner attraktiven Gestaltung viel beachtet und gerne von unseren Projektpartnern in ihren Räumen ausgelegt. „Sie können nicht erwarten, dass wir von allen Veranstaltungen berichten, wir sind keine Kirchenzeitung“, baute der Chef der Lokalredaktion unserer Tageszeitung vor dem Projektstart vor. „Und dann waren Ihre Veranstaltungen so interessant, dass wir einfach berichten mussten“, meinte er später, „vom Mut des Weitspringers, dem Gottvertrauen der contergangeschädigten Frau oder von David im Bundesverfassungsgericht.“ Insgesamt über 50 Ankündigungen und Berichte entstanden in den zehn Wochen des Davidprojektes. Unter ihnen ein Artikel in einer Tageszeitung in der benachbarten Pfalz und eine Videopräsentation auf der Facebookseite von „Titel. Thesen. Temperamente“ des Bayerischen Rundfunks.

Zum Erfolg trugen die Projektpartner bei. Sie identifizierten sich inhaltlich mit dem David-Projekt, finanzierten zum Großteil ihre Veranstaltungen und mobilisierten ihr eigenes Klientel. Es kam zu Begegnungen kirchennaher und kirchendistanzierter Menschen. Ein christliches Thema war zehn Wochen im Stadtgespräch.

„Wer hat das alles bezahlt?“ – zu den Ressourcen

Zum Gelingen trug die Infrastruktur der Citykirchenarbeit bei. Die Citykirchenarbeit ist mit einer halben Pfarrstelle dotiert. Sie ist eingebunden in den pfarramtlichen Betrieb der evangelischen Gemeinde an der Stadtkirche Karlsruhe. Kopierer, Computer, Papier, Sekretariatsstunden, Hausmeisterstunden und die kirchlichen Räume sind die Basis der Arbeit. Das ehrenamtliche Projektteam hat durch die Kommunikationsfähigkeit, das kaufmännische Know-how und vor allem die kompetente Begleitung eines Werbedesigners für höchste Qualität gesorgt!

Zum Gesamtbudget in Höhe von 53.000 Euro haben die Evangelische Kirche in Karlsruhe 15.000 Euro und die Evangelische Landeskirche durch ihre Beteiligung am erwarteten Defizit beigetragen. Neu für die Gesamtfinanzierung war der Erlös aus dem Verkauf der Davidminiaturen. Ein wichtiger Baustein für die gesamtkirchliche Diskussion um die Finanzierung von Citykirchenarbeit überhaupt im Kanon der allgemeinen Haushaltsentwicklung, verbunden mit der Erwartung, dass kirchenleitende Gremien zuverlässig die experimentelle Arbeit der Citykirche als Beitrag zur Entwicklung kirchlichen Lebens in der städtischen Gesellschaft budgetieren.

KIRCHENKISTE

Reinhard Fiola

Die Idee

Unter dem Dach des von der Evangelisch-Lutherischen Landeskirche Hannovers auf fünf Jahre angelegten Projekts „Mitgliederorientierung" wurde im Kirchenkreis Peine ab 2013 das Teilprojekt „Kirchenkiste" entwickelt. Ein Team von Theologinnen, Öffentlichkeitsarbeitern, Kirchenvorsteherinnen und Grafikern hat sich der Frage gestellt, wie Mitgliedern wertschätzend, einladend und auf Augenhöhe begegnet werden kann. Schnell war sich die Projektgruppe darin einig, dass bei der „Taufe" angesetzt werden sollte, denn das ermöglicht eine zweifache Zielgruppe: zum einen die jungen Taufeltern, die selber zu einer Altersgruppe gehören, in der der Kirchenaustritt naheliegt, und zum anderen die „Täuflinge", die als Gemeindeglieder begrüßt und im Zeitraum bis zur Konfirmation kontinuierlich begleitet werden können.

Abb. 6: Die Kirchenkiste.

Diese doppelte Zielausrichtung hat die Überlegungen innerhalb der Projektgruppe von Anfang an entscheidend geprägt: Das Endprodukt musste wertig, optisch ansprechend und durabel gestaltet sein, es musste Möglichkeiten bieten, das Fest der Taufe aufzuwerten, erinnernd festzuhalten und dem Kind

Wünsche und Impulse für dessen Zukunft mitzugeben; gleichzeitig musste es dem stetig älter werdenden „Täufling“ gefallen und Möglichkeiten bieten, dynamisch bis zum Konfirmandenalter mitzuwachsen. Als Idealvorstellung stand schnell im Raum: Zukünftig hat jede und jeder Getaufte eine eigene Kirchenkiste, in der die jeweilige eigene kirchliche Sozialisation abgebildet und mit allen erinnernswerten Gegenständen wiederzufinden ist.

Die Konkretion

Am Anfang stand die Idee eines Taufbuches, das Platz für Fotos und gute Wünsche anlässlich der Taufe, Informationen rund um die Taufe für Eltern und Kinder im Vorlesealter und einen Überblick über das Kirchenjahr beinhalten sollte. Schon bald war klar, dass der Inhalt des Buches parallel zum Alter des Täuflings mitwachsen muss, deshalb ist das Buch mit Buchbinderschrauben versehen, die es möglich machen, ergänzende Seiten zu späteren Zeitpunkten hinzuzufügen.

Abb. 7: Das Taufbuch.

Angedacht ist eine Neufassung des Taufbuches für Jugendliche, das zur Konfirmation überreicht werden kann. Mit Blick auf eine möglichst kontinuierliche Kontaktpflege zu den Getauften und ihren Familien wurde entschieden, jährlich zum Tauftag einen schriftlichen Gruß mit einem altersgerechten kleinen Geschenk zu versenden. Daraus ergab sich die

Notwendigkeit, eine entsprechende Sammelmappe zu entwickeln, in der sämtliche Kirchenpost (Briefe, Urkunden, Bescheinigungen) Platz finden kann. Daraus wiederum ergab sich als Konsequenz die Entwicklung einer „Kirchenkiste“, die Taufbuch, Postordner, Taufkerze und die verschiedenen Geschenke in sich aufnehmen und auf diese Weise die gesamte jeweilige „Beziehungskiste“ mit der Kirche widerspiegeln kann.

Die theologisch-kirchliche Begründung

Die Taufe ist von circa 80 Prozent aller Eltern mit kirchlicher Mitgliedschaft als religioses Ritual für die eigenen Kinder erwünscht. Auch wenn die Quoten seit Jahren leicht rückläufig sind, ist das immer noch ein erfreulich hoher Wert. Nach wie vor ist die Taufe die Begründung für eine kirchliche Mitgliedschaft und von daher für alle evangelischen Landeskirchen (wie auch für katholische Bistümer) von elementarer Bedeutung. Gemessen an der biblisch bezeugten Praxis ist Kindertaufe defizitär und nur dadurch zu rechtfertigen, dass die „vorauslaufende Gnade Gottes“ (gratia praeveniens) theologisch höher gewichtet wird als die nachlaufende menschliche Entscheidung. Das aber hat zur Folge, dass die taufenden Kirchen und Gemeinden dafür Verantwortung tragen, dass den Getauften das Wissen über die Bedeutung der Taufe und die Einladung zu einer lebenslangen Taufaneignung möglichst einladend nahegebracht werden. Die dafür entwickelten klassischen „Instrumente“ (Patenamt, Kindergottesdienst, Konfirmandenunterricht/Konfirmation bzw. Kommunionsunterricht/Erstkommunion und Firmung) erreichen besonders im städtischen Umfeld schon längst nicht mehr alle Getauften oder sind (wie zum Beispiel Patenamt und Kindergottesdienst) in der Praxis kaum noch durchzuhalten. Auch der bei der Kindertaufe vorausgesetzte Hintergrund einer Traditionsweitergabe innerhalb einer christlich geprägten Familie bricht immer stärker weg.

Alles das macht die Entwicklung neuer „Instrumente“ erforderlich, wenn denn Kindertaufe weiterhin theologisch verantwortet praktiziert werden soll.

Die Ziele

Die „Kirchenkiste“ versucht, den Defiziten in unserer Taufpraxis in mehrfacher Hinsicht zu begegnen:

- Den Taufeltern gegenüber bringt sie Wertschätzung zum Ausdruck: „Wir gratulieren Ihnen zur Taufe Ihres Kindes und freuen uns über Ihren Entschluss.“

- Den Getauften bringt sie schon im Kleinkindalter zum Ausdruck: „Durch deine Taufe gehörst du zu Gott und zu uns. Wir freuen uns über dich."
- Die jährlichen Glückwünsche zur Taufe ermutigen zu Gesprächen über den Glauben. Sie halten die Erinnerung an die Taufe wach und ermöglichen regelmäßige Kontaktflächen.
- Die altersgerechten Geschenke bringen zum Ausdruck: „Wir möchten dir eine Freude machen."
- Die Neufassung des Taufbuches für die Konfirmierten macht deutlich: „Wir begrüßen dich als erwachsenes Gemeindeglied."

Als weitergehende Maßnahmen bieten sich Glückwünsche zur Volljährigkeit und zur „silbernen Taufe" an. Spätestens dann sind die jungen Erwachsenen in dem Alter, in dem die Gefahr eines Kirchenaustritts besonders groß ist. Eine Erinnerung an die Taufe, die die Kirchenmitgliedschaft begründet hat, und ein Ausdruck von Wertschätzung und Freude über die (wenn sie denn noch besteht) jetzt selbstverantwortete Mitgliedschaft sind zu diesem Zeitpunkt besonders sinnvoll.

Die Jahresgeschenke

In größtmöglicher zeitlicher Nähe zum Tauftag (TT) sollen den Tauffamilien und den getauften Kindern Glückwünsche und kleine Geschenke überreicht werden. Das geschieht optimalerweise durch einen persönlichen Besuch, ist aber auch durch eine Postsendung mit einem personalisierten Anschreiben gut abgedeckt. Natürlich ist auch eine Kombination beider Wege denkbar (zum Beispiel persönliche Besuche bis zum sechsten Tauftag, danach Versendung per Post).

Abb. 8: Hai, ich bin getauft.

Folgende Geschenke sind von der Projektgruppe entwickelt bzw. angedacht:
- 1. TT: Wachstums-Messleiste mit Motiven aus der Noah-Geschichte

- 2. TT: Flexagon mit Kindergebeten
- 3. TT: Box mit sechs Wachsmalern
- 4. TT: Musik-CD (Musik & Klangspiele zum Mitmachen)
- 5. TT: Trinkflasche
- 6. TT: Lineal
- 7. TT: 4-Farb-Buntstift mit Regenbogen-Radiergummi
- 8. TT: von Konfirmanden angefertigtes Geschenk (zum Beispiel ein Freundschaftsarmband)
- 9. TT: Schlüsselanhänger
- 10. TT: Kirchenjahresscheibe mit Geburtstagsmarker
- 11. TT: Fisch zum Aufbügeln („Hai, ich bin getauft“)
- 12. TT: Digitales Speichermedium
- 13. TT: Konfirmation: Neufassung des Taufbuches

Abb. 9: „Hör mal, Gott“.

Ressourcen

Im Rahmen der für die dreijährige Probezeit produzierten Auflage (2.000 Exemplare) kostet die Kirchenkiste inklusive der Geschenke für die ersten vier Tauftage 30 Euro. Die weiteren neun Jahresgeschenke werden in der Summe noch einmal circa 20 Euro kosten. Über die zukünftige Aufteilung der Kosten zwischen Kirchengemeinden und Landeskirche ist noch nicht entschieden. Da aus Sicht der Projektgruppe das Überreichen der Kirchenkiste zukünftig zu den Standardinhalten kirchlicher Taufpraxis gehören sollte, wäre eine teilweise oder gar vollständige Kostenübernahme durch die Landeskirche wünschenswert.

Um die Hauptamtlichen auf der Gemeindeebene zu entlasten, ist der Aufbau eines Kreises von ehrenamtlich Mitarbeitenden sinnvoll. Das gilt besonders dann, wenn an ein persönliches Überbringen der jährlichen Glückwünsche gedacht ist. Auf jeden Fall sollte sich ein kleines Team von 2–3 Personen für die fristgerechte Zustellung verantwortlich fühlen. Das ist bei konsequenter Durchführung eine durchaus anspruchsvolle Aufgabe: bei beispielsweise durchschnittlich 25 Taufen pro Jahr sind nach einem Jahr 25 Glückwunsch-Termine, nach zwei Jahren 50 ... und nach 13 und allen weiteren Jahren 325 Termine pro Jahr zu beachten.

Erweiterte Ziele

Der Einsatz der Kirchenkiste wird – davon ist die Projektgruppe überzeugt – zu einer neuen Wertschätzung der Taufe führen. Das wiederum könnte bei entsprechenden ergänzenden Maßnahmen zur Basis eines Gemeindeaufbaukonzepts werden. Ergänzende Maßnahmen könnten sein:

- Einrichtung von Krabbelgruppen (Mutter-und-Kind-Gruppen) und Krabbelgottesdiensten
- Taufgedächtnis-Gottesdienste zum 5. und zum 10. Tauftag
- Begleitende Angebote für Eltern und Paten (in Zusammenarbeit mit örtlichen Kindertagesstätten)
- Projektbezogene Arbeit mit Eltern und Paten (zum Beispiel Vorbereitung eines Tauffestes)
- Einbindung der Kirchenkiste in den Konfirmandenunterricht
- Jugendgottesdienst zum 15. Tauftag
- Gottesdienst zum 25. Tauftag („silberne Taufe“)
- ...

Erfolgsfaktoren

Eine wesentliche Voraussetzung für das Gelingen des Projekts „Kirchenkiste“ ist die Einsicht, dass Taufe kein Selbstläufer und erst recht keine Selbstverständlichkeit mehr ist, sondern einladend beworben werden muss. Aus der theologischen und kirchenrechtlichen Bedeutung der Taufe ist eine entsprechend hohe Wertschätzung der Getauften abzuleiten, die auch durch einen eventuellen Kirchenaustritt nicht enden darf. Die Taufzusage („Du bist Gottes geliebtes Kind“) kann nicht zurückgenommen werden („character indelebilis“).

Diese Wertschätzung muss in der praktischen Gemeindearbeit ihren Ausdruck finden. Von daher ist es Wunsch und Hoffnung der Projektgruppe, dass sich die Idee der „Kirchenkiste“ landeskirchenweit durchsetzt und zum Standardprogramm jeder Kirchengemeinde gehört.

Widerstände

Die größten Widerstände werden durch den mit der „Kirchenkiste“ zusammenhängenden Arbeitsaufwand hervorgerufen. Diese Mehrbelastung kann nicht geleugnet, aber durch die Gewinnung von ehrenamtlich Mitarbeitenden minimiert werden. Angesichts des fortschreitenden Mitgliederschwunds kann auf wertschätzende und einladende Arbeitsformen immer weniger verzichtet werden; getauften Kirchengliedern nachzugehen, sie in ihrer jeweiligen biografischen Situation aufzusuchen und mit ihnen ein gemeinsames Wegstück zu gehen, rechtfertigt jeden Einsatz. Daran hängt – nicht allein, aber doch zu großen Teilen – die Zukunft der Kirche.

DRAUSSEN. HIER. DIE MOBILE KIRCHENBANK

Sebastian Swiatkowski

„Die Wahrheit liegt auf dem Platz"

In seiner letzten Station als Fußballtrainer prägte Otto Rehhagel im Abstiegskampf mit dem Bundesligaverein Hertha BSC Berlin den Satz: „Die Wahrheit liegt auf dem Platz." Als Fußballfan kann ich da nur zustimmen. Doch gilt das auch für pastorale Vollzüge in Kirchengemeinden? Kann ein kirchlicher Mitarbeiter dem Satz etwas abgewinnen? Nun klingt es für kirchliche Ohren zunächst ungewohnt, dass die Wahrheit auf dem Platz läge, liegt die Wahrheit doch in Christus, dem geoffenbarten Wort Gottes.

Es spricht aber doch einiges dafür, dem berühmten Satz Rehhagels auch in kirchlichen Kreisen Geltung zu verschaffen: Das Zweite Vatikanische Konzil macht in seinen Texten deutlich, dass der Fokus kirchlicher Vollzüge auf die Leute und ihr Leben in verschiedenen Kontexten zu legen ist. Der Konzilspapst Paul VI. fasst es in seiner Abschlussrede im Konzil so zusammen: Kirche hat „vielleicht noch nie wie bei dieser Gelegenheit [...] das Verlangen verspürt, die sie umgebende Gesellschaft kennenzulernen, sich ihr zu nähern, sie zu verstehen, zu durchdringen, ihr zu dienen, ihr die Botschaft des Evangeliums zu verkünden und sie aufzunehmen, gleichsam um ihr nachzugehen in ihrer raschen und fortwährenden Wandlung". Auch Jesus suchte, wie in den biblischen Texten berichtet, Plätze und Orte seiner Zeit auf, zur Begegnung mit ihm und seiner Botschaft.

Pastorale Vollzüge von ehren- und hauptamtlichen Mitarbeitenden geschehen nicht losgelöst von Kontexten, Räumen und Plätze: Sie spielen sich in Kirchenräumen, in Krankenzimmern, auf Marktplätzen, in Gefängniszellen, an vielen anderen Orten zwischen den beiden Polen Individuum einerseits und Raum andererseits ab. Stehen diese Räume und Orte im Blickfeld der Betrachtung, dann kann unter anderem gefragt werden: Was zeichnet diese Räume aus? Wer hält sich hier auf und wieso? Welche Interaktionen gibt es? Wem „gehört" der Raum überhaupt? Welche Spielregeln der Inklusion und Exklusion finden sich, werden befolgt oder missachtet? Die gefundenen Antworten können wichtige Weichenstellungen für pastorale Vollzüge sein. Es soll deutlich werden, dass „ohne Raum- und Ortskompetenz [...], das heißt ohne kritisch-analytische Kompetenz in der Wahrnehmung, Beschreibung und Gestaltung von Grenzen, Räumen, Schwellen und vielen weiteren Orten menschlichen Lebens und Handelns" kirchliche Vollzüge nicht mit dem Attribut pastoral versehen werden dürfen.[1]

Demzufolge werden nicht in den Katakomben, auf Strategietafeln oder hinter den Kulissen Spiele entschieden, um bei Otto Rehhagel zu bleiben, sondern draußen vor den Türen von Kirchen und Pfarrbüros, „also ‚auf dem Platz' und damit in der Schlange vor der Supermarktkasse, auf der Parkbank oder im Wohnzimmer der Menschen".[2] Diese raumgebende Perspektive eröffnet ein Potenzial, das sich als ekklesiogenetisch beschreiben lässt: „Eine Kirche, die Platz macht [und ihren Platz sucht], ist eine, die nicht mehr den umgebenden Raum auf sich bezieht, sondern sich auf den Raum. Hierdurch gewinnt sie neue Relevanz, neue Ausdrucks- und mit einiger Wahrscheinlichkeit auch neue Wachstumsmöglichkeiten."[3]

Der deutliche Blick nach draußen „auf den Platz", der hier vorgeschlagen und projekthaft umgesetzt wird, provoziert mitunter in kirchlichen Kreisen die Frage, ob Gott auch Teil des Spiels ist, um die Fußballmetapher weiter zu bemühen. Nun ist dies sicher keine Frage für einen Videoassistenten: Es ist schlicht so, dass es in die dreieine DNA des christlichen Gottes gehört, dass sein Geist überall weht. Der Dogmatiker Hans-Joachim Sander bringt es auf den Punkt: „Gottes Lokalisierbarkeit ist nicht mit dem erschöpft, was Kirche davon einräumt [...] Kirche hat kein Patent auf die Ermächtigung all derer, die nicht zu diesen Sonderwelten kommen oder nicht zu ihnen passen".[4] Gerade deshalb liegt die Wahrheit auf den Plätzen da draußen, hier und dort, und nicht allein in kirchlichen Räumlichkeiten. Was draußen passiert, sind keine Randnotizen, sondern Zeichen der Zeit. Es lohnt, sich dessen bewusst zu machen und nach draußen an die Plätze und Orte der Zeitgenossen zu gehen. Nicht selten kommen einem dabei Ideen, die es in sich haben.

---

1 Vgl. Feeser-Lichterfeld, Ulrich (2017): Pastoral (auch) vom Raum her denken?! Wozu Theologie und Kirche das Gespräch mit der Geographie suchen sollten, in: Lebendige Seelsorge, 2017 (4), 226–230, hier: 228.

2 Redaktion feinschwarz.net: Wo ist der Mensch? Ein Katholikentagspodium zur Pastoralgeographie. Online im Internet: http://www.feinschwarz.net/wo-ist-der-mensch-ein-katholikentagspodium-zur-pastoralgeographie [01.10.2018].

3 Sellmann, Matthias (2017): „Für eine Kirche, die Platz macht!". Notizen zum Programm einer raumgebenden Pastoral, in: Diakonia, 2017 (48), 74–82, hier: 77.

4 Sander, Hans-Joachim (2017): Passt Gott überhaupt in den menschlichen Lebensraum? Pastoral im thirdspace aus Ent- und Ermächtigung, in: Lebendige Seelsorge, 2017 (4), 243–248, hier: 246.

Vorgeschichte: Gelegenheiten erkennen – eine Idee wird geboren

Ich arbeitete als Pastoralreferent in einer Urlaubsregion, im Hochschwarzwald, mit mehr als drei Millionen Übernachtungen jährlich. Als Pastoralreferent verstehe ich mich als Auskundschafter und bin interessiert daran, was „da draußen so abgeht". Gerade der Titisee als Tourismusmagnet und die Leute, die dort vorbeikommen, sind interessante Gesprächspartnerinnen und -partner für pastorale Vollzüge.

Ganz im Sinne des Auskundschaftens stehen zu Beginn des hier vorgestellten Innovationsprojektes Erfahrungen und Begegnungen mit zwei Frauen, die schlicht zufällig passierten, weil ich dort saß, wo Leute so sitzen, wenn sie sich erholen: auf einer Parkbank.

Da ist Frau Waldvogel (die Namen wurden jeweils verfremdet). Die Begegnung ereignet sich eher zufällig an einem Nachmittag. Sie sagt, sie wäre mal wieder vor die Tür gegangen, was sollte sie sonst tun, außer Zeitung zu lesen. Es klingt traurig, was sie sagt. Sie ist 79 Jahre alt und seit sieben Jahren verwitwet. Sie lebt am Ortsrand von Titisee zusammen mit einem Teil ihrer Kinder und Enkel auf einem kleinen Hof, der viel Freifläche für die zahlreichen Hühner bietet. Im Gespräch mit ihr wird schnell klar, dass sie nach wie vor um ihren verstorbenen Ehemann trauert und seit seinem Tod Schwierigkeiten hat, ihren Alltag zu meistern. Sie fühlt sich alleine, lebt eher zurückgezogen, beschreibt sich aber als geistig und körperlich fit. Sie besucht ab und zu einen Gottesdienst, findet aber das sonstige kirchliche Angebot für Frauen in ihrem Alter unpassend. Ihr fehlt es an Gesprächsmöglichkeiten mit Leuten, die sie verstehen und nicht gleich rückmelden, dass der Tod ihres Mannes doch schon sieben Jahre her sei. Sie wirkt auch unzufrieden mit sich selbst und bedauert, dass die kirchliche Gemeinde sie ein Stück weit alleine lässt.

An einem Freitagvormittag im April bei herrlichem Schwarzwaldidyll lerne ich Frau Fuchs kennen. Sie setzt sich neben mich auf eine Parkbank. Ziemlich zielstrebig, denke ich mir. Schnell beginnen wir ein Gespräch. Die 55-jährige Rheinländerin kommt seit über zehn Jahren regelmäßig in die Region, um Urlaub zu machen. Ihr gefallen die Ruhe und das herrliche Panorama hier im Hochschwarzwald. Die Pensionen seien die schönsten in Deutschland, versichert sie mir. Sie lächelt und genießt die Sonnenstrahlen. Wie es so üblich ist, gibt es immer wieder Gesprächspausen. Wir schweigen eine Weile und dann fragt sie mich, ob ich verheiratet bin. Ja, sage ich, aber noch nicht so lange. Sie erzählt, dass sie mit ihrem Ehemann hier Urlaub macht und dass es der letzte gemeinsame Urlaub sein wird. Manfred, sagt sie, spaziere gerade um den See, und sie sei eben auf dem Markt einkaufen gewesen. Sie wird sich nach dem Urlaub von ihrem Mann trennen. Sie sind

25 Jahre verheiratet. Aber es geht nicht mehr. Er ist in letzter Zeit zunehmend aggressiv geworden, die Hand rutscht ihm aber nicht aus. Ich muss durchschnaufen –, wie intensiv das Gespräch plötzlich geworden ist. Ich höre aber weiter zu, während sie viel redet. Irgendwann schweigen wir wieder. Die Geschichte setzt sich. Die Frau möchte wissen, was ich eigentlich hier so mache. Ich erzähle von meinem Einkauf auf dem Markt und dass ich hier bei der katholischen Kirche arbeite. Sie wirkt etwas überrascht. Wenig später bedankt sie sich fürs Zuhören und sagt, sie müsse ihre Zukunft jetzt in Angriff nehmen. Sie steht auf und verabschiedet sich freundlich. Ich bleibe noch eine Weile nachdenklich auf der Parkbank sitzen, irritiert und doch zufrieden.

Die Begegnungen und die Erfahrungen der Frauen gingen mir nach. Ich wollte sie für meine berufliche Rolle ernst nehmen. Sie wurden mir zur Quelle von Inspiration. Könnten diese Begegnungen nicht eine Gelegenheit bieten, pastoral kreativ etwas auszuprobieren? Liegt in den Begegnungen nicht sogar eine Chance für das Evangelium und seine Botschaft?

Ich habe mich entschlossen, diese Gedanken weiterzuverfolgen und wurde bald fündig: Auf dem Dachboden einer Kirche hatte ich eine verstaubte Kirchenbank gesehen. Was kann diese alte Bank alles für Geschichten erzählen? Steckt in Kirchenbänken doch viel biografisches Potenzial: von Glücksgefühlen über Nachwuchs in der Familie, von Festtagsfreuden einer Hochzeit bis hin zu Tränen in Trauerfeiern. Diese verstaubte Bank wollte ich nicht dem Dachboden überlassen. Früher stand die Kirchenbank in der Kirche und heute soll sie in neuen Kontexten Geschichten erzählen lassen.

Abb. 10: Eine verstaubte Kirchenbank (Quelle: Swiatkowski).

Draußen und hier, im Park, auf dem Markt, auf dem Campingplatz und an vielen anderen Plätzen rechne ich damit, dass Gott es gut mit den Leuten und mit mir meint. Da es viele interessante Plätze und Räume im Hochschwarzwald gibt, an denen Leute unterwegs sind, musste ich unbedingt mobil werden: So entstand die Idee der mobilen Kirchenbank. Diese bietet die Möglichkeit, mit mir oder jemand anderem über Gott und die Welt ins Gespräch zu kommen. Ebenso ist sie durch ihre Mobilität schnell auf- und abgebaut und flexibel in zahlreichen Kontexten einsetzbar. Wichtig ist mir die damit verbundene Gesprächshaltung: Die Gesprächsthemen bringen die Leute mit und führen in gewisser Weise auch das Gespräch selbst. Ich verstehe mich als Zuhörer und Impulsgeber im Gesprächsverlauf. Gerade das Zuhören soll im Mittelpunkt stehen. Das schließt aber gerade nicht aus, dass auch beraten, getröstet, gebetet und damit das Evangelium verkündet werden kann. An verschiedensten Plätzen der Kirchengemeinde soll die „mobile Kirchenbank" aufgestellt werden. Zunächst einmal wöchentlich für zwei bis drei Stunden.

Abb. 11: Ein Kundenstopper bewirbt die mobile Kirchenbank (Quelle: Rothermel).

Zur besseren Sichtbarkeit wurden eine Beachflag oder ein Kundenstopper angedacht. Die Rückenlehne als Whiteboard bietet die Möglichkeit, einen Spruch anzuschreiben oder Notizen anzupinnen. Wichtige Projekt-Partnerschaften zu den Kommunen, der Tageszeitung, zur Hochschwarzwald Tourismus GmbH (HTG) und Kommunikatoren (andere christliche Kirchen,

Poststellen, Caritasverband, Kindergarten ...) auf dem Gebiet der Kirchengemeinde waren essenziell.

Wie wird aus einer Gelegenheit und einer Idee eine erfolgreiche Innovation?

Mit der ersten Idee ist noch keine erfolgreiche Durchführung einer pastoralen Innovation verbunden. Ich wusste jetzt ungefähr, in welche Richtung es gehen konnte. Mir war aber eine bewusste Vergewisserung meiner pastoralen Grundhaltung wichtig: Vor dem Hintergrund der gesellschaftlichen Veränderungen und Megatrends ist es mir ein Anliegen, als Change-Agent zu agieren: „Change-Management beginnt im Kopf", und Veränderungen müssen grundsätzlich nicht negativ bewertet werden, schließlich dürfen Christinnen und Christen darauf vertrauen, dass Gott es gut mit ihnen meint. Es ist Teil der christlichen DNA, auf den Geist Gottes zu hören und in angepasster Weise auf Veränderungen zu reagieren. Ich scheue Veränderungen nicht, egal ob gesellschaftlich verantwortet oder kirchenpolitischer Natur. Als Change-Agent gilt es ohnehin, sich nicht den Veränderungen ausliefern zu lassen, sondern co-kreativ und proaktiv Zukunft und Innovation zu gestalten. Gerade unverhoffte Begegnungen und die eigene Unzufriedenheit mit kirchlichen Strukturen, Angeboten oder einer fehlenden Präsenz der Kirchengemeinde an gesellschaftlichen Hotspots, wie zum Beispiel dem Titisee, werden entsprechend zu Gelegenheiten, etwas Neues auszuprobieren.

Mit einer „Lizenz zur Ekklesiogenese" können neue Netzwerke gepflegt werden und Leute in den Blick genommen werden, die eben sonst nicht vorkommen – in kirchlichen Räumen.

Der Pastoraltheologe Rainer Bucher beschreibt Pastoral als die Konfrontation von menschlicher Existenz mit dem Evangelium. Das kommt meinem Selbst- und Berufsverständnis sehr nahe. Ein Pastoralreferent ist dann einer, der mit einer mobilen Kirchenbank versucht, diese Konfrontation von Evangelium und menschlicher Existenz zu konzipieren, zu provozieren und zu inszenieren.

Abb. 12: Menschen im Gespräch – die mobile Kirchenbank im praktischen Einsatz (Quelle: Rothermel).

Nicht jedes neue Projekt in der Pastoral ist gleich eine Innovation. Wenn etwas Neues entstehen soll, ist zunächst deutlich zu machen: Innovation meint nicht allein das Schaffen von etwas Neuem: „Es ist nicht einfach das Neue, das den Entrepreneur zum Innovateur macht, sondern es ist die Marktgängigkeit.“[5] Nur, was aus Nutzersicht brauchbar ist und sich auch nachhaltig umsetzen und gegebenenfalls verbreiten lässt, gilt als wirkliche Innovation. Wenn das eintrifft, wird ein Pastoralreferent tatsächlich zu einem „Pastoralinnovateur“.

Diese Grundeinstellung korrespondiert mit einer Neugier: Es gilt auch weiterhin, bei den Leuten da draußen Lösungswissen zu vermuten und co-kreativ damit zu arbeiten. Es ist an der Zeit, Gelegenheiten zu erkennen oder bewusst zu provozieren, damit der in kirchlichen Kreisen vielbeschworene „Kairos“ für pastorale Innovationsprojekte zum Vorschein treten kann. Doch diese Haltung der Neugier ist noch kein alleiniges Erfolgskriterium für die mobile Kirchenbank gewesen.

Nicht selten werden pastorale Projekte von langer Hand geplant und funktionieren trotzdem nicht, weil es an Leuten mangelt, die kommen. Deshalb bin ich anders vorgegangen: Ich konzipierte spärlich und kam, ganz im Sinne der globalen Transition-Bewegung, schnell ins Tun mit „Dummie-

[5] Sobetzko, Florian (2017): Wir könnten. Pastorale Innovation mit dem Gründer*innen Handbuch, in: Lebendige Seelsorge, 2017 (6), 194–400, hier: 399.

varianten": eine Kirchenbank und zwei Kundenstopper im Park aufstellen und schauen, ob es klappt. Wichtig ist, nicht die eigenen Bedürfnisse und Einstellungen in den Vordergrund zu stellen, sondern die Nutzerbedürfnisse und deren mögliche Assoziationen: Was haben die Leute davon, wenn sie Platz nehmen? Was ist eigentlich der Mehrwert dieser Kirchenbank? Was soll da überhaupt passieren?

Die einfachste Antwort auf diese Fragen war es, das Projekt der mobilen Kirchenbank im Kleinen zu testen: Schreit jemand hurra, wenn am Ufer des Titisees eine Kirchenbank steht?

Die Terminierung für den ersten Test erfolgte sehr kurzfristig. Am Montagmorgen wurde die Lokalzeitung darüber informiert, dass am Mittwochnachmittag eine Gesprächsmöglichkeit auf einer Kirchenbank im Park angeboten würde. Dies war die erste Veröffentlichung der Projektidee außerhalb des kirchlichen Raumes. Mit der Rückmeldung der Lokalredaktion, dass eine kurze Meldung zum Angebot in der Mittwochsausgabe veröffentlicht werden sollte, wurde der Mittwoch in den Blick genommen. Bei herrlichem Sonnenschein wurde die Kirchenbank aufgebaut und mit einem Kundenstopper und dem Hinweis „Lust auf ein Gespräch?" versehen, der bei vielen Leuten prompt Schmunzeln hervorrief. Ganze drei Stunden stand die Kirchenbank testweise im Park. Zunächst kam die Reporterin der Lokalzeitung vorbei und führte ein Interview. Während des Gesprächs spazierten mehrere neugierige Leute an der Kirchenbank vorbei. Schließlich kam eine junge Religionslehrerin auf die Kirchenbank, die keinen Bezug zur Kirchengemeinde hat. Sie war hocherfreut über das Gesprächsangebot. Ähnlich äußerte sich ein Rentner aus der Nachbargemeinde, der sich voller Freude in den Park aufgemacht hat, weil er die Idee toll fand. Selbst einige spielende Kinder zeigten sich neugierig, was diese neue Bank da sollte. Der erste Test der mobilen Kirchenbank war also „ein Erfolg".

Gerade die Arbeit mit Dummies oder Prototypen für pastorale Projekte kann vor Enttäuschungen bewahren, das Projekt noch einmal gezielt verändern oder auch beenden. So geschehen bei einem zweiten Test mit der Kirchenbank: Mit dem Rückenwind aus der ersten Erprobung der Kirchenbank wurde für den Pfingstmontag eine erste Aktion um die mobile Kirchenbank, eine andere Projektvariante, auf dem Titiseer Kirchplatz geplant. Passend zum Pfingstfest platzierte ich eine Stellwand mit verschiedensprachigen Bezeichnungen für *den* Geist (russisch, polnisch, deutsch, französisch, japanisch, chinesisch, hebräisch, spanisch) auf dem Kirchplatz. Mein Ziel war es, mit verschiedenen Leuten aus verschiedenen Ländern über ihre ganz persönlichen Begeisterungen ins Gespräch zu kommen und eine dialogische Wand zu gestalten. (Es sei noch einmal daran erinnert: Der Titisee ist ein internationaler[!] Tourismusmagnet.) Über drei Stunden hinweg redete ich viel und führte tolle Gespräche mit ganz unterschiedlichen Leuten, die wegen meines spärlichen Sprachtalentes doch einigen Humor aufbrachten. Die Vielzahl der verwendeten Sprachen wurde zu einem tatsächlichen Pfingstereignis. Die Lernerfahrung bei diesem Prototyp: Die Kirchenbank als Gesprächsort geriet völlig in den Hintergrund und mein Redeanteil in den drei Stunden war viel zu hoch. Es wurde an diesem Nachmittag deutlich, wenn die Kirchenbank das Hauptmedium sein sollte, durfte es daneben keine anderen Aktionen geben. Für das Kirchenbankprojekt wurde festgehalten: Die Kernkompetenz und das zentrale Nutzenversprechen sollten das Zuhören und das Gesprächeführen sein. Hierfür war die erörterte zweite Variante des Kirchenbankprojektes ungeeignet: Ich scheiterte mit dieser Variante erfolgreich.

Erfolg versprachen auch weitere gezielte Maßnahmen im Marketing und der Öffentlichkeitsarbeit. Wenn man so will, wird auf der mobilen Kirchenbank eine Dienstleistung angeboten: Ein Nutzer bzw. eine Nutzerin nehmen die Möglichkeit in Anspruch, mit einem kirchlichen Mitarbeiter ein Gespräch über Gott und die Welt zu führen. Ich als Anbieter kenne mein Angebot und die Qualität. Bei potenziellen Nutzerinnen und Nutzern ist das nicht so. Diese können Befürchtungen oder Unsicherheiten haben, beispielsweise kann ihre Frage sein: Ist das jetzt eine Art Beichte 2.0? Gerade deshalb ist es wichtig, im öffentlichen Raum mit der „Marke Kirchenbank“ präsent zu sein, um gegebenenfalls gezielt Akzente zu setzen und andere Assoziationen auszublenden. Wird die mobile Kirchenbank als eine Marke im öffentlichen Raum aufgebaut, dient das den verschiedenen Nutzergruppen: Eine Marke erweckt Vorstellungen, Identifikationen und Abgrenzungen in den Köpfen potenzieller Nutzerinnen und Nutzer. Sie gibt Orientierungshilfe und setzt auf eine nachhaltige Nutzerbindung.[6] Zusammenfassend setzt ein Markenaufbau im optimalen Fall ein Qualitätssignal und lässt das subjektive Risikoempfinden reduzieren, weil Vertrauen signalisiert wird.

Die mobile Kirchenbank sollte selbst zum Werbeträger der Marke werden, damit diese bekannter wird und verschiedene Nutzergruppen eine positive Einstellung zu ihr gewinnen. Beispielhaft wurde die Kirchenbank an öffentlichen Orten aufgestellt mit Post-its beklebt, die die Hintergründe erklärten. Auch an eine Aufstellung in einem Geldinstitut mit dem Slogan „Jede Bank hat ihren Anlass“ wurde gedacht. Selbstverständlich wird in den Printmedien wie der Tageszeitung, der Gästezeitung für Touristen oder kommunalen Blättern vom Projekt berichtet. Auch hat es sich gezeigt, dass

---

6 Vgl. Hahmann, Ursula (2017): Ausbreiten (Diffusion: Wachstum gezielt planen durch Markenaufbau und Kommunikation, in: Sobetzko, Florian; Sellmann, Matthias (Hg.) (2017): Gründer*innen Handbuch für pastorale Start-ups und Innovationsprojekte, Würzburg, 266–308, hier: 278 ff.

gerade Testberichte von Journalisten eine hervorragende Möglichkeit sind, Hemmschwellen abzubauen und positive Resonanz zu erzeugen.

Das Projekt war zu keinem Zeitpunkt indifferent gegenüber Einflüssen von außen: Gerade eine hypothesengeleitete Durchführung des Projektes ermöglichte es, gezielt auch anderes auszuprobieren. Als Grundhaltung erfolgte die Arbeit mit dem Effectuation-Prinzip:[7] Mit ausreichend vorhandenen Mitteln und in kleinschrittiger Arbeit, ohne große Erwartungen zu haben, sind Irritationen, Inspirationen und Partnerschaften jeglicher Art erwünscht.

Durch diese gezielten Maßnahmen kann das Projekt der mobilen Kirchenbank als erfolgreiche Innovation bezeichnet werden. Eine zutiefst kirchliche Kernkompetenz – die Seelsorge – wird hier innovativ, kreativ und gegenwartsrelevant in den Blick genommen und umgesetzt. Es macht ja gerade den Reiz des Projektes aus, dass die Kirchenbank an verschiedenen Orten und Plätzen steht, eben unter Leuten und so Möglichkeiten eröffnet werden für kurze, episodische Kontakte. An dieser Stelle sei darauf hingewiesen (und das ist mir selbst erst im Verlaufe des Projektes bewusst geworden), dass nicht nur die Leute, die auf der Kirchenbank tatsächlich Platz nehmen und mit mir als Seelsorger ein Gespräch suchen, im Blick sein sollten. Der Soziologe Niklas Luhmann hat vor über 40 Jahren in einem Artikel über die „Organisierbarkeit von Religion und Kirchen" zwischen drei Arten von Kirchenmitgliedern unterschieden: amtstragende (professionelle), aktive (interaktive) und rechnerische (statistische, zahlende) Kirchenmitglieder.[8] Kommt nun eine Frau aus der Kirchengemeinde zu mir auf die Kirchenbank, sitzen dort ein amtstragendes Mitglied und ein aktives Mitglied. Sehr wahrscheinlich laufen „rechnerische" Kirchenmitglieder, Touristen oder Leute aus der Kirchengemeinde, die Kirchensteuern zahlen, ohne dass sie direkt mit der Kirche vor Ort zu tun haben wollen, vorbei. Luhmann gibt zu bedenken, dass es den sogenannten rechnerischen Mitgliedern genügt, wenn die Interaktion zwischen Aktiven und Amtstragenden funktioniert, um deren generalisierte Unterstützung beizubehalten.[9] Diese These bestätigt sich in meinem Kontext durch Reaktionen zur Kirchenbank aus der Bevölkerung: „Endlich ist die Kirche wieder greifbar." „Ich würde mich nicht hinsetzen, finde aber richtig gut, was Sie da machen." Oder: „Toll, dass Sie da zuhören!"

---

7 Vgl. Faschingbauer, Michael u. a. (2011): Effectuation. Das Unternehmerische im Unternehmen wecken, in: Zeitschrift Führung + Organisation, 2011 (80), 337–344.

8 Vgl. Luhmann, Niklas (1972): Die Organisierbarkeit von Religion und Kirchen, in: Wössner, Jakobus, Religion im Umbruch, Stuttgart, 245–285, hier: 258.

9 Ebd., 260.

Damit wird das Projekt im Sinne einer umfassenden Mitgliederorientierung auch für Leute attraktiv, die das Angebot wahrnehmen, ohne selbst Platz zu nehmen. Dies geschieht gerade durch die kurzen, episodischen und situativen Begegnungen mit den Leuten, die Platz nehmen, ohne vielleicht selbst einer Kirche anzugehören. Es ist Kern und Ziel der mobilen Kirchenbank, „einen Begriff der Kirche zu suchen, der mit *encounters* – mit mehr oder weniger flüchtigen Begegnungen [...] – rechnet".[10] Gerade deshalb meine ich, ist das Projekt auch erfolgreich: „Ich biete etwas, was heute kaum jemand mehr hat: Zeit und ein offenes Ohr."

Als Projektverantwortlicher und hauptamtlicher Mitarbeiter einer Diözese kann ich der Soziologin Maren Lehmann in Zeiten von innerkirchlichen Strukturveränderungen, Debatten um schwindende Zahlen im pastoralen Personal und Sorgenfalten über zukünftiges ehrenamtliches Engagement nur zustimmen: „Nicht der Mangel an Mitgliedern oder [...] an *richtigen Leuten* – an zahlenden Mitgliedern, an unverdrießlich Anwesenden, an ehrenamtlich Tätigen, an theologisch, psychologisch, verwaltungstechnisch, ja geradezu universell versierten Hauptamtlichen – kann zum Problem der Kirche werden [...], sondern der Mangel an Gelegenheiten, diese Leute ins Gespräch zu bringen.[11]

Das Neue sicherstellen – Was trägt so ein Projekt zur Innovationskultur einer Kirchengemeinde bzw. einer Diözese bei?

Im Juli 2018 endete das Kirchenbankprojekt im Hochschwarzwald, da ich durch den Ausbildungsgang die Stelle wechseln musste. Was bleibt für die Kirchengemeinde aus den Projekterfahrungen? War das Kirchenbankprojekt mehr als nur eine pastorale Spielerei in jungen Berufsjahren?

Das Projekt der mobilen Kirchenbank ist in der Kirchengemeinde und vor allem in der Region des Hochschwarzwaldes angekommen. Auch meine pastoraltheologischen Beweggründe, nach draußen zu gehen, sich den Leuten und ihren Fragen zuzuwenden und von ihnen zu lernen, werden von vielen Gemeindemitgliedern begrüßt und mitgetragen. Es geht schlicht und einfach darum, in Begegnungsmöglichkeiten zu investieren. Sind mit dem Projekt doch auch Seelsorge und die Person eines Seelsorgers verbunden, die sprichwörtlich wieder greifbar werden. Das Kirchenbankprojekt hat ganz neue Netzwerke, zum Beispiel zur Hochschwarzwald Tourismus

---

[10] Lehmann, Maren (2018): Zwei oder drei. Kirche zwischen Organisation und Netzwerk. Vorträge, Leipzig, 40 f.

[11] Ebd., 41.

GmbH, aufgebaut. Die Kirchengemeinde mit ihrem Anspruch und christlichem Auftrag zu einem gelingenden Leben beizutragen, wird so in neuer Weise als Local Player, auch für Kurgäste und Tagestouristen, wahrgenommen. Gerade in der Pastoral für Kurgäste und Tagestouristen liegt für die Verantwortlichen der Kirchengemeinde noch viel Potenzial.

Die Kirchengemeinde „Beim Titisee" ist ohne Frage ländlich und durchaus traditionell aus einem katholischen Milieu heraus geprägt. Die viel diskutierte These, die Volkskirche sei an ihr Ende gekommen, gilt es zu differenzieren. Sicherlich sind die volkskirchlichen Strukturen, „eine Pfarrei = ein Pfarrer", aufgrund der Vergrößerung der pastoralen Räume und der rückläufigen Priesterzahlen in dieser Weise nicht mehr gegeben. Das volkskirchliche Selbstverständnis hat sich jedoch nicht einfach in Luft aufgelöst, sondern vielmehr transformiert: Die Kirchengemeinde präsentiert sich in einem Volkskirche-2.0-Modus, der es immer noch erlaubt, dass Gemeindemitglieder mit regelmäßigen Eucharistiefeiern, anderen liturgischen und pastoralen Angeboten „versorgt" werden.

Ein einzelnes innovatives Pastoralprojekt kann hier keine strategischen Veränderungen anstoßen, aber dennoch im Kleinen den notwendigen Paradigmenwechsel einläuten. Das Kirchenbankprojekt bricht die Versorgermentalität insofern auf, als es die Parameter neu ausrichtet: Es wird und kann nicht mehr erwartet werden, dass die Menschen zur Kirche, in den Gottesdienst oder zu den Kasualien kommen. Im Sinne einer Geh-Pastoral bewegt sich die Kirche auf die Leute zu: in ihre Kontexte und Lebensvollzüge. Gerade diese punktuelle Verschiebung hat sehr wohl etwas in der Kirchengemeinde bewirkt. Nicht nur im Team der hauptamtlichen Mitarbeiter hat dieser Hintergrund zu Diskussionen geführt, stecken in den Vorstellungen doch verschiedene Kirchenbilder. Gerade eine Volkskirche 2.0 muss in der Pastoral diese Wege zu den Leuten hin gehen, will sie noch die Kirche des Volkes Gottes sein. Dieser Wechsel einer Komm- zu einer Geh-Pastoral löste auch Widerstände aus. Möglicherweise ist Widerstand ein Indikator dafür, dass ehemals erfolgreiche und tragfähige kirchliche Strukturen doch mit der Zeit ins Wanken geraten und trotz aller Stemmversuche nicht mehr aufrechterhalten werden können. Das Neue, das die mobile Kirchenbank repräsentiert, kann von einer bestimmten Perspektive aus als Gefahr für das Alte wahrgenommen werden, stellt es doch dieses vermeintlich infrage oder tritt in Konkurrenz dazu.

Das Innovationsprojekt der mobilen Kirchenbank mit dem im Hintergrund mitschwingenden Wechsel von einer Komm- zu einer Geh-Pastoral gibt der Kirchengemeinde und ihrem pastoralen Tun eine neue Relevanz und eine nicht zu unterschätzende Präsenz im öffentlichen Raum. Wie bereits angedeutet, hat das Kirchenbankprojekt den Kontext, in dem Kirche wahrgenommen wird, erweitert. Das mag jetzt an manchen Ohren noch keiner Rede wert sein. Es sei aber daran erinnert, dass eine Kirchengemeinde nichts anderes als ein soziales System ist.[12] Als ein solches System strebt sie nach Selbsterhalt, und Änderungen geschehen nur langsam und behäbig. Wer mag da widersprechen? Schließlich ist das für viele soziale Systeme zutreffend und auch gar nicht überraschend. Der Satz: „Das haben wir immer schon so gemacht", ist für kirchliche Ohren nicht unbekannt. Pastorale und liturgische Angebote haben sich bewährt und das kirchliche Leben hat sich um diese herum eingespielt. Gerade ein pastorales Innovationsprojekt wie die mobile Kirchenbank, das darauf setzt, in anderen (nicht kirchlich geprägten) Kontexten unterwegs zu sein, kann das „System Kirchengemeinde" in Bewegung bringen. Mit der mobilen Kirchenbank finden sich nun kirchliche Angebote im Kurgarten, auf einem Bauernmarkt oder am Ufer des Titisees. Diese Kontexterweiterung lässt die kirchlichen Verantwortlichen mehr sehen und gibt neue Erfahrungen mit „kirchlich nicht sozialisierten" Leuten aus dem Sozialraum. Sie eröffnet neue, spontane und ungeplante Begegnungsräume – *encounters* eben.

Das Kirchenbankprojekt kann so ganz neue Blicke auf den Sozialraum öffnen, die helfen können, Pastoral auf die Sorgen, Freuden und Hoffnungen der Leute hin zu aktualisieren. Gerade auf der Kirchenbank wurde die Relevanz von Pastoral und Seelsorge für Tagestouristen, Gemeindemitglieder und alle anderen Leute sichtbar, wenn hin- und zugehört wird.

Selbstredend ist eine Kontexterweiterung nicht für alle Beteiligten eines sozialen Systems erstrebenswert, da Bewährtes durchaus infrage gestellt wird: Gerade wenn es zu einer Ressourcenkonkurrenz gekommen ist, wurde das Kirchenbankprojekt kritisch gesehen. Die mobile Kirchenbank blieb für einige haupt- wie ehrenamtliche Kritiker ein Nischenprojekt, das im Zweifel auch wegfallen könnte, wenn andere, „wichtigere" Aufgaben anstünden. Dies ist bedauerlich, weil das Projekt keine Liebhaberei oder Spinnerei ist, sondern pastorales und seelsorgerliches Angebot und als solches konkreter Urauftrag für die Leute im Sozialraum einer Kirchengemeinde.

Setzt eine Kirchengemeinde strategisch auf Innovation und Experimentierfreude, braucht es Rahmenbedingungen dafür. Wer mit Innovationen in die Zukunft gehen möchte, braucht eine Führung, die dies fordert und fördert. Besteht die Leitung einer Kirchengemeinde auf Macht, Hierarchie und Kontrolle, wird es schwer, innovative Wege einzuschlagen, sind diese doch von einem hohen Maße an Kreativität und Eigenverantwortung geprägt. Dort, wo Vorgesetzte Freiräume ermöglichen und diese auch offen lassen

---

[12] Vgl. Horn, Jan-Christoph: Kirche – ein selbsterhaltendes System. Eine Problemanzeige. Online im Internet: https://kirchenentwicklung.de/zwischenruf-kirche-als-selbsterhaltendes-system/ [01.10.2018].

für eigenverantwortliches und inspiriertes Arbeiten, können Innovationsprozesse gelingen und in Gang kommen.

Was für die unterste kirchliche Ebene gilt, gilt auch für ein Bistum insgesamt. Die Ermöglichung von Freiräumen für innovative Pastoralprojekte in Stellenumschreibungen ist ein erster Schritt. Auch setzen Bistümer gezielt auf Innovation, wenn finanzielle und ideelle Unterstützung für pastorale Innovationsprojekte angeboten wird. So wurde das Projekt der mobilen Kirchenbank vom Projektfonds zur Förderung pastoraler Innovationen der Erzdiözese Freiburg unterstützt. Mit innovativen Projekten wird häufig ein „noch mehr", ein „obendrauf" verbunden. Innovation ist aber der „Normalfall" einer ecclesia reformanda.

Abschied kann an anderer Stelle stattfinden, aber nicht bei Innovation. Auch könnten die verschiedenen Promotoren in Sachen Innovation, die es offensichtlich gibt, besser vernetzt werden: Es ist bedauerlich, wenn es keinen Austausch oder gezielte Weiterbildung der verschiedensten Gründerinnen, Pastoralinnovateure und Pionierinnen eines Bistums gibt. Anders als in kommerziell ausgerichteten Kontexten, gibt es in kirchlichen Kreisen keine pastoralen Kartelle: Gerade ein Austausch oder eine Veröffentlichung der bisher geförderten Innovationen kann Nachahmungslaune unter pastoralen Mitarbeitern steigern. Die unterschiedlichen Lernerfahrungen werden zu einer Bereicherung auf dem eigenen beruflichen Weg, und das Bistum gewinnt profilierte Berufsträger für weitere Projekte.

„Wenn Leute fehlen – einfach unter Leute gehen": Nachahmerinnen gesucht!

Sie sitzen gerne in der Sonne, im Park oder unter schattigen Bäumen? Sie sind neugierig, was zwischen den Leuten heute und Gott so abgeht? Sie arbeiten zufällig für die Kirche? Sie meinen auch, dass es uns als Kirche an Kirchenbänken nicht mangelt? Und es mal wieder Zeit wäre für echte Gespräche und Begegnungen? Dann leihen Sie sich die Kirchenbank aus (www.mobile-kirchenbank.de) oder nehmen sich einen Klappstuhl oder etwas Ähnliches.

Abb. 13: Die mobile Kirchenbank am See (Quelle: Rothermel).

Setzen Sie sich nach draußen vor Ihr Büro und warten Sie ab, was passiert. „Die Wahrheit liegt auf dem Platz", vielleicht direkt vor Ihnen: im nächsten Gespräch. In der nächsten Begegnung.

AUF DEM WEG ZUR QUELLGEMEINDE

Markus Weimer

Ein Besuch mit Folgen

Es war erstaunlich ruhig an diesem Abend am Flughafen Zürich, als ich auf die Ankunft von Bischof Paul Williams aus Nottingham in England wartete. Im Zuge des Reformationsjubiläums wollte er unsere Kirchengemeinde in Böhringen und den Kirchenbezirk Konstanz besuchen, um uns mit Impulsen zu den Reformen in der Church of England zu inspirieren. Nachdem wir uns ein wenig ausgetauscht hatten, formulierte Bischof Paul die folgenreichen Worte: „Es mag ein wenig seltsam klingen, aber ich glaube, dass ich einen wichtigen Impuls für eure Gemeinde und vielleicht auch für euren Kirchenbezirk mitgebracht habe.“ Natürlich wurde ich sofort neugierig, aber er spannte mich noch ein wenig auf die Folter.

Am folgenden Abend entfaltete er eine Botschaft, die sich nahtlos in den Entwicklungsprozess unserer Gemeinde einfügte. Die Impulse aus seiner Diözese konturierten den Transformationsprozess, in dem wir uns befanden, und halfen uns dabei, konkrete Veränderungen anzugehen. In diesem Beitrag möchte ich einen Einblick in die Werkstatt unserer Gemeinde geben und den Prozess skizzieren, der dadurch ausgelöst wurde.[1]

Viele kleinere und auch einige mittelgroße Kirchengemeinden stellen sich die Frage, wie sie es mit ihren knappen Ressourcen schaffen sollen, Veränderungsprozesse zu initiieren, um eine vitale Gemeinde zu werden, die sich dem Auftrag Gottes folgend ihren Mitgliedern wie Nichtmitgliedern lebensweltorientiert zuwendet.[2] Es scheinen immer die großen, lebendigen, ausstrahlungsstarken Gemeinden zu sein, von denen innovative Impulse ausgehen. Doch ein Blick nach England zeigt, dass zahlreiche innovative Impulse von kleinen Gemeinden und Gemeinschaften ausgehen, die mitt-

1 Anmerkung: Der hier beschriebene Prozess ist kein Sieben-Punkte-Plan, der schlicht abzuarbeiten wäre. Der Impuls passte in unsere Kirchengemeinde (und damit auch in unseren Kirchenbezirk), weil wir uns bereits seit Längerem in einem Veränderungsprozess befinden, der mithilfe des Netzwerks *churchconvention* reflektiert und umgesetzt wird.

2 Vgl. Philipper 2. Eine Orientierung am sogenannten Christushymnus führt im besten Fall dazu, dass Gemeinden „der Spur des heruntergekommenen Gottes folgen“, vgl. Hempelmann, Heinzpeter; Herbst, Michael; Weimer, Markus (Hg.) (2011): Gemeinde 2.0. Frische Formen für die Kirche von heute, Neukirchen-Vluyn.

lerweile eine hohe Akzeptanz bei Mitgliedern wie Kirchenfernen erzielen und gleichsam eine Bereitschaft zum Aufbruch in den verfassten Formen von Kirche generiert haben. Eine aktuelle wissenschaftliche Studie, die die Entwicklung von neuen Gemeindeformen analysiert, trägt den aussagekräftigen Titel: „Encountering the Day of Small Things" – Begegnung mit dem Tag der kleinen Dinge. Dahinter verbirgt sich die empirische Erkenntnis, dass einer der gegenwärtigen Aufbrüche in der Church of England von innovativen, eher kleinen Ausdrucksformen gemeindlichen Lebens ausgeht.[3]

Der Impuls von Paul Williams war für uns eine heilsame Korrektur festgezurrter Gedankenmuster, die uns ermutigte, neue Wege einzuschlagen – gerade als kleine beziehungsweise mittelgroße Kirchengemeinde in der evangelischen Landeskirche in Baden.

Der hier vorliegende Beitrag beschreibt zunächst aus theologischer Perspektive die sieben Merkmale einer Quellgemeinde anhand eines Textabschnitts aus der Apostelgeschichte. Im zweiten Teil folgt die Anwendung der Merkmale auf die aktuelle Situation der Evangelischen Kirchengemeinde Böhringen.

Sieben Merkmale einer Quellgemeinde

Paul Williams nahm uns mit hinein in einen spannenden Textabschnitt der Apostelgeschichte (Kapitel 11–13), in dem vom Besuch des Barnabas in der jungen Gemeinde in Antiochia berichtet wird. In diesem Text lassen sich exemplarische Merkmale einer Gemeinde entdecken, die das Potenzial haben, andere Gemeinden zu bereichern und zu inspirieren. Bischof Williams nutzte diese Elemente, um die Haltung einer „resource church", einer „Quellgemeinde"[4] zu beschreiben.

Merkmal 1: Ermutigung überall

Seit dem ersten Pfingstfest erzählten Frauen und Männer voller Leidenschaft von ihren Erfahrungen mit dem auferstandenen Christus. Auch der Tod des Stephanus konnte die Verbreitung des christlichen Glaubens nicht

[3] Vgl. Lings, George (2017): „Encountering the Day of Small Things", Sheffield 2017 (4).

[4] Der englische Begriff „resource church" wird zunehmend modellhaft gebraucht, um die Rolle einzelner Gemeinden in einem Churchplanting-Prozess zu beschreiben. Die deutsche Übersetzung „Quellgemeinde" setzt sich als eigene Sprachschöpfung bewusst davon ab und soll eigenständig adaptiert, inkulturiert und mehr im Sinne einer „mixed economy church" verstanden werden. Es geht primär um einen Prozess der Haltungsänderung, die zu einer Neuausrichtung des Gemeindelebens führt.

aufhalten. Allerdings richteten sich die jungen Christen exklusiv an die Juden und verkündeten ihnen das Evangelium. Das taten alle – nein, nicht alle! Einige Männer aus Zypern und Kyrene kamen nach Antiochia und begannen, unter Nichtjuden die Botschaft von Jesus zu verbreiten, und viele, die zuhörten, kamen zum Glauben. Diese Situation wurde in der Jerusalemer Muttergemeinde mit großer Skepsis betrachtet, sodass sie einen Mitarbeiter dorthin schickte:

> „Von dieser Entwicklung erfuhr auch die Gemeinde in Jerusalem, und Barnabas reiste in ihrem Auftrag nach Antiochia. Als er sah, was dort durch Gottes Gnade geschah, war er glücklich. Er machte allen Mut …“ (Apostelgeschichte 11,22-23; NGÜ).

Die Gemeinde entsandte nicht irgendjemanden, sondern eine Schlüsselperson, einen Young Leader, um nach dem Rechten zu sehen. Einige Kapitel zuvor erfahren wir einiges über diesen jungen Mann. Barnabas war ein Levit, er stammte aus einem berühmten Priestergeschlecht. Zudem kam er von der Insel Zypern – möglicherweise kannte er die „illegalen“ Verkündiger in Antiochia sogar. Außerdem hatte er ein Stück Land besessen und dieses der Gemeinde zur Verfügung gestellt, er war also nicht ganz mittellos.[5]

Schließlich erfahren wir noch etwas Bemerkenswertes: Barnabas hieß eigentlich Josef. „Barnabas“ war so etwas wie ein Spitzname, den die Apostel ihm verpasst hatten. Mit diesem Spitznamen betonten sie einen besonderen Charakterzug des Boten, denn Barnabas bedeutet übersetzt der „Mutmacher“ oder „Ermutiger“[6]. Dieser Spitzname hatte eine solche Kraft, dass er den Weg in die Literatur fand. Dieser Barnabas wurde nun nach Antiochia gesandt, um die quirlige, christliche Glaubensgemeinschaft zu besuchen. Und er tat das in einer ermutigenden Grundhaltung. Vermutlich gibt es keinen Menschen, der in seinem Leben zu oft ermutigt worden wäre. Daher stellt sich die Frage: Wenn eine fremde Person in meine Gemeinde käme, würde sie dort Ermutigung finden?

Eine Quellgemeinde zeichnet sich dadurch aus, dass man dort ermutigt wird.

---

[5] Vgl. Apg 4,36-37; der jüdische Geschichtsschreiber Josephus berichtet von einer großen jüdischen Gemeinde auf der Insel Zypern (Josephus *hist. 68,32,2 f.*).

[6] Der griechische Wortlaut umfasst im Deutschen sowohl „ermahnen“ als auch „ermutigen“.

Merkmal 2: Jesus-Fokus und Treue

Nachdem Barnabas die Gemeinde *ermutigt* hatte, lesen wir, dass er die Verantwortlichen in der Gemeinde *ermahnte*, ihren Fokus auf Jesus Christus zu setzen und ihm treu zu folgen. Die Ermutigung erfolgte also nicht im luftleeren Raum, sondern zielte in eine bestimmte Richtung: „und [Barnabas] forderte sie dazu auf, dem Herrn mit ungeteilter Hingabe treu zu bleiben“ (Vers 23; NGÜ).

Barnabas hatte den Auftrag, mit dem Leitungsteam der Gemeinde in Antiochia zu sprechen. Er kam, sah und *ermutigte*. Und nachdem eine Atmosphäre des Vertrauens entstanden war, sprach er ein zentrales Anliegen der Gemeinde von Jerusalem aus. Er forderte die Gemeinde heraus, ihren Fokus in allem auf Jesus Christus zu setzen. Zuerst Jesus Christus, dann die Sendung Gottes, dann die Kirche. Oder theologischer: Christologie vor Missiologie vor Ekklesiologie – eine Reihenfolge, die unbedingt zu berücksichtigen ist.[7] Vermutlich hatte Barnabas Beispiele vor Augen, wo sich Gemeinden ungesund entwickelt hatten, weil ihr Fokus verrutscht war. Daher hatte er den Mut, dieses Thema anzusprechen.

Mitten im Gemeindealltag ist es nicht immer einfach, das gemeinsame Ziel vor Augen zu behalten. Gibt es Menschen außerhalb der Gemeinde, die in regelmäßigen Abständen ein ehrliches Feedback geben, wie sich das Gemeindeleben entwickelt? Lässt sich im Leben der Gemeinde und im Leben der Menschen dieser Jesus-Fokus entdecken?

Eine Quellgemeinde zeichnet sich dadurch aus, dass man dort einen Jesus-Fokus und ein hohes Maß an Treue vorfindet.

Merkmal 3: Demütige Leitung

Im Verlauf der Erzählung in der Apostelgeschichte wird deutlich, was für einen feinen Charakter Barnabas hatte und wie er zu einem Vorbild des Glaubens für viele wurde. In überschwänglichen Worten berichtet Lukas in der Apostelgeschichte:

> „Denn [Barnabas] hatte einen edlen Charakter, war mit dem Heiligen Geist erfüllt und hatte einen festen Glauben. Durch seinen Dienst stieg die Zahl derer, die an den Herrn glaubten, ständig an. Schließlich reiste er nach Tarsus, um Saulus zu suchen“ (Verse 24-25; NGÜ).

Auch der wohlwollende Leser kommt hier ein wenig ins Stocken und mag sich fragen, ob Lukas an dieser Stelle eventuell ein wenig zu euphorisch

---

[7] Vgl. Herbst, Michael (2013): Kirche mit Mission. Beiträge zu Fragen des Gemeindeaufbaus, in: BEG 20, Neukirchen-Vluyn, 19.

formuliert. War Barnabas tatsächlich so ein Überflieger? Prüft man diese Worte jedoch am eigenen Erfahrungshorizont, so kommen einem (zugegebenermaßen sehr wenige) Menschen in den Sinn, die auch heute in diese Kategorie fallen. Es gibt sie, diese vorbildlichen, demütigen Leiterinnen und Leiter, die eine ganze Generation verändern können. Allerdings sind es nur selten die Stars der Bühne, sondern eher unbekannte Charaktere, die in der zweiten und dritten Reihe durch eine beeindruckende Haltung wirksam werden und viele Menschen prägen. Demütige Leitung ist zunächst keine Handlung, sondern eine Haltung. Und diese Haltung wächst über Jahre hinweg. Aus heutiger Perspektive wäre es daher ausgesprochen spannend, mehr über den biografischen Werdegang von Barnabas zu erfahren.

Der Bericht der Apostelgeschichte stammt bereits aus einer Phase, in der die Früchte dieser Haltung sichtbar werden, und so lässt sich aus kybernetischer Perspektive festhalten: Demütige Leiter kennen ihre Grenzen und sind in der Lage, ihre Schwachstellen zu benennen. Barnabas wirkt eine Zeit in der Gemeinde in Antiochia und bringt sie erheblich weiter. Zahlreiche Menschen finden Halt im Glauben an Jesus Christus und die Gemeinde wächst. Aber er spürt recht bald, dass er das vorhandene Potenzial allein nicht zur Entfaltung bringen kann. Als demütiger Leiter realisiert er, dass er für diese Herausforderung eine starke Ergänzung benötigt.

Wie gehen wir im Gemeindealltag mit Leitungsherausforderungen um? Empfinden wir unsere Grenzen als gegebenes Limit oder sind wir demütig genug, um Ergänzung in unserem Umfeld zuzulassen?

Eine Quellgemeinde wird von Menschen geleitet, die ein geklärtes Verhältnis zu ihren Grenzen haben und gern bereit sind, Ergänzung zuzulassen und aktiv einzuladen.

Merkmal 4: Mutige Vision vom Wachstum

Die Gemeinde in Antiochia befand sich in einem rasanten Wachstumsprozess und Barnabas konnte spüren, dass er dabei eine zentrale Funktion innehatte. Dennoch wusste er, dass er für die nächste Phase dringend die Ergänzung durch Paulus benötigte.

> „… als er ihn [Paulus] gefunden hatte, nahm er ihn mit nach Antiochia. Die beiden waren dann ein ganzes Jahr miteinander in der Gemeinde tätig und unterrichteten viele Menschen im Glauben. Hier in Antiochia wurden die Jünger des Herrn zum ersten Mal Christen genannt“ (Vers 26; NGÜ).

Der gegenwärtige Gemeindekosmos zeigt uns sehr deutlich, wie selten es ist, dass begabte Führungspersönlichkeiten im Team arbeiten. In Antiochia war dies jedenfalls ein Jahr lang sehr erfolgreich.[8] Barnabas und Paulus leisteten eine Pionierarbeit, die solch eine Ausstrahlung hatte, dass die Jünger Jesu den Titel „Christen“ bekamen. Gemeinsam investierten die beiden Leitungspersönlichkeiten etwa ein Jahr lang in zahlreiche Menschen der Gemeinde, um sie auf dem Weg des geistlichen Wachstums zu ermutigen. Sie investierten langfristig, um die Inhalte des Glaubens zu vermitteln. Vermutlich ging es dabei nicht nur um die *Alpha*-Fragen des Glaubens, sondern um deutlich mehr Tiefgang auf dem Weg zu einem mündigen Christsein.

Im Kontext eines sich immer weiter säkularisierenden Umfeldes ist es zunehmend schwer, eine Vision des Wachstums zu generieren und zu erhalten. Wir überschätzen so häufig, was in einem Jahr möglich ist. Allerdings unterschätzen wir ebenso, was in fünf Jahren denkbar wäre.[9] Haben Sie in der Gemeinde eine Vision, was in den nächsten drei bis fünf Jahren entstehen soll?

Eine Quellgemeinde investiert in die Ausbildung von reifen, mündigen Christen, um die Hoffnung auf Wachstum auf ein solides Fundament zu stellen.

Merkmal 5: Großzügig und nach außen gerichtet

Die Gemeinde in Antiochia bekam unerwarteten Besuch. Ein Prophet aus Jerusalem kündigte plötzlich eine Hungersnot an. Es ist interessant, wie die Gemeinde in Antiochia reagierte.

> „Während dieser Zeit kamen einige Propheten aus Jerusalem nach Antiochia. Einer von ihnen – ein Mann namens Agabus – wurde vom Geist Gottes dazu gedrängt, vor die Gemeinde zu treten und anzukündigen, dass eine schwere Hungersnot über die ganze Welt hereinbrechen werde (was während der Regierungszeit von Kaiser Klaudius dann auch tatsächlich geschah). Da beschlossen die Jünger, den Geschwistern in Judäa eine Geldspende zukommen zu lassen; jeder sollte entsprechend seinen Möglichkeiten zu ihrer Unterstützung beitragen. Das taten sie dann auch. Sie schickten das Geld an

---

8 Der Konflikt zwischen Barnabas und Paulus entbrannte erst später an der Frage, ob Johannes Markus (Cousin des Barnabas) auf die zweite Reise mitkommen dürfe (Apg 15,36 ff.). Hier führt eine Meinungsverschiedenheit zu einer temporären Trennung der beiden. In 1. Kor 9,6; Kol 4,10 und 2. Tim 4,11 wird jedoch deutlich, dass sich Meinungen und Positionen im Laufe der Zeit ändern können.

9 Vgl. Warren, Robert (1997): Building Missionary Congregations. Towards a Post-Modern Way of being Church, London, 42.

> die Ältesten der Gemeinde von Jerusalem, und Barnabas und Saulus waren die Überbringer" (Vers 27-30; NGÜ).

Wer große Visionen hat, der steht auch vor großen Herausforderungen. Es scheint beinahe so, als hätte die junge Gemeinde in Antiochia exakt diese Erfahrung gemacht. Eben noch schwebte sie auf der Wolke des eigenen Erfolgs und plötzlich sprach ein unbekannter Prophet namens Agabus von bevorstehenden Krisen und Nöten, die vor allem die Muttergemeinde in Jerusalem treffen würden. Nun zeigt sich etwas von der entwickelten Haltung der jungen Gemeinde. Ohne langwierige Diskussionen war man bereit, substanziell zu helfen. Barnabas und Paulus wurden beauftragt, die großzügige Geldspende zu überbringen. In Antiochia ging es nicht primär um den Selbsterhalt der eigenen Gemeinde. Ein nach außen gerichteter Blick und eine beeindruckende Großzügigkeit lassen sich hier feststellen.

In spannungsvollen Momenten zeigt sich am deutlichsten, welches die tragenden Säulen der Gemeinde sind. In Antiochia scheinen mündige Christenmenschen reife Entscheidungen getroffen zu haben. Der nach außen gerichtete Blick und die zuvorkommende Großzügigkeit laden ein, die eigene Gemeindearbeit zu reflektieren. Lassen sich diese Dimensionen bei uns feststellen?

Eine Quellgemeinde hat die Nöte der sie umgebenden Gemeinden deutlich im Blick und handelt großzügig.

Merkmal 6: Einfach Beten

Die Gemeinde in Antiochia versammelte sich regelmäßig zum gemeinsamen Gebet. Die Kommunikation mit Gott, das Hören und das Bitten spielten dabei eine entscheidende Rolle:

> „Eines Tages, während die Gemeinde dem Herrn mit Gebet und Fasten diente, sagte der Heilige Geist: ‚Stellt mir Barnabas und Saulus für die Aufgabe frei, zu der ich sie berufen habe!'" (Apostelgeschichte 13,2; NGÜ).

In der Apostelgeschichte lesen wir wiederholt, wie selbstverständlich das Gebet der versammelten Gemeinde war. Immer wieder suchte man im Beten Weisung für die kommenden Schritte. Beten wurde allerdings nicht nur als eine Ansammlung von Fürbitten verstanden, die auf eine liturgische Art und Weise vor Gott ausgebreitet wurden. Beim Beten spielte auch die Dimension des Hörens, der Stille, des Wahrnehmens eine zentrale Rolle. Diese Form des einfachen Betens war fester Bestandteil des Tagesablaufs.

Der Gemeindealltag ist häufig von so vielen Aktivitäten erfüllt, dass für das Gebet nur wenig Raum zur Verfügung steht. Welche Bedeutung hat das Gebet im Gemeindealltag bei uns? Welche Formen des Gebets sind uns geläufig? Bleibt uns genug Zeit, um innezuhalten und auf Gottes Stimme und Weisung zu hören?

In einer Quellgemeinde ist das Beten normal und durchdringt jede Aktivität des gemeindlichen Handelns.

Merkmal 7: Bereitschaft, das Beste zu verschenken

Die Gemeinde vernahm das Reden Gottes und stand vor einer großen Herausforderung. Barnabas und Paulus sollten für eine neue Aufgabe freigestellt werden. Die Reaktion der Gemeindeleitung darauf versetzt in Staunen:

> „Da legte man den beiden nach weiterem Fasten und Beten die Hände auf […] und ließ sie ziehen" (Vers 3; NGÜ).

Aus der Kontemplation erwächst die Gewissheit, dass auf Barnabas und Paulus eine neue Herausforderung wartet. Aber die Gemeinde handelt nicht vorschnell. Erneut nimmt man sich Zeit, um zu beten und zu fasten. Und in diesem letzten Schritt geschieht etwas, das man im Gemeindealltag nur selten erlebt: Die Gemeinde ist bereit, die Besten gehen zu lassen und sie für ihren neuen Weg zu segnen. Wäre ich der Gemeindeleiter gewesen, so hätte ich vermutlich versucht, einen „Deal" auszuhandeln. Wäre es nicht möglich, einen gehen zu lassen und den anderen zu halten? Wir lernen an dieser Stelle, wie weitreichend und schmerzhaft die Konsequenzen sein können, wenn eine Gemeinde sich auf den Weg macht, Quellgemeinde zu werden.

Jede Gemeinde steht in der Gefahr, sich um sich selbst zu drehen. Die Vielfalt der eigenen Angebote nimmt zu und besonders begabte Mitarbeitende werden „unersetzlich". Wäre es denkbar, dass tragende Säulen des Gemeindelebens an eine andere Gemeinde ausgeliehen werden? Wie viele Mitarbeitende wurden im letzten halben Jahr in eine Aufgabe außerhalb der eigenen Gemeinde entsandt?

Eine Quellgemeinde ist bereit, das Beste zu verschenken.

Vom Stolpern und Feiern

Diese sieben Merkmale haben uns als Gemeindeleitung intensiv bewegt. Wir konnten wahrnehmen, was uns bereits gut gelingt und wo wir uns auf den Weg machen müssen. Im Kirchengemeinderat haben wir daher die gesamte Gemeindearbeit evaluiert und weitergedacht. An dieser Stelle unternehme ich den Versuch, die zaghaften ersten Schritte, das Stolpern und Feiern zu skizzieren und andere zu ermutigen, sich auch auf den Weg zu machen, Quellgemeinde zu werden.

Die Darstellung erfolgt nicht chronologisch,[10] sondern orientiert sich an den oben erwähnten Merkmalen, die als Linse dienen, um die theologischen Motive und Hintergründe der Aktionen zu erfassen.

Zu Merkmal 1: Ermutigung überall

Es ist ein Spagat, eine einladend-ermutigende Kultur in der Kirche zu entwickeln. Die Bedürfnisse der Menschen schwanken zwischen Anonymität und Intimität. Im Kirchengemeinderat haben wir uns jedoch dafür entschieden, dass eine ermutigende Willkommenskultur das Gemeindeleben in allen(!) Bereichen prägen soll. Menschen sollen Ermutigung finden, wann immer sie mit der Kirche in Kontakt kommen. Das ist ein hohes Ziel, dem wir natürlich nur in Ansätzen gerecht werden.

Ein erster Schritt wurde bereits vor einigen Jahren realisiert. Das „Pfarramt“ sollte möglichst wenig „Amtscharakter“ vermitteln. Nach wie vor ist das Pfarrbüro die erste Anlaufstelle für unsere Mitglieder (und zunehmend auch Nichtmitglieder). Die Anfragen umfassen alles: von akuten Notlagen bis hin zu den Kasualien. In zahlreichen Planungsgesprächen und Optimierungssitzungen haben wir als Team (Pfarramtssekretärin und Pfarrer) eine Konzeption entwickelt, um Menschen unbürokratisch zu helfen und sie bei ihrem Besuch zu ermutigen. Die Folge ist ein lebendiges Gemeindebüro mit deutlich erweiterten Öffnungszeiten, das hoch frequentiert wird. Die offiziell zugewiesenen zwölf Sekretariatsstunden reichen für diesen Service nicht aus. Die Erhöhung auf gegenwärtig 20 Wochenstunden wird durch Spendenmittel finanziert.

Mittlerweile hat sich eine Willkommenskultur in der Gemeinde entwickelt, die zu einem großen neuen Team geführt hat, dem „W-Team“. Dieses W(illkommens)-Team übernimmt nicht nur das Catering vor(!) und nach Gottesdiensten. Mittlerweile gehören circa 15 Personen zu dieser Gruppe und es kommen immer neue Personen hinzu. Menschen, die neu in der Kirchengemeinde andocken, finden dort eine niederschwellige Möglichkeit, sich einzubringen und die Gemeinde besser kennenzulernen. Das W-Team

---

[10] Die thematische (und nicht chronologische) Beschreibung der Erfahrungen in der Evangelischen Kirchengemeinde Böhringen wehrt der Versuchung, eine bestimmte Schrittfolge zu priorisieren. Die sieben Merkmale bringen eine Haltungsänderung zum Ausdruck, die im besten Fall dazu führt, dass sich das Gemeindeleben in allen Bereichen spürbar verändert und unterschiedliche Mitglieder in den Fokus kommen.

ist für zahlreiche Menschen im Gemeindealltag eine große Ermutigung geworden.

Nicht zuletzt kommt der Ermutigung im Kirchengemeinderat eine zentrale Bedeutung zu. Die Sitzungen sind so konzipiert, dass sie Räume der Ermutigung öffnen. Wie dies konkret aussieht, lässt sich anhand des zweiten Merkmals gut erklären.

Zu Merkmal 2: Jesus-Fokus und Treue

Der Kirchengemeinderat hat sich in den letzten sechs Jahren als geistliches Leitungsorgan entwickelt. Der Weg dorthin hat einige Zeit in Anspruch genommen. Es fing damit an, dass wir die Sitzungskultur grundlegend verändert haben. Wir merkten, wie wohltuend es ist, wenn Sitzungen ausreichend Raum für Persönliches und gelebte, geistliche Gemeinschaft lassen. In den vergangenen Jahren hat sich dadurch eine Kultur der Offenheit entwickelt, die uns dabei hilft, in sehr ehrlicher Weise mit Erfolgen und Niederlagen umzugehen. Die Sitzungen werden nicht von Tagesordnungspunkten dominiert, auch wenn diesen eine hohe Bedeutung zukommt. Jede Sitzung wird durch drei wesentliche Elemente strukturiert. Das *erste Element* (circa 30 Minuten) dient der geistlichen Konzentration. Im freiwillig-rotierenden System bereiten Kirchengemeinderäte einen geistlichen Impuls vor, der in der Form sehr unterschiedlich sein kann (von Tagzeitengebeten bis hin zu Lobpreisliedern). Verbindendes Element ist der Jesus-Fokus. Das *zweite Element* (circa 40 Minuten) fokussiert auf das Thema „Geistlich leiten". Hierbei gibt es jeweils (meist vom Pfarrer) einen theologisch-kybernetischen Impuls, der zum aktuellen Entwicklungsstatus passt und dann meist lebhaft diskutiert wird. Während dieser Zeit wird parallel gemütlich zu Abend gegessen. Ja, jede Sitzung hat auch einen kulinarischen Höhepunkt. Darauf folgt dann das *dritte Element*: die Tagesordnungspunkte, die in etwa 90 Minuten bearbeitet werden. Dieser Vorlauf verändert die Haltung, mit der wir als Team auf die To-do-Liste schauen. Die Sitzung endet mit einem kurzen Taizé-Gebet und einem Segen, in dem die Inhalte nochmals bei Gott „abgelegt" werden. In allem wird spürbar, dass der gemeinsame Jesus-Fokus davor bewahrt, vorschnelle Entscheidungen zu treffen, die am Bedürfnis der meisten Mitglieder vorbeigehen.

Zu Merkmal 3: Demütige Leitung

Seit 2013 haben wir für die Jugendlichen nach der Konfirmation ein vierjähriges Trainee-Programm entwickelt, in dem sie intensiv als junge Leiterinnen und Leiter ausgebildet werden. Vom *lernenden Zusehen* im ersten Jahr, wird ein *helfendes Engagement* im zweiten Jahr. Im dritten Jahr übernehmen die Trainees erste *Leitungsverantwortung*, werden dabei aber aktiv unterstützt, bevor sie im vierten Jahr *selbstständig eigene Projekte verantworten*. Das Engagement kommt nicht nur den aktiven Mitgliedern zugute, sondern reicht durch besondere Aktionen weit in den Ort bzw. die Region hinein. Einen Schwerpunkt bildet die Unterstützung des Konfi-Programms. Aktuell sind 28 Trainees (zweites und drittes Trainee-Jahr) als Mitarbeitende im Team, um eine Gruppe von 38 Konfirmandinnen und Konfirmanden leidenschaftlich auf dem Weg zur Konfirmation zu begleiten.

Zurzeit nehmen etwa 60 Jugendliche am Trainee-Programm teil. Während ihrer Zeit in der Gemeinde erleben viele der Jugendlichen eine steile Wachstumskurve. Begabungen werden entdeckt und ausprobiert, Leitungserfahrungen werden gemacht und Glaubensschritte gewagt. Nebenbei wird auf diesem Weg auch die „Juleica" (die Jugendleiterkarte) erworben. Nach dem Schulabschluss verlassen jedoch die meisten Jugendlichen unseren kleinen Ort am westlichen Bodensee, um zu studieren oder eine Ausbildung zu machen. Dennoch haben wir als Gemeinde den Fokus auf die junge Generation gesetzt, da diese (dann eben an anderen Orten bzw. in anderen Gemeinden) einen wesentlichen Beitrag für unsere Gesellschaft leisten werden. Diese „Young Leaders" wachsen heran und teilweise über sich hinaus. Wir staunen über die vielfältigen Begabungen, die durch die Investition in junge Leiterinnen und Leiter sichtbar werden.

Die junge Generation sprengt viele Limits, die in erwachsenen Köpfen verhaftet sind, und inspiriert das gesamte Gemeindeleben sowie viele unserer Mitglieder, die dadurch zu aktiven Unterstützern werden. Neuerdings erleben wir, dass sich durch die Jugendlichen distanzierte Eltern der Kirche nähern und teilweise sogar wieder als Mitglied in die Kirche eintreten.

Zu Merkmal 4: Mutige Vision vom Wachstum

Im Kirchengemeinderat realisierten wir, dass wir zwar eine mutige Vision für unsere Gemeinde entwickelt, dabei aber zu wenig über die Umsetzungsmöglichkeiten nachgedacht hatten. Eine Vision oder ein Leitbild gehört nicht in die Schublade der erledigten Projekte, sondern in die Herzen von vielen Menschen, die diese durch ihr Leben verkörpern! In unterschiedlichen Bereichen des Gemeindelebens wird spürbar, dass sich das erhöhte Engagement vieler Ehrenamtlicher lohnt. Die Angebote werden zunehmend wertgeschätzt und von einer wachsenden Zahl an Menschen wahrgenommen.[11]

[11] Es fällt mir nicht leicht, in diesem Kontext Zahlen zu nennen, da dies sehr leicht als selbstgenügsame Machbarkeitsstrategie missverstanden werden kann. Im Kirchengemeinderat arbeiten wir allerdings gerne nach dem Motto: Fakten sind Freun-

Bei den Zahlen der Konfirmandinnen und Konfirmanden deutet sich ein moderates Wachsen gegen den Trend ab. Das hohe Engagement der Trainees für die jeweiligen Konfirmandinnen und Konfirmanden kommt an. Die Jahrgänge bleiben stabil bzw. wachsen sogar: Im Jahr 2013 feierten wir 26 Konfirmationen, 2014 (25 Konfirmationen), 2015 (27 Konfirmationen), 2016 (30 Konfirmationen), 2017 (29 Konfirmationen), 2018 (19 Konfirmationen) und im laufenden Jahr sind 38 Konfirmandinnen und Konfirmanden im Kurs dabei.

Das *Trainee-Programm* für Jugendliche hat mittlerweile zu einem aktiven Wachstum der Gemeinde geführt. Einige Eltern der Trainees werden neugierig und nehmen die Kirche aus einer neuen Perspektive wahr. Ein kleiner Anteil von ihnen geht dabei sogar einige Schritte weiter und nimmt Angebote der Kirchengemeinde wahr. Die Zahl der Kircheneintritte hat sich im Jahr 2018 auf 18 Personen erhöht.[12]

Mittlerweile wurde der Wunsch lauter, ein ähnliches Programm für Erwachsene anzubieten. Mit einem Training für „*Tiefgänger*" machen wir erste Schritte in diese Richtung und erleben, dass unsere Gemeindevision durch reife, mündige Christen weitere Kreise zieht. Die Tiefgänger-Absolventen sind mittlerweile aus keinem Bereich der Gemeinde mehr wegzudenken. Sie übernehmen Verantwortung im Kirchengemeinderat (Nachwahl), als Initiatoren von Fundraising-Projekten oder Gemeindeseminaren und neuerdings auch als Referenten beim nächsten Glaubenskurs. Vor allem aber inspirieren sie kirchenferne Menschen, da sie vorleben, wie es ist, ihren Glauben im Alltag zu leben. Aufgrund der kleinen Ressourcen unserer Gemeinde schaffen wir es 2019 nicht, dieses wichtige Angebot aufrechtzuerhalten.

Durch das jährliche Angebot eines großen Tauffestes am Bodensee haben sich die Anmeldungen zur Tauffeier seit 2015 deutlich erhöht. Die Taufel-

---

de. Denn eine gute und ehrliche Auswertung von Zahlen zeigt an, welche Projekte und Initiativen wahrgenommen bzw. abgelehnt werden. Auf dem Weg haben wir zahlreiche Versuche unternommen, die nicht funktioniert haben und kaum angenommen wurden. Diese können aus Platzgründen hier nicht ausführlich nachgezeichnet werden.

[12] Die Kircheneintritte müssen differenziert betrachtet werden. Es handelt sich im Jahr 2018 um 10 Eintritte und 8 sog. Umpfarrungen. Im Jahr 2016: 4 Eintritte, 25 Umpfarrungen, 2017: 7 Eintritte, 10 Umpfarrungen. Der Kirchengemeinderat ist sich der Problematik sehr bewusst, die sich durch Umpfarrungen und ggf. durch Eintritte auch im regionalen Miteinander ergeben können. Wir suchen daher regelmäßig mit unseren Nachbargemeinden das Gespräch, wissen aber auch, dass sich einige Gemeindemitglieder unserer Parochie zu einer anderen Kirchengemeinde umpfarren lassen. Wichtig sind ehrliche Gespräche und ein transparenter Austausch unter den Gemeinden, um keine ungute Konkurrenzsituation entstehen zu lassen.

tern und Paten werden durch einen längeren Taufvorbereitungsweg theologisch auf die Tauffeier vorbereitet. Immer häufiger nehmen die Patinnen und Paten an den Taufvorbereitungsabenden teil. Die Familien engagieren sich aktiv bei der Gestaltung des Tauffestes am Bodensee auf dem Gelände des Surfplatzes. Die Zahl der Taufen erhöhte sich seit 2013 merklich: 2013 (14 Taufen), 2014 (11 Taufen), 2015 (31 Taufen), 2016 (20 Taufen), 2017 (22 Taufen), 2018 (29 Taufen).

Zu Merkmal 5: Großzügigkeit und nach außen gerichtet

Über viele Jahre orientierten sich die meisten unserer gemeindlichen Aktivitäten an den Bedürfnissen der sogenannten Kerngemeinde. Seit 2014 haben wir als Gemeinde damit begonnen, unseren Fokus vermehrt auf die Mitglieder zu richten, die nicht (regelmäßig) an den Veranstaltungen der Gemeinde teilnehmen. Zwei besondere Aktionen seien an dieser Stelle erwähnt.

Lichtträger-Aktion (einmalig):
Am Ewigkeitssonntag 2015 haben wir die „Lichtträgeraktion“ durchgeführt. In knapp drei Stunden hat ein Team von 20 Personen alle 1.550 Haushalte der Gemeinde besucht, um ein kleines Geschenk der Kirche persönlich zu überreichen. Eine Gruppe von kreativen Menschen hatte aus über 1.500 alten Marmeladengläsern ein stilvolles Give-away erstellt. Ein Transparent mit dem Aufdruck „*Das Licht leuchtet in der Finsternis und die Finsternis hat es nicht ergriffen (Johannes 1,5)*“ wurde um das Marmeladenglas gelegt und mit einem schönen Anhänger versehen. Auf diesem war zu lesen: „Wir wünschen Ihnen eine gesegnete Adventszeit. Ihre Evangelische Kirchengemeinde“. Das Teelicht wurde angezündet und am frühen Abend persönlich überreicht. Die Reaktionen der Mitglieder waren überraschend. Das Überreichen des Geschenks war für viele eine paradoxe Intervention. Sie vermuteten hinter der Aktion zunächst einen versteckten Spendenaufruf oder eine Einladung zu einem Gottesdienst. Als beides ausblieb, konnte man eine gewisse Verwirrung im Gesicht lesen. In den kommenden Wochen bekamen wir zahlreiche Zuschriften mit überaus positiven Reaktionen. Viele erklärten uns, dass Sie sehr berührt seien, dass wir an sie denken und Licht in ihren Alltag gebracht hätten.

„4x4-Gänge-Menüs“ (regelmäßig):
Seit 2013 haben wir uns Gedanken über ein neues Konzept für die Eltern unserer Konfirmanden gemacht. Die Wahrnehmung war bisher, dass kaum Männer an den Elternabenden teilnehmen. So kamen wir auf die Idee, vier Abende für Eltern anzubieten, die jeweils von einem 4-Gänge-Menü gerahmt sind. In ansprechendem Ambiente gibt es Informationen aus der

Konfi-Arbeit, aber vor allem auch thematische Impulse für die Eltern. Am ersten Abend wird mit allen Eltern ein Krimi-Dinner gespielt, um sich in lockerer Atmosphäre kennenzulernen. Der zweite Abend befasst sich mit dem Thema „Zwischenland", an dem Jugendliche (aus dem Trainee-Programm) während eines Sofa-Talks von ihren Teenagererfahrungen aus der „anderen Perspektive" berichten. Theologisch gerahmt ist dieser Abend von der Erzählung vom Vater und den zwei Söhnen (Lukas 15). Der dritte Abend widmet sich der „Macht der Worte". An diesem Abend geht es um wertschätzende Kommunikation. Die Eltern schreiben unter anderem einen wertschätzenden Brief an ihr Kind. Abgerundet werden die Abende mit dem „Captains Dinner", an dem die bevorstehende Konfirmation in den Blick kommt und eine Hilfestellung gegeben wird, um das Familienfest zur Konfirmation auch inhaltlich zu gestalten. Die Resonanz der Eltern ist ausgesprochen positiv, da Kirche unerwartet großzügig und relevant erlebt wird. Mittlerweile nehmen 70 Prozent der Eltern als Paare teil – sogar bei getrennten Familien.

Zu Merkmal 6: Einfach beten

Beim Thema „Beten" wurden wir alle hellhörig. Wir spürten, dass das Beten im Gemeindeleben oftmals zu kurz kam und außerdem ziemlich monoton umgesetzt wurde. Daher suchten wir nach neuen Ausdrucksformen des Betens, um die vor uns liegenden Herausforderungen anzugehen. Wir entschieden uns zu einem unkonventionellen Weg und initiierten ein Gebetsseminar[13], das wir mit Referentinnen und Referenten des Netzwerks *churchconvention* realisierten. Zu unserem Erstaunen meldeten sich dazu über 100 Personen verbindlich an. Die acht Abende bildeten die unterschiedlichen Dimensionen des Gebets ab und ermutigten uns, neue Wege des Betens zu suchen.

Ein Seminar ist nur ein erster Schritt! Wir befinden uns weiterhin auf der Reise und merken, dass wir beim Thema „Beten" noch viel zu entdecken haben. Allerdings haben sich unser Zugang zum Beten und seine Wertschätzung bereits verändert. Wir wollen in unseren Veranstaltungen dem Gebet einen besonderen Stellenwert einräumen und dabei kreative und sensible Wege der Umsetzung suchen. Konkret bedeutet das beispielsweise: in den sonntäglichen Fürbitten für unsere Nachbargemeinden zu beten, in den Kirchengemeinderatssitzungen mehr in der Stille auf Gottes Reden zu hören und am Ende für ausgetretene Gemeindemitglieder zu beten, die

---

[13] Ein Überblick über die Seminareinheiten von „einfach beten" findet sich hier: https://vimeo.com/231834088 [15.08.2018].

Tagzeitengebete neu zu entdecken oder im Anschluss an Gottesdienste in legerer Atmosphäre persönliches Gebet anzubieten.

Seit dem ersten Advent 2018 ist nun „Einfach beten konkret" hinzugekommen. Jeden Montag treffen sich zwei Kirchengemeinderäte in der Kirche, um in 30 Minuten für unsere Gemeinde, den Bezirk und die Landeskirche zu beten. Die kurzen Treffen sind offen für alle. Natürlich werden persönliche Dinge ebenso in das Gebet aufgenommen.

Zu Merkmal 7: Bereit, das Beste zu verschenken

Dieses Merkmal stellte die größte Herausforderung für uns alle dar. Welche Gemeinde wäre spontan bereit, das teuerste Equipment, die innovativste Idee, die beste Verkündigerin, den begabtesten Künstler gehen zu lassen? Dennoch spürten wir, dass hier eine besondere Aufgabe als Gemeinde auf uns wartet. Im Planungsprozess verwarfen wir zunächst den ambitionierten Plan, unser Gebäude zu erweitern. Eine Quellgemeinde zeichnet sich nämlich nicht dadurch aus, dass sie durch zahlreiche Gottesdienstbesucher glänzt, sondern dadurch, dass sich in dieser Gemeinde Menschen so entwickeln, dass sie den Glauben an Jesus Christus leidenschaftlich in die Mitte der Gesellschaft tragen. Wir realisierten, dass es zukünftig viel weniger um unsere „seating capacity" (Bestuhlungskapazität) als um unsere „sending capacity" (Sendungskapazität) gehen wird.

Als wir diesen Prozess verinnerlicht hatten, konnten wir plötzlich die Sendung unserer Trainees an die Studienorte als ein Ziel unserer Arbeit verstehen. Wir entdeckten aber auch, dass es ein besonderes Geschenk ist, dass sich in den letzten drei Jahren fünf junge Menschen zum Theologiestudium angemeldet haben. Es ist nicht einfach, sehr begabte junge Menschen ziehen zu lassen, da sie tragende Säulen des Traineeprogramms und anderer Bereiche darstellen.

Gegenwärtig haben wir pro Jahr zwei bis drei junge Menschen, die ein Freiwilliges Soziales Jahr in unserer Gemeinde absolvieren. Diese Stellen werden zu 100 Prozent durch Spenden finanziert. Nun wurden wir innerhalb des Netzwerks *churchconvention* auf ein faszinierendes innovatives Projekt aufmerksam. Allerdings fehlt es dort an aktiver Hilfe und an Ressourcen. Wir haben im Kirchengemeinderat darüber debattiert, wie wir helfen können, und entschieden, dass wir unsere FSJler für jeweils einen Monat in das Projekt entsenden werden, um die dortige Aufbauarbeit zu unterstützen. Kostenlos, versteht sich! Das Gespräch ging dann allerdings noch weiter und es stellte sich die Frage, weshalb wir nicht auch Ehrenamtliche oder sogar den Pfarrer für eine Zeit entsenden. Diese Initiativen sind nur ein kleiner Teil von ersten Umsetzungsversuchen. Sie kosten uns viel, aber sie sind zugleich eine unbezahlbare Ermutigung.

Es fasziniert mich, wie die unterschiedlichen Merkmale einer Quellgemeinde den innersten Kern unseres Gemeindelebens gegenwärtig verändern und schon verändert haben. Wir sind immer noch mitten auf dem Weg und stolpern an Gottes Hand weiter – aber wir merken deutlich, dass die spannendste Zeit noch vor uns liegt.

EINE QUADRATUR DES KREISES? KIRCHEHOCH2 IN DER LANDESKIRCHE HANNOVERS UND IM BISTUM HILDESHEIM

Maria Herrmann

Warum, wozu, woraufhin?

Seit über zehn Jahren sind Fachreferentinnen und Fachreferenten der Landeskirche Hannovers und des Bistums Hildesheim gemeinsam über Zukunftsfragen im Gespräch. Neben den unterschiedlichen konfessionellen Charismen bringen sie dabei auch die verschiedenen Ausgangslagen ihrer jeweiligen Organisationsform und Theologie ein: So lässt sich das Bistum Hildesheim in seiner Diaspora-geprägten Situation schon länger weltkirchlich inspirieren, während die Landeskirche derzeit in ihren Entwicklungsprozessen auf noch funktionierende Strukturen bauen kann. Aus der Verbindung der beiden Konfessionen entstanden gemeinsame Tagungen und Veröffentlichungen, die unterschiedliche Themenkreise in den Blick nahmen, die für die Zukunft der Kirchen als wichtig erachtet wurden: Als Beispiel kann der gemeinsame Blick auf theologische Parallelen und Unterschiede von Kleinen Christlichen Gemeinschaften (KCG, Small Christian Communities/SCC) und Hauskreisen angeführt werden. Auch entdeckte man auf Studienreisen unter anderem mit Theologiestudierenden die Idee der *Mission-Shaped Church* in England: Wie sieht eine Kirchengestalt aus, die sich von ihrer Sendung her formen lässt und sich damit an ihren Mitgliedern und sogar an ihren (Noch-)Nichtmitgliedern orientiert? Dieses Fragen bildet den Kern und Ausgangspunkt der ökumenischen Bewegung.

Dieses gemeinsame Lernen und Fragen mündete 2012 in der Entscheidung, bisher gewonnene Erkenntnisse, aber auch die generell fragende und konstruktive Haltung in Bezug auf eine Zukunft der Kirche zu teilen: Man entwickelte die Idee zu einem Kongress, den man gemeinsam vorbereitete und 2013 durchführte. Dieser gab der Bewegung einen Namen: Kirchehoch2. Mit etwa 1.500 Teilnehmenden vor Ort, aber weiteren mehreren Tausend virtuell Teilnehmenden durch Livestream und Social-Media-Beteiligung prägte die Veranstaltung schon zwei Grundmomente der Bewegung: Partizipation und induktives Lernen, welches durch die große Beteiligung in Workshops und Werkstätten gewährleistet wurde. In dem 2013 erschienenen Kongressband wurde daraufhin zum ersten Mal die

Idee einer Ökumene der Sendung entwickelt: Gemeinsam, auch und gerade in der Unterschiedlichkeit der Konfessionen, sind die Kirchen in die Welt gesandt.

Um die Fragen und Entwicklungen weiterhin mittelfristig in Landeskirche und Bistum zu verorten, gelang es nach dem Kongress, eine gemeinsame Arbeitsstelle als Projektbüro einzurichten. Dieses wurde im weiteren Verlauf durch die Entfristung der beiden Projektstellen von Pastorin Dr. Min. Sandra Bils und der Theologin Maria Herrmann als grundständige Arbeit in Bistum und Landeskirche verankert und ist an Prozessen der beiden Kirchen beteiligt. Die Benennung als ökumenische Bewegung verdeutlicht diese Dynamik, denn sie zeigt auf, dass es bei Kirchehoch2 nicht um ein eigenständiges Projekt geht, sondern verschiedene Entwicklungen zwischen Landeskirche und Bistum verknüpft werden und dabei auch auf die bestehenden Veränderungsprozesse gesetzt wird.

Die beiden Referentinnen, aber auch andere im Prozess und in der Bewegung verantwortliche Referentinnen und Referenten bearbeiten seither unterschiedliche Schwerpunkte der Kirchenentwicklung weiter und verorten die Diskurse zu einer Kirche, die sich von ihrer Sendung her formen lässt, ökumenisch auf unterschiedlichen Ebenen und Kontexten der beiden Kirchen – und darüber hinaus. Dabei nimmt man eine Mitgliederorientierung in unterschiedlicher Weise in den Blick: Sie soll selbst in den unterschiedlichen Ebenen und Kontexten der beiden Kirchen im Sinne einer strategischen Entscheidung aktiviert werden. Gleichzeitig soll damit aber auch eine Neuorientierung durch Partizipation auch als theologische Reflexion begleitet werden. Dabei gilt es jedoch auch zu überprüfen, in welchem Verhältnis die Grundproblematiken kirchlicher Krisenphänomene zu Fragen der Mission und der Evangelisierung sowie ihrer theologischen Deutung aufrufen.

Wie?

Zu dem Fragen nach *Warum*, *Wozu* und *Woraufhin*, in dem Kirchehoch2 als ökumenische Bewegung steht, gehören auch eine ganze Reihe von Haltungen, die wie eine Grundstruktur Initiativen, Projekte und Ideen prägen.

So ist die Bewegung nicht nur dem Namen nach eine ökumenische: In ihr arbeiten zunächst strukturell eine evangelisch-lutherische Landeskirche und ein römisch-katholisches Bistum zusammen. Dies reichert sich an durch die Kontakte zu binnenkonfessionellen Bewegungen und durch die Beziehungen zu anderen Konfessionen, wie zum Beispiel in der Zusammenarbeit mit Verantwortlichen der baptistischen Gemeinden. Dazu kommen aber auch Erfahrungen aus in Deutschland nicht so stark vertretenen

Konfessionen, wie denen der Anglikanischen Kirchgemeinschaft, oder der Protestantischen Kirche in den Niederlanden, von deren Erfahrungen Kirchehoch2 lernt.

Ökumene meint aber auch Bewusstsein und Wertschätzung der Vielfalt der Welt, in der sich die Bewegung verortet: Inputs, Reflexionsprozesse und Erfahrungen außerhalb kirchlicher oder theologischer Strukturen, wie zum Beispiel aus den Bereichen der Start-up-Szene, der Kulturbetriebe oder der Organisationsentwicklung, bereichern die Arbeit von Kirchehoch2 ständig. Einzelne Akteurinnen und Akteure aus weltlichen Bezügen sind in die Feedback-Kultur der Bewegung eingebunden.

Entsprechend meint Ökumene bei Kirchehoch2 nicht nur das (kirchen-) politische Handeln, sondern verweist auch auf eine fragende, wahrnehmende und offene Haltung. Sie ermöglicht das immer wieder neu Besinnen auf die eigenen konfessionell geprägten Strukturen, ihr Überdenken, aber auch eine neue Form der Wertschätzung. Theologisch kann man danach fragen, wie sehr dies einer reformatorischen Kultur entspricht oder einer ekklesiologischen Umkehr. Damit wird aus der ökumenischen Haltung auch ein geistlicher Prozess: eine gemeinsame Suche nach neuen Formen des Kircheseins, das sich orientiert an den Menschen unterschiedlicher Generationen, Milieus und Bedürfnissen – aber auch ein Entdecken Gottes in der oder dem anderen, die oder der mir ein neues Bild von Christus schenkt.

In dieser Linie schließt sich der Vorsatz an, dass Veranstaltungen, Workshops und Prozesse im Zusammenhang mit Kirchehoch2 grundlegend partizipativ sowie induktiv und gleichberechtigt inszeniert und gestaltet werden. Lernprozesse und Suchfragen sind damit immer kontextuell ausgerichtet und lassen sich nur schwer kopieren oder wiederholen. Dies gilt für konkrete Prozesse in einer kirchlichen bestehenden Struktur, zum Beispiel in einem Kirchenkreis oder in einer Weiterbildungsstelle, mit der die Bewegung kooperiert, aber auch für kontextuelle Neuaufbrüche. Ebenso relevant ist dies für das virtuelle Lernen und Kommunizieren, das sich durch eine starke Präsenz in den Social Media wie Facebook, Twitter und Instagram ausdrückt.

Was?

Vor allem inhaltliche Verbindungen in Landeskirche und Bistum legten den Grundstein dafür, dass im Februar 2013 mit dem Kongress ein erster sichtbarer großer Meilenstein gelegt werden konnte. Der Großveranstaltung schloss sich die Veröffentlichung eines Kongressbandes an, der bisherige Erfahrungen in den Worten der beteiligten Referentinnen und Referenten und der Veranstaltenden zum Ausdruck brachte.

In einem nächsten Entwicklungsschritt setzte die Bewegung einen Bildungsimpuls, in dem die beiden Projektreferentinnen einen Gemeindegründungskurs entwickelten und seither mehrfach durchführten: Orientiert an dem erprobten Kurs „mission-shaped ministry“ der Church of England kontextualisierten sie auf unterschiedliche Bedarfe hin das Modell als Jahres- oder Blockkurs. Dabei standen Gemeindegründungs- aber auch Kirchenentwicklungsprozesse im Blickpunkt, die sich an der Sendung der Kirche und damit auch an ihren Mitgliedern und (Noch-)Nichtmitgliedern orientierten. Einzelne Prozesse, die aus dem Kursgeschehen entstanden sind, werden infolgedessen langfristig begleitet.

Inhaltliche Weiterarbeit im Sinne einer Reflexion ergab sich ebenfalls in Akademietagungen, welche bisher dreimal, nämlich in den Jahren 2014, 2016 und 2018, in Loccum stattfanden. Verschiedene wissenschaftliche Abschlussarbeiten wurden bisher begleitet oder entstanden in der Arbeit von Kirchehoch2. Darüber hinaus entwickeln der Bewegung zugehörige Referentinnen und Referenten in Zusammenarbeit mit unterschiedlichen Kontexten und Akteurinnen und Akteuren von Landeskirche und Bistum Weiterbildungs- und Lernformate (Workshops, Kollegs, Reisen, aber auch Exerzitien oder Stammtische). Diese vermitteln grundsätzliches Wissen zu Kirchenentwicklung und Gemeindegründung, zu geistlichen Prozessen, zu Innovationsforschung, vernetzen Prozesse und Akteure, üben Feedback-Kultur ein und fungieren als theologische Reflexionsorte. Besonders erwähnenswert ist hier die W@nder-Konferenz im Februar 2017, die Geschenk und Gabe in den Blick genommen hat, nicht in das bestehende (kirchliche) System zu passen. Die Grundüberzeugung dieses Ansatzes ist, dass sich in dem Fremdeln im bestehenden kirchlichen System eine missionarische Gabe entdecken lässt, die eine Neuorientierung an der Sendung ermöglicht. Dazu erfolgte unter dem Titel „Vom Wandern und Wundern. Fremdsein und prophetische Ungeduld in der Kirche“ auch eine Buchveröffentlichung.

Ebenso werden Begleitinstrumente für pastorale und missionarische Innovationsprozesse entwickelt. So bildet seit Kurzem die geistliche Begleitung von Christinnen und Christen in Gemeindegründungsprozessen einen Schwerpunkt der Arbeit sowie die Reflexion von Veränderungsprozessen in Gruppen als geistliche Prozesse. Auch der (theologische) Nachwuchs wird in einer Vielzahl von Praktika, in der Bereitstellung einer FSJ-Stelle und in Sondervikariaten gefördert.

Die Quadratur des Kreises

Ende 2018 wurde das Erscheinungsbild der ökumenischen Bewegung neu gestaltet. Dabei ist auch ein neues Logo entstanden, welches mit der Form zweier geometrischer Formen spielt: In der Überlappung von Kreis und Viereck entsteht ein Kreuz, das etwas geneigt nicht einfach hinzunehmen ist und auch inhaltlich zum Nachdenken anregt. Im Mittelpunkt steht seither die Frage nach der Quadratur des Kreises: Wie kann eine Bewegung inmitten zweier großer Organisationen entstehen und Gestalt gewinnen? Wie kann eine Ökumene der Sendung den Balanceakt wagen zwischen Wertschätzung der konfessionellen Charismen, unterschiedlichen theologischen Perspektiven und der Sehnsucht nach christlicher Einheit? Wie kann das Neue gefördert werden, ohne das Bestehende abzuwerten?

Aber auch – wie es die beteiligte Design-Agentur formuliert: Wie geht das, wenn in einer solchen Initiative Wissenschaft auf Transzendenz trifft, und nicht zuletzt: wenn Hirn und Herz zusammen aufbrechen.

Diese Momente sind für die ökumenische Bewegung Kirchehoch2 in der Evangelisch-Lutherischen Landeskirche Hannovers und im Römisch-Katholischen Bistum Hildesheim Anspruch, Ansporn und Motivation.

Literatur:

Herrmann, Maria (2016): Merkt ihr es nicht?, in: Pompe, Hans-Hermann; Todjeras, Patrick; Witt, Carla J. (Hg.); Fresh X – Frisch. Neu. Innovativ, Neukirchen-Vluyn, 116–122.

Bils, Sandra (2016): Kirche² – Eine ökumenische Bewegung, in: Pompe, Hans-Hermann; Todjeras, Patrick; Witt, Carla J. (Hg.); Fresh X. Frisch. Neu. Innovativ, Neukirchen-Vluyn, 50–56.

Bils, Sandra; Herrmann, Maria (2016): Neue Dimensionen der Kirchenentwicklung. Momente und Perspektiven der Arbeit von Kirche², in: Ökumenische Rundschau, 2016 (3), 367–377.

Bils, Sandra; Herrmann, Maria (2014): Die ökumenische Projektstelle Kirche², in: Kirche vor Ort neu denken. Eine Arbeitstagung im Anschluss an „Kirche². Ein Ökumenischer Kongress“, Loccumer Protokoll [En 33], Rehburg-Loccum, 143–148.

Elhaus, Philipp; Hennecke, Christian (Hg.)(2013): Kirchehoch2. Ein ökumenischer Kongress, Würzburg.

„WILLKOMMENSKULTUR" UND BERÜHRENDE GOTTESDIENSTE – MITGLIEDERORIENTIERUNG IM BISTUM ESSEN

Thomas Rünker

Von der (vermeintlich) homogenen Volkskirche zur Kirche der Vielfalt

Das Bistum Essen ist das jüngste Bistum Westdeutschlands und von seiner Fläche her das kleinste in der Bundesrepublik. Heute leben zwischen dem Rhein in Duisburg, Essen, Bochum, Gelsenkirchen und dem märkischen Sauerland bei Lüdenscheid knapp 780.000 Katholikinnen und Katholiken – in erster Linie in der Metropolregion des Ruhrgebiets. Gerade 61 Jahre alt ist das Bistum Essen – und in dieser kurzen Geschichte war vor allem der stetige Wandel ein konstanter Begleiter: Nach jahrelangen Verhandlungen zwischen dem Vatikan und den drei Mutter-(Erz-)Bistümern Köln, Münster und Paderborn ging die mit Blick auf die vielen Beschäftigten in Zechen und Stahlwerken als „Arbeiterbistum" geplante Diözese 1958 an den Start. Just als wenige Monate später das Ruhrgebiet die erste von vielen Kohlekrisen durchlebte, die ersten Zechen schlossen und ein jahrzehntelanger Strukturwandel begann. Damit war auch dem Ruhrbistum der Wandel in die Wiege gelegt.

Es würde an Geschichtsklitterung grenzen, aus dieser Gründungsgeschichte gleich eine besondere Art der Mitgliederorientierung abzuleiten – diese hat sich im heutigen Verständnis auch an Rhein, Ruhr und Lenne erst nach der Jahrtausendwende entwickelt. Und dennoch hat diese besondere Gründungs- und Aufbauzeit wohl dazu geführt, dass man im Ruhrbistum von Beginn an einen etwas anderen Blick auf „das Volk" hatte als anderswo. So waren die Gründerväter des Bistums Essen unter dem späteren Kardinal Franz Hengsbach in den Anfangsjahren der Diözese überzeugt von der Idee, dass man den Menschen die Kirche nur möglichst nah an die Haustür stellen müsse – dann würden sie schon hineingehen. In einem wahren Kirchbauboom entstand eine große Anzahl solcher „Pantoffelkirchen" genannten Gotteshäuser – von denen das Ruhrbistum einige in den vergangenen Jahren wieder aufgeben musste. Rückblickend betrachtet war es eben auch schon in den 1960er- und 1970er-Jahren ein Trugschluss zu denken, man könne Kirchen- und Gemeindebindung vor allem durch räumliche Nähe erzeugen. Aber – und das soll hier der Punkt sein – zweifellos hatten Hengsbach & Co. in diesen Anfangsjahren des Ruhrbistums „die Leute" im Blick, die Katholikinnen und Katholiken, die Gläubigen oder: die Kirchenmitglieder, wie wir heute sagen.

Die Vorstellung von diesen Kirchenmitgliedern war seinerzeit indes deutlich homogener als heute: Die Kirche orientierte ihre Planungen in erster Linie an regelmäßigen Kirchgängern und aktiven Gemeindemitgliedern. Diesen Menschen sollte der Gottesdienstbesuch möglichst einfach gemacht werden. Zudem wurde ihnen mit Pfarrheimen, regelmäßigen Gemeinschaftsritualen in der Gemeinde oder dem katholischen Verband sowie Institutionen wie Kindergärten, Krankenhäusern oder Friedhöfen ein fest gerahmtes, aber eben auch ziemlich einheitliches Umfeld für ein geordnetes katholisches Leben angeboten.

Doch die Akzeptanz dieses Rahmens begann schon damals zu bröckeln. Ab 1968 stieg auch im Ruhrbistum die Zahl der Kirchenaustritte spürbar an, und in einer sich zunehmend individualisierenden Gesellschaft brach der Automatismus der volkskirchlichen Jahrzehnte ab: Viele Menschen blieben zwar noch Mitglied der Kirche, nahmen aber längst nicht mehr am breiten kirchlichen Programm teil, sondern suchten sich daraus zunehmend punktuell die Angebote heraus, die sie ansprachen. So hat sich – auch aus Gründen der demografischen Entwicklung im Ruhrgebiet – nicht nur die Gesamtzahl der Kirchenmitglieder seit Ende der 1950er-Jahre in etwa halbiert, auch der Anteil der regelmäßigen Gottesdienstbesucherinnen und -besucher unter den Kirchenmitgliedern hat sich mit heute rund zehn Prozent geradezu marginalisiert.

Diese Entwicklung zu erkennen und anzunehmen hat seine Zeit gebraucht. Eine Art Katalysator dafür war im Bistum Essen der Dialogprozess in den Jahren 2011 bis 2013. Wie überall in Deutschland hatten sich die Bistümer nach den 2010 aufgedeckten Fällen von sexuellem Missbrauch in der katholischen Kirche aufgemacht, um über Fehler der Vergangenheit und Perspektiven der Kirche für die Zukunft zu diskutieren. Dabei ging es im Ruhrbistum bei zahlreichen Diskussionsveranstaltungen mit insgesamt mehreren Tausend Teilnehmerinnen und Teilnehmern um alle Aspekte des Christseins zwischen Rhein, Ruhr und Sauerland – als Ergebnis stand im Sommer 2013 das Zukunftsbild des Bistums Essen als eine Leitvision aus sieben zentralen Begriffen, die beschreiben, wie die Katholikinnen und Katholiken im Bistum Essen in Zukunft Kirche sein wollen: *berührt*, *wach*, *vielfältig*, *lernend*, *gesendet*, *wirksam* und *nah*. Schon der Begriff „vielfältig" zeigt, dass sich in der Haltung des Bistums verglichen mit den Gründerjahren ganz offensichtlich etwas verändert hat.

Ein Zukunftsbild, ein Bistumsmagazin – und eine Studie zu Kirchenaustritten

Dieses Zukunftsbild hat Konsequenzen: Motiviert von der Bistumsleitung probieren überall im Bistum haupt- und ehrenamtliche Kirchenmitarbeitende, wie sich diese Vision in die Praxis umsetzen lässt. Ein Fokus dabei ist: Wie erreicht die Kirche vor Ort Zielgruppen, die sie derzeit nicht (mehr) oder noch nicht erreicht? Parallel dazu gibt das Bistum seit Ende 2013 das Bistums-Magazin BENE heraus: Fünf- bis sechsmal im Jahr erscheint seitdem eine attraktive Zeitschrift, die jedem der mehr als 500.000 katholischen Haushalte im Bistum Essen direkt zugeschickt wird. Ein Magazin, deren primäre Zielgruppe Kirchenmitglieder sind, für die diese Zeitschrift oft seit Jahren der einzige Kontakt zu der Organisation ist, der sie seit Kindertagen angehören und für die sie über die Kirchensteuer teils mehrere hundert Euro im Jahr an „Mitgliedsgebühren“ zahlen.

Abb. 14: Das Heft BENE im Briefkasten
(Foto: Nicole Cronauge, Bistum Essen).

Mit Themen, die von christlichen Werten und Inhalten inspiriert, vor allem aber nah am Leben sind, orientiert sich BENE in erster Linie an den Interessen der Zielgruppe – und nicht an Selbstdarstellungsideen der Kirche. Was nicht heißt, dass Bischof oder Generalvikar, Finanzchef oder das Exerzitien-Team des Bistums nicht auch in BENE auftauchen – aber wenn, dann mit Botschaften, die nicht nur Kirchen-Insider ansprechen, sondern gerade die Menschen, die wenig Kontakt zur Kirche haben. So bleibt BENE für eine große Anzahl von Leserinnen und Lesern interessant – das haben mittlerweile zwei repräsentative Leseruntersuchungen bestätigt. Auf diese charmante Weise erinnert das Bistum seine Mitglieder seit gut fünf Jahren regelmäßig daran, dass sie zur Kirche dazugehören. BENE ist damit ein relevantes Moment in der Mitgliederorientierung und -bindung im Bistum Essen.

In 20 konkreten, teils beispielhaften, teils grundsätzlichen Projekten hat das Bistum zwischen 2015 und 2018 sein Zukunftsbild weiteren Praxistests unterzogen. Drei dieser Projekte haben konkrete Bezüge zur Mitgliederorientierung und werden nachfolgend vorgestellt. Ein viertes Projekt hat sich konkret mit der Kirchenmitgliedschaft und vor allem mit der Frage beschäftigt, weshalb Katholiken aus der Kirche austreten. An der in diesem Projekt entstandenen Studie „Kirchenaustritt oder nicht? Wie Kirche sich verändern muss" haben unter anderem die Professoren Ulrich Riegel und Tobias Faix mitgearbeitet, die im einleitenden Kapitel in diesem Band einzelne Ergebnisse vorstellen.

Abb. 15: Kirchenaustritt – oder nicht? Die aktuelle Kirchenaustrittsstudie (Foto: Simon Wiggen, Bistum Essen).

Seit ihrer Veröffentlichung im Frühjahr 2018 sorgt diese Studie für Diskussionen – sowohl innerhalb des Bistums Essen als auch auf dem Katholikentag, in anderen Diözesen und in Gremien der Deutschen Bischofskonferenz. Immer wieder steht dabei die zentrale Aussage der Studie im Fokus: Aus der

Kirche treten vor allem Menschen aus, die sich von der Kirche entfremdet haben – oder von denen sich die Kirche entfremdet hat, bei denen also eine früher vielleicht einmal vorhandene Bindung verloren gegangen ist. Umgekehrt heißt dies: Wo Kirche Beziehung stiftet und so die Grundlage für Bindung legt, dürften Kirchenaustritte weniger werden.

Diese Haltung ist in der Kirche nicht ohne Widerspruch. So wird dem Bistum Essen gelegentlich vorgeworfen, die Beziehungen zu den Menschen über die kirchlichen Botschaften zu stellen und so deren Inhalte zu vernachlässigen. Und auch der Essener Bischof Dr. Franz-Josef Overbeck erntete Widerspruch, als er Anfang 2018 – auch als Reaktion auf die Kirchenaustrittsstudie – die Gemeinden dazu aufforderte, sich verstärkt den Menschen zuzuwenden, die nur selten die Sonntagsmesse besuchen, mit ihren Kirchensteuern aber einen Großteil des kirchlichen Lebens finanzieren. Ob die regelmäßigen Kirchgänger nun weniger wert seien als die Gelegenheitsbesucher, war ein Tenor der kritischen Nachfragen. Beiden Kritiken liegt jedoch das Missverständnis zugrunde, die Kirche hätte die freie Wahl, ob sie ihr inhaltliches Profil schärfen oder in Beziehungen investieren soll oder ob sie sich nur den regelmäßigen Gottesdienstbesucherinnen und -besuchern zuwenden sollte oder auch den eher passiven Kirchenmitgliedern. De facto gibt es diese Alternativen nicht – zumindest nicht, wenn man die Kirche als große, gesellschaftlich relevante Gruppe weiterentwickeln möchte – und nicht als kleine Sekte. Zumindest im Bistum Essen hat die katholische Kirche für sich entschieden, angesichts der Vielfalt der Gesellschaft auch sich selbst möglichst vielfältig aufzustellen, um für möglichst viele Menschen anschlussfähig zu sein.

Drei Projekte stellen im Folgenden beispielhaft dar, was das Bistum Essen vor diesem Hintergrund unter der Überschrift „Mitgliederorientierung" versteht. Die Initiative „Willkommenskultur", das „Trauteam" und die „Segensfeiern für Neugeborene" sind zwischen 2015 und 2018 als Projekte im Rahmen des Zukunftsbilds entstanden und mittlerweile als feste Angebote etabliert.

„Willkommenskultur" – einladend Kirche sein im Bistum Essen

Nicht nur im Ruhrbistum werden Kirchengemeinden oft als wenig einladend empfunden: Egal ob es um die Gestaltung von Pfarrsälen oder die Öffnungszeiten von Gemeindebüros geht, um die Optik von Schaukästen, die Texte auf Anrufbeantwortern oder um viele andere Gelegenheiten, bei denen Menschen mit Kirche in Kontakt kommen – wenn Menschen in der Kirche willkommen geheißen werden sollen, gibt es vielerorts Nachholbedarf. Verbunden ist das Thema mit der Frage, mit welchem „Servicedenken“ die Kirche Menschen begegnet, die zum Beispiel um die Spendung eines Sakraments bitten oder einen Trauerfall besprechen möchten.

Willkommenskultur ist dabei weniger eine Frage von Methoden und Techniken, sondern in erster Linie eine Haltungsfrage, das ist die zentrale Erkenntnis der dreijährigen Test- und Erprobungsphase dieses Projekts. Sind Menschen, die sich an die Kirche wenden, eher störende Unterbrechungen des „Betriebsablaufs“ oder vermitteln die Mitarbeitenden in der Seelsorge und in den Pfarrbüros, die Mitglieder von Gruppen und Verbänden und auch die Mitfeiernden im Gottesdienst überzeugend das Gefühl, dass die Kirche ehrlich an jedem Menschen interessiert ist?

Abb. 16: Michael Meurer leitet das Projekt „Willkommenskultur“ im Bistum Essen, das für eine einladende Haltung in der Kirche wirbt (Foto: Nicole Cronauge, Bistum Essen).

In der Umsetzung dieses Anliegens gibt es freilich eine ganze Reihe an praktischen Dingen, mit denen sich die Willkommenskultur in den Gemeinden vor Ort unterstützen lässt. Unter der Überschrift „Herzlich. Kirchlich“ sind die Projektverantwortlichen mit diesen Inhalten nun im Ruhrbistum unterwegs: Gemeinsam mit einer auf Freundlichkeit und Dienstleistungskultur spezialisierten Agentur haben sie Workshops entwickelt, in denen sich haupt- und ehrenamtliche Kirchenmitarbeiter gemeinsam auf heitere und zugleich sehr konkrete Weise den verschiedenen Aspekten einer Willkommenskultur in Kirchengemeinden nähern können. Parallel zu den Workshops hat die Projektgruppe zudem einen umfangreichen Reader erstellt, der viele praktische Tipps für den Gemeindealltag enthält von Stichpunkten wie „Anrufaufnahmegerät“ und „Ansprechbarkeit“ bis hin zu „Weihnachtsgottesdienste“ und „Zeit“.

Auf der Internetseite willkommen.bistum-essen.de haben die Projektverantwortlichen zahlreiche Tipps und gute Beispiele gesammelt. Zudem kann der Reader dort als E-Book eingesehen werden. Für Rückfragen sind auf der Internetseite auch Kontaktdaten des Ansprechpartners für das Projekt aufgeführt.

Das „Trauteam“ im Bistum Essen

Mit Kasualien, also Gottesdiensten zu besonderen Anlässen, kann Kirche richtig punkten. Das bestätigt nicht zuletzt die Kirchenaustrittsstudie des Bistums Essen. Schaut man auch vor diesem Hintergrund auf die Kasualien, die für die Altersgruppe der Mitte 20- bis Mitte 30-Jährigen wichtig sind, die der Kirche besonders häufig den Rücken kehren, stehen kirchliche Trauungen auf der Wunschliste ganz weit oben. Dies soll nicht bedeuten, dass Kirche nicht in allen Lebenslagen aufgefordert ist, eine ansprechende Seelsorge zu bieten. Doch beim Thema Trauungen sind einerseits die Chancen für besonders berührende, möglichst individuelle Angebote besonders hoch, andererseits aber auch die Herausforderung angesichts vieler anderer Aufgaben in den Gemeinden ausgesprochen groß. Diesem Dilemma versucht das Ruhrbistum daher mit einem spezialisierten Team zu begegnen – als Ergänzung zum klassischen Angebot der Kirchengemeinden.

Rund 1.100 Frauen und Männer geben sich jedes Jahr in den katholischen Kirchen des Bistums Essen das Jawort und spenden sich so das Sakrament der Ehe. Für die allermeisten von ihnen ist dies ein wunderbarer Tag. Doch der Weg zu einer geglückten Trauung ist nicht immer einfach und konfliktfrei, und manches Paar verzichtet – gefrustet von Formalismus und undurchsichtigen Strukturen der Amtskirche – auf den kirchlichen Segen für die Liebe. Hier soll das Trauteam einen Weg zur kirchlichen Trauung zeigen, der jeweils ausgehend von der Lebenssituation der Brautpaare entwickelt wird. Gerade in der Metropolregion Ruhrgebiet ist diese Situation in vielen Fällen davon gekennzeichnet, dass die Paare – zum Beispiel zum Studium oder auf Grund ihrer Arbeit – zugezogen sind und so die regionalen Strukturen der Kirche kaum kennen, geschweige denn Ansprechpersonen oder konkrete Seelsorgerinnen und Seelsorger.

gesunde Führung
gen kann

rankheit „Burnout" hat längst
Kirche und Diakonie erfasst.
vere Erschöpfungszustände
Betroffenen und lange Fehl-
en sind die Folge. Dem gilt es,
tzeitig und umfassend vorzu-
gen! Mit Beispielen aus der
xis, die zeigen, wie präventive
hoden in den Arbeitsalltag inte-
ert werden können, um aktiv
n Burnout bei Führungskräften
d Mitarbeitenden entgegenzu-
rken.

bunden, 217 S.
BN 978-3-7615-6613-8
30,00

9334

Neukirchener Verlagsgesellschaft mbH, 47506 Neukirchen-Vluyn, Best.-Nr. 9334, Stand Januar 2019
Alle angegebenen Preise sind gebundene Ladenpreise, sofern sie nicht mit einem * als unverbindliche Preisempfehlung gekennzeichnet sind. In Österreich und der Schweiz gelten abweichende Preise. Preisänderungen und Liefermöglichkeiten vorbehalten.

Gemeinde – lebendig und einladend

Neue Ideen für die Gemeindearbeit

neukirchener

Über Glaubenssachen reden

Das ist gar nicht so einfach. Wie soll man über Dinge reden, die einem selbst oft nicht ganz klar sind? Die Talk-Box Vol. 6 hilft mit ihren Impulskarten dabei, sich spielerisch auf Glaubensfragen einzulassen – egal, ob im Religions- und Konfirmandenunterricht, in Glaubenskursen, Hauskreisen oder einfach in Gesprächen in der Gemeinde.

Metalldose mit 120 farbigen Impulskarten
ISBN 978-3-7615-5950-5
€ 16,00*

Was bewegt Teens?

Neugierde, Vorfreude, Unsicherheit ... Was ist da noch? Die Talk-Box Vol. 12 für Teens macht es spielend leicht, mit Jugendlichen, Konfis, Firmlingen, Freizeitteilnehmern oder Schülern ins Gespräch zu kommen. Mit 120 Impulskarten rund um alles, was Teens bewegt.

Metalldose mit 120 farbigen Impulskarten
ISBN 978-3-7615-6460-8
€ 16,00*

Neue Impulse für die Seniorenarbeit

Kirchliche Seniorenkreise sind für die Besucher trotz sinkender Teilnehmerzahlen nach wie vor ein wichtiges und unverzichtbares Angebot. Aber Ältere wollen heute mit dazugehören und mitmachen. Das muss eine zeitgemäße Seniorenarbeit heute berücksichtigen. Wie das gelingen kann, zeigt dieses Buch in praktischer und Mut machender Weise.

kartoniert, 187 S.
ISBN 978-3-7615-6467-7
€ 20,00

Biblische Gesch
KiTa entdecken

Dieses Buch hilft
lichen Arbeit in de
entdecken. Mit ein
persönlichen Frag
Mitarbeiterinnen a
blick über die gew
die Gott bereits m
hat, und vielen pra
dieses Buch eine

kartoniert, mit s/w
ISBN 978-3-7615–
€ 22,00

Abb. 17: Das Trauteam hilft beim Gestalten der Eheschließung (Screenshot der Website).

Vor der ersten Trauung stand für das Projektteam jedoch Diplomatie auf der Agenda. In vielen Gemeinden stieß die Art und Weise der Ankündigung des Projekts auf Skepsis und Ablehnung. In zahlreichen Gesprächen konnte die Projektgruppe jedoch deutlich machen, dass ihr Angebot lediglich eine Alternative zur Trauung in der Wohnortgemeinde ist. Das Angebot des Trauteams konzipierte die Projektgruppe konsequent aus der Sicht der künftigen Nutzer inklusive des Slogans: „Wir lassen Sie so lange nicht aus den Augen, bis Sie in guten Händen sind!" Die Projektgruppe entwickelte die Idee, dass zwei zentrale Ansprechpersonen sowohl den Paaren zur Verfügung stehen als auch den Kontakt zu Seelsorgerinnen und Seelsorgern und zu Kirchengemeinden knüpfen und pflegen. So sollen Trauungen ermöglicht werden, die nicht in der Wohnortgemeinde des Brautpaares stattfinden. Ein bislang ungewohnter Service, der sich bei Brautpaaren im Ruhrbistum so schnell herumsprach, dass das Team schon vor den ersten Veröffentlichungen des Angebots erste Paare betreuen konnte.

Die Internetseite trauteam.bistum-essen.de ist Dreh- und Angelpunkt für die Kontaktaufnahmen. Hier präsentiert das Team – geleitet von einem Diakon und einer Gemeindereferentin – sein Angebot, gibt hilfreiche Tipps für die Planung der kirchlichen Trauung und stellt beispielhaft Kirchen vor, die bei Brautpaaren besonders beliebt sind – und die sich gerne auch für Paare aus anderen Gemeinden öffnen. Bei konkreten Anfragen knüpft das Trauteam dann – je nach Wunsch des Paares – Kontakte zu Seelsorgerinnen und Seelsorgern, Pfarrbüros oder Kirchenmusikerinnen und -musikern. Außerdem verlinkt das Trauteam auf seiner Website zu inhaltlichen Angeboten der Ehevorbereitung oder der Begleitung nach der Hochzeit.

Zentrale Erkenntnisse aus dem ersten Jahr des Trauteams sind:
Jede Trauung muss vom Brautpaar her gedacht werden.

Die meisten Paare fragen das Trauteam nach Priestern oder Diakonen, Kirchen und vereinzelt auch nach Musikern.

Durch die Bereitschaft einiger Seelsorgerinnen und Seelsorger, über ihre eigentlichen Aufgaben hinaus Trauungen an verschiedenen Orten im Bistum Essen zu übernehmen, kann Brautpaaren dieser Service der Kirche angeboten werden.

Paare schätzen es, dass sie im Trauteam eine Ansprechperson finden, die Hindernisse und Barrieren reduziert. Dadurch zeigt Kirche trotz der zu beachtenden Formalitäten, dass das Sakrament, das sich das Brautpaar schenkt, im Mittelpunkt steht.

Fragen zum Trauteam beantworten die Verantwortlichen des Projekts: trauteam@bistum-essen.de.

Die „Segensfeiern für Neugeborene" im Bistum Essen

„Wir sind da, wo sich das Leben abspielt", heißt es im Zukunftsbild des Bistums Essen. Da sollte Kirche auch ganz besonders dort sein, wo neues Leben beginnt, lautete eine Ausgangsüberlegung für dieses Projekt. Längst ist der Automatismus „Geburt – Taufe" aus volkskirchlich geprägter Zeit durchbrochen. Viele Familien lassen sich Zeit mit der Überlegung, ob ihr Kind eine lebenslange Beziehung mit Gott und mit der Kirche eingehen soll – und in der konkreten Situation rund um die Geburt sind für viele junge Eltern einfach ganz andere Themen wichtig: Wenn ein Kind zur Welt kommt, ist dies zunächst einmal für die meisten Menschen ein freudiges, aber auch mit Unsicherheiten verbundenes Ereignis. Hier setzt die Idee des Bistums an. Ziel ist es, an möglichst vielen Orten Segnungsgottesdienste für Familien mit Neugeborenen zu etablieren, in denen die Freude über das Kind genauso wie die Befürchtungen und Sorgen, die mit dieser neuen Lebenssituation verbunden sind, Platz haben und Gottes Berührung und Annahme erfahrbar werden können.

Abb. 18: Bei den Segensfeiern für Neugeborene steht die ganze Familie im Mittelpunkt (Foto: Nicole Cronauge, Bistum Essen).

Nach ersten Erfahrungen in der Bottroper Pfarrei St. Cyriakus und Segensfeiern für werdende Eltern, die es schon seit längerer Zeit in Bochum und Essen gab, gingen die Segensfeiern für Familien mit Neugeborenen Anfang 2017 an den Start. Organisiert von zumeist ökumenischen Teams, gab es zunächst in bistumsweit fünf Städten etwa alle drei bis vier Monate einen Gottesdienst.

Als entscheidend erwies sich die Frage der Einladungen: Wo alle jungen Familien in einem Ort oder einem Stadtviertel persönlich angeschrieben wurden, kamen gut zehn Prozent der Angeschriebenen zur Segensfeier, so die Erfahrung der Projektgruppe. Wo lediglich über Plakate und Flugblätter sowie über die örtliche Presse geworben wurde, gab es Segensfeiern in deutlich kleinerem Kreis. Rückmeldungen an die Organisationsteams der Gottesdienste zeigen zudem, dass die persönlichen Einladungen einen Wert an sich haben: Auch die Familien, die nicht zur Segensfeier kommen, freuen sich über die Gratulation der Kirchen zur Geburt.

Die theologische Diskussion, ob nicht eine Verwechslungsgefahr mit der Taufe droht, geht nach der Beobachtung der Projektgruppe an der Lebensrealität der Familien vorbei und spielt für diese kaum eine Rolle. Vielmehr kommen zu den Segensfeiern sowohl Familien, die ihre Kinder auch taufen lassen wollen, als auch Familien, die lange keinen Kontakt zur Kirche hatten, sich aber über die Einladung gefreut und in ihrer Situation den Wunsch nach einem Segen haben. Persönliche Begegnungen im unmittelbaren Anschluss an die Segensfeier und Kontakte im Nachhinein zeigen, dass viele Eltern angesichts der Erfahrung mit den Segensfeiern dann auch neu über die Frage der Taufe nachdenken.

An die positiven Erfahrungen aus dem ersten Projektjahr knüpft das Bistum an. Seit 2019 gibt es in Duisburg, Essen und Gelsenkirchen je zwei Kirchen, in denen Familien mit Neugeborenen zu Segensfeiern eingeladen werden. Außerdem sind in Herten und Wanne-Eickel nun auch Kirchen aus den Nachbarbistümern Münster und Paderborn mit dabei. Allein in Essen werden von einem ehren- und hauptamtlichen Team aus beiden Kirchen mittlerweile viermal im Jahr je rund 800 Glückwunsch- und Einladungskarten an all die Familien verschickt, die in den vergangenen vier Monaten ein Kind bekommen haben und in denen mindestens ein Elternteil Christin oder Christ ist.

Zunehmend werden die beiden parallel entstandenen Segensfeier-Konzepte im Ruhrbistum – für werdende Eltern und für Neugeborene – auch gemeinsam gedacht, sodass junge Familien im besten Fall vor und nach der Geburt ein sie besonders ansprechendes Gottesdienstangebot finden. Informationen zu beiden Konzepten sowie Kontaktdaten der verantwortlichen Personen gibt es auf den Internetseite segenfuerbabys.de und segen-beruehrt-neues-Leben.de.

Zu den Segensfeiern sind zudem zwei Arbeitshilfen erschienen: „Willkommen im Leben – Segensfeiern für Neugeborene“ und: „Über das Wunder des Lebens staunen – Segensfeiern für werdende Mütter und Väter“.

Fazit: Entscheidende Faktoren für die Mitgliederorientierung sind eine berührende Seelsorge, eine effiziente Kommunikation und eine wahrnehmbare Identität der Kirche.

Beispielhaft zeigen die drei Projekte aus dem Kontext des Zukunftsbildes, was auch die Kirchenaustrittsstudie des Bistums Essen als relevante Faktoren beschreibt, um die Mitgliederorientierung zu stärken – und damit bestenfalls die Bindung dieser Mitglieder an ihre Kirche: Mit einer berührenden, qualitativ hochwertigen Seelsorge gerade in den Ausnahmesituationen des Lebens hinterlässt Kirche nachhaltig positive Spuren im Leben von Menschen. Basis dafür ist eine professionelle und empathische Erreichbarkeit über Gemeindebüros und auf digitalen Wegen. Kommunikation in jeglicher Hinsicht ist ein entscheidender Erfolgsfaktor für die Kirche – dabei geht es sowohl um individuelle Beziehungen, zum Beispiel zu anderen Gemeindemitgliedern oder zu Seelsorgerinnen und Seelsorgern, als auch um eine zielgruppengenaue Ansprache durch Medien. Hier hat die gut gemachte Gottesdienstordnung mit Insiderinformationen für regelmäßige Kirchenbesucher genauso ihren Platz wie ein Pfarrbrief, der so vielfältig gestaltet ist, dass er auch den Leserinnen und Lesern gefällt, die kaum Kontakt zur Gemeinde haben. Basis für eine solch effiziente Kommunikation ist ein professionelles Mitgliedermanagement, das es – bei allem Datenschutz – den Anwendern ermöglicht, Zielgruppen wie Jubilare, neu Zugezogene oder Menschen in einer bestimmten Straße schnell und einfach zu kontaktieren.

Überall wo Christen für gute Erfahrungen mit der Kirche sorgen, zahlt dies positiv auf das Image der Kirche ein. Dies funktioniert jedoch nur, wenn bei aller Vielfalt kirchlicher Träger und Organisationen eine gemeinsame Identität erkennbar ist. Hier braucht es vielerorts noch eine bessere Verständigung auf das Verbindende, gewissermaßen den größten gemeinsamen Nenner der Christen: die Frohe Botschaft.

DAS PROJEKT „KIRCHENPOST" DER EVANGELISCH-LUTHERISCHEN KIRCHE IN BAYERN

Ute Baumann, Johannes Bermpohl und Wolfgang Leiser

Mitgliederentwicklung

Die Evangelisch-Lutherische Kirche in Bayern (ELKB) hat über einen längeren Zeitraum vom Zuzug aus anderen Bundesländern profitiert: Bis zum Jahr 2001 stieg die Zahl ihrer Kirchenmitglieder auf 2,75 Millionen an, trotz Austritten, Sterbefällen und auch Umzügen in andere Landeskirchen. Seit 2001 jedoch sinkt die Zahl der evangelischen Kirchenmitglieder auch in Bayern um durchschnittlich ein Prozent jährlich. 2017 zählte die Statistik nur noch 2,37 Millionen Mitglieder.

Ein Faktor des Mitgliederrückgangs ist die Zahl der Kirchenaustritte, die in den letzten Jahren zugenommen hat: Von 1996 bis 2007 lagen die Austritte relativ konstant bei circa 15.000 Mitgliedern pro Jahr. In den Jahren 2008 bis 2010, vermutlich aufgrund des Missbrauchskandals in der katholischen Kirche (!), stiegen die Kirchenaustritte auf jährlich über 20.000 an. 2014 erreichten die Austritte einen Wert von 30.000 – wohl auch wegen der unzureichenden Kommunikation der Kirchen zum neuen Einzugsverfahren der Kirchensteuer auf Kapitalerträge. In den Folgejahren liegen die Austrittszahlen mit circa 25.000 p. a. deutlich über dem früheren Niveau. Circa 80 Prozent der Austretenden sind Kirchensteuerzahler. Eine Auswertung des Kirchensteueramtes Nürnberg von 2014 zeigt, dass 90 Prozent der Austritte zwischen dem 21. und 60. Lebensjahr geschehen, 33 Prozent schon in der Dekade 21–30 Jahre.

Die Kirchenmitgliedschaftsuntersuchungen belegen, dass den meisten dieser Austritte ein schleichender Prozess der Distanzierung vorausgeht. Die Verbundenheit mit der Kirche ist zum Zeitpunkt der Konfirmation oft am höchsten und nimmt dann ab. Die evangelische Kirche erreicht mit ihrem Angebot nur einen Teil der Mitglieder. Kaum im Blick ist die große Gruppe der Mitglieder, die nur wenig Kontakt zur Kirchengemeinde haben. Diese nehmen ihre Kirche bisher oft nur wahr bei Kasualien, beim Kirchensteuerbescheid, beim Kirchgeldbrief und über den Gemeindebrief, der nicht als persönliche Post konzipiert ist.

Genese des Projekts

Vor diesem Hintergrund beschloss die bayerische Landessynode 2010, Maßnahmen zur Mitgliederorientierung zu erproben. Eingebunden in das Projekt „Kirchenpost“ sind Fachleute aus den Bereichen Fundraising, Öffentlichkeitsarbeit, Meldewesen und Kirchenverwaltung. Konzeption und Umsetzung des Projekts liegen in den Händen des Kompetenzzentrums Fundraising der Landeskirche. Zunächst wurde in einer Pilotphase von 2014 bis 2017 für zwei Dekanatsbezirke eine Reihe von Maßnahmen (siehe Abbildung 19) entwickelt, die insgesamt 50.000 Mitglieder erreichten.

Grundidee der Kirchenpost

Ziel der Kirchenpost ist es, als Kirche aktiv den Kontakt zu den Mitgliedern zu suchen, insbesondere auch zu denen, die kirchliche Angebote kaum nutzen und wenig oder gar keinen Kontakt zu ihrer Ortsgemeinde haben. In den teilnehmenden Dekanatsbezirken erhalten alle Kirchenmitglieder ab einem Alter von 13 Jahren mindestens einmal jährlich eine persönlich adressierte Postsendung. Die Anschreiben sind nach Jahrgängen und Themen differenziert und inhaltlich als Serie konzipiert. Auch persönliche Ereignisse und die Kirchensteuerzahlung werden zum Anlass genommen für entsprechende Anschreiben. Die Briefe sollen einen aufmerksamen Kontakt zu den Mitgliedern herstellen, über kirchliche Aktivitäten vielfältig informieren, nützliche Angebote machen und so über einen regelmäßigen, positiven Kontakt die Kirchenmitgliedschaft stärken.

Produktion und Versand der Kirchenpost sind kostensparend zentral organisiert als Unterstützung der kirchlichen Arbeit vor Ort.

Kommunikationsziele

- Die Kirche sucht aktiv und kontinuierlich Kontakt zu allen Mitgliedern (ab 13 Jahren).
- Mitglieder erfahren Kirche als aufmerksam bei biografischen Anlässen.
- Mitglieder erfahren von zielgruppengerechten kirchlichen Angeboten und werden informiert über das breite Spektrum kirchlicher Arbeit.
- Mitglieder werden informiert über die Verwendung der Kirchensteuer.

- Mitglieder werden durch den Dank für die Kirchensteuer wertgeschätzt.
- Mitglieder werden in ihrer Kirchenmitgliedschaft bestätigt.

Kirchenpost-Serie

Die Kirchenpost umfasst eine Serie von Anschreiben, deren Adressaten in vier Gruppen zu gliedern sind:

1. Jugendliche zwischen 13 und 20 Jahren erhalten Anschreiben zu einem für den Jahrgang festgelegten Thema, ergänzend dazu gibt es Internetseiten mit weitergehenden Informationen.
2. Mitglieder, die im jeweils vorangegangenen Jahr Kirchensteuer gezahlt haben, erhalten ein Dankschreiben mit konkreten Verwendungsbeispielen aus ihrem Dekanatsbezirk.
3. Bei persönlichen Anlässen wie Umzug, Hochzeit oder der Geburt eines Kindes erhalten Kirchenmitglieder ein aufwendig gestaltetes Anschreiben.
4. Kirchenmitglieder ab 21 Jahren erhalten einen Gruß zum Kirchenjahr, der zu wechselnden Anlässen jährlich neu gestaltet und an sechs Teilgruppen (nach Geschlecht und Alter differenziert) verschickt wird.

Abb. 19: Die verschiedenen Zielgruppen der Kirchenpost.

Kirchenmitglieder Zielgruppe		Thema	Internet
Jugendliche nach Jahrgängen	13 Jahre	Evangelische Jugend / Einladung zu Sommerfreizeit	www.freizeit-evangelisch.de
	14 Jahre	Betriebspraktikum	www.praktikum-evangelisch.de
	+ 15 Jahre	Erinnerungskarte für das Praktikum	www.praktikum-evangelisch.de
	15 Jahre	Selbst-Bewusstsein	www.selbstbewusst-evangelisch.de
	16 Jahre	Patenamt	www.bayern-evangelisch.de/patesein
	17 Jahre	Freiwilligendienst im Ausland	www.auslandsjahr-evangelisch.de
	18 Jahre	Glückwunsch zum Geburtstag mit Verlosung Fahrsicherheitstraining	www.glueckwunsch-evangelisch.de
	19 Jahre	Seelsorge in Lebenskrisen	Kirchengemeinde und www.telefonseelsorge.de
	20 Jahre	Brief des Landesbischofs	Facebook-Chat
allgemein	21–40 Jahre m/w 41–60 Jahre m/w 61–99 Jahre m/w	Gruß zum Kirchenjahr (6 versch. Motive) + Begleitschreiben	www.kirchenpost.net

	Kirchensteuerzahler	Dank für Kirchensteuer mit aktuellen Beispielen des Dekanatsbezirks	www.kirche-und-geld.de/danke
Persönliche Anlässe	Neuzugezogene	Umzug und Begrüßung, Übersichtskarte des Dekanatsbezirks	Kirchengemeinde und Dekanatsbezirk
	Junge Familien	Glückwunsch zur Geburt, Einladung zur Taufe, Faltspiel mit Kindergebeten	taufe.bayern-evangelisch.de, taufspruch.de
	Ehepaare im Jahr nach Hochzeit	Begleitung in der Ehe, Einladung zu Veranstaltung am Valentinstag	hochzeitstag.bayern-evangelisch.de

Grundsätzlich entwickelt die Kirchenpost keine neuen Angebote, sondern weist auf bestehende Angebote der Kirchengemeinden, der evangelischen Dienste und Werke, der Diakonie und der Landeskirche hin. Mittelfristig ist daran gedacht, die Kirchenpost-Serie mit weiteren Themen zu ergänzen.

Abb. 20: Ein Kirchenpost-Mailing zum Thema „Freizeit".

Abb. 21: Ein Kirchenpost-Mailing zum Thema „Geburt“.

Kosten

Die Kosten für das Projekt trägt in vollem Umfang die bayerische Landeskirche. Sie hat dafür ein Projektbudget von 4,9 Millionen Euro für den Zeitraum 2018–22 zur Verfügung gestellt. Die Kosten des Projekts für Personal, Gestaltung, Produktion, Versand und Auswertungen belaufen sich durchschnittlich auf 1,40 Euro pro Mitglied (ab 13 Jahren) und Jahr.

Auswertung der ersten Projektphase

Grundsätzlich zielt das Projekt auf die Stabilisierung der Kirchenmitgliedschaft. Die Zahl der Kasualien und Kirchenaustritte in den beteiligten Dekanaten wird beobachtet. Da eine positive Veränderung der Kirchenaustritte durch die kontinuierlichen Kontakte vermutlich erst langfristig nachweisbar ist, werden kurzfristig weitere Parameter erfasst: Zugriffszahlen auf die ergänzenden Internetseiten, Teilnahme an Verlosungen, Rückmeldungen per Telefon, Mail oder Internet sowie die Zahl derjenigen, welche die Kirchenpost abbestellen.

Grundsätzlich gehen Werbefachleute von einer Responsequote von ein bis drei Prozent der Adressaten aus. Bei dem Gruß zum Kirchenjahr blieb der Response der Kirchenpost mit 0,5 Prozent unter diesem erwarteten

Wert. Bei anderen Mailings lag er aber deutlich darüber: Schülerpraktika 14 Prozent, Jugendfreizeiten 8 Prozent, Verlosung zum 18. Geburtstag 10 Prozent. Die Zahl der Abbestellungen der Kirchenpost summierte sich während der vierjährigen Pilotphase auf 84 Adressaten, das sind 0,17 Prozent.

Die beteiligten Pfarrerinnen und Pfarrer wurden zum Abschluss der Pilotphase ebenfalls befragt. Bemerkenswert ist hierbei, dass die zurückgemeldeten Einschätzungen zu 90 Prozent aus dem Bereich der „Kerngemeinde“ und der Hauptamtlichen kamen. Diese stehen dem Projekt ambivalent und kritisch im Hinblick auf Inhalte und Kosten gegenüber. Zusätzlich wurde deutlich, dass sich manche Pfarrerinnen und Pfarrer höhere Besucherzahlen bei Gottesdiensten und Veranstaltungen erhofft hatten. Das leistet die Kirchenpost aber nur in wenigen Fällen.

Ergebnisse der qualitativen Studie 2016

In das Projekt eingebunden ist ein Marktforschungsinstitut, das im Rahmen des Pilotprojekts 2015 moderierte Gruppendiskussionen (Fokusgruppen) und 2016 eine qualitative Studie mit Telefoninterviews (CATI-Interviews) durchgeführt hat. Befragt wurden 203 Mitglieder der Evangelisch-Lutherischen Kirche in Bayern, die in den Jahren 2014–16 mindestens dreimal eine Sendung der Kirchenpost erhalten hatten. Dabei konnte unter anderem Folgendes festgestellt werden:

- Die Kirchenpost wird von 85 Prozent der Empfänger gelesen und die Themen bleiben im Gedächtnis (der Durchschnittswert für ungestützte Erinnerung bei Befragungen beträgt 30 Prozent).
- Grundsätzlich stößt die Kirchenpost auf große Zustimmung (Top2Box-Wert für alle Altersgruppen 64 Prozent). Die jüngste Zielgruppe (18–21 Jahre) reagiert noch positiver. Sie bewertet die Kirchenpost zu 70 Prozent mit „gut“ oder „sehr gut“ (siehe Abb. 22).
- Die älteste Befragungsgruppe (51–65 Jahre) ist kritischer eingestellt. Der Zustimmungswert (gut und sehr gut) liegt bei 58 Prozent; dafür lehnen 22 Prozent der Befragten die Kirchenpost als „weniger gut“ und „überhaupt nicht gut“ ab (siehe Abb. 22).
- Zwei Drittel der Befragten sind grundsätzlich davon überzeugt, dass die Kirchenpost-Aktion ein erfolgreiches Projekt der evangelischen Kirche ist, um mit „entfernteren“ Mitgliedern wieder Kontakt aufzunehmen.
- Auch Mailings, bei denen die direkte Response (zum Beispiel im Internet) überschaubar ist, stoßen zum Teil auf großes Interesse. So erhält das Schreiben zum

Freiwilligendienst im Ausland 80 Prozent Zustimmung.

- Mailings zu persönlichen Anlässen werden besonders geschätzt (Umzug 60 Prozent, Geburt 75 Prozent).
- Das Thema „Verwendung der Kirchensteuer" ist für die Altersgruppen 22 bis 35 Jahre (67 Prozent) und 36 bis 50 Jahre (80 Prozent) besonders wichtig.
- Die Zustimmung liegt im ländlichen Dekanatsbezirk Neumarkt (Diaspora) mit 78 Prozent höher als in der evangelischen Großstadt Nürnberg mit 59 Prozent.
- Unter denjenigen, die sich als selbst als „kirchennah" bezeichnen, findet die Kirchenpost sogar 92 Prozent gute oder sehr gute Zustimmung.

Abb. 22: Gesamtbeurteilung der Kirchenpost-Mailings.

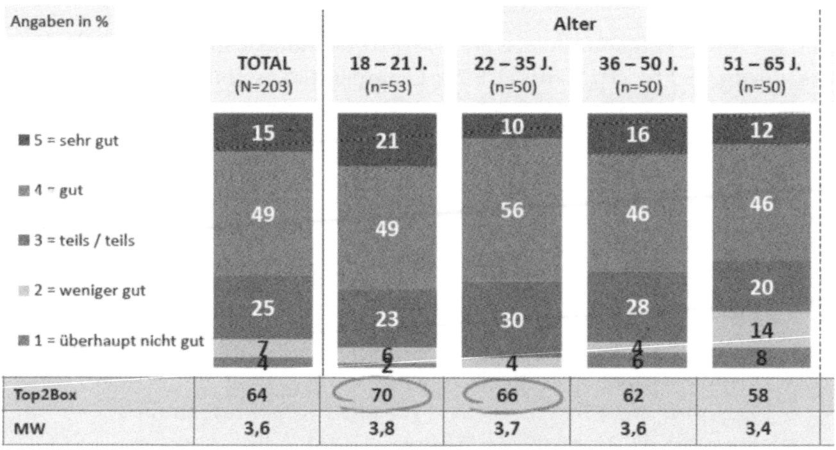

Fortsetzung des Projekts

Aufgrund der positiven Ergebnisse der Pilotphase beschloss die Kirchenleitung 2017, das Projekt fortzusetzen und auszuweiten. In dieser zweiten Projektphase von 2018 bis 2022 erreicht die „Kirchenpost" jährlich circa 700.000 Adressaten in 13 Dekanatsbezirken und damit etwa ein Drittel der Kirchenmitglieder der bayerischen Landeskirche.

Kriterien für die erfolgreiche Umsetzung des Projekts:

- Kirchenmitglieder, gerade auch volkskirchliche Mitglieder, werden flächendeckend erreicht. Grundsätzlich große Zustimmung der Empfänger.
- Die Serie wird als langfristiges Interesse der Kirche an ihren Mitgliedern verstanden, daher bestehen hohe Chancen einer langfristigen Stärkung der Verbundenheit.
- Ein zentraler Versand entlastet die Kirchengemeinden und ist kostensparend.
- Kontinuität ist gewährleistet, unabhängig von Ressourcen und Personen vor Ort.
- Ausbaufähigkeit im Hinblick auf weitere Altersgruppen und Themen.
- Enge Zusammenarbeit mit den beteiligten Dekanatsbezirken: Entscheidung zur Teilnahme in den Dekanatsgremien, feste Ansprechpartner auf der operativen Ebene, Begleitgruppe Kirchenpost zur Weiterentwicklung.

Auch im fünften Jahr ihres Bestehens versteht sich die Kirchenpost als ein Projekt auf dem Weg, das weiterentwickelt und ausdifferenziert werden soll, um Mitglieder noch präziser anzusprechen und ihre Kirchenbindung zu stärken.

DAS MODELL „LEBENSLANG MITGLIED BLEIBEN“: GRUNDLAGEN, VORAUSSETZUNGEN UND MASSNAHMEN FÜR DIE BEZIEHUNGSPFLEGE MIT DISTANZIERTEN MITGLIEDERN IN DER KIRCHE

Frank Worbs

Das Modell „Lebenslang Mitglied bleiben“ will die Beziehungen zu Kirchenmitgliedern verbessern, die man nie an Veranstaltungen sieht und die von sich aus keinen Kontakt zur Kirchgemeinde suchen. Denn sie sind genauso Mitglieder der evangelischen Kirche wie alle anderen und machen mit ihren finanziellen Beiträgen die meisten Angebote der Kirchgemeinde erst möglich. In diesem Modell werden sie „kontaktlose“ oder „distanzierte“ Mitglieder genannt, weil das nach Ansicht der Entwickler des Modells die neutralste Bezeichnung ist. „Aktive“ oder „passive“ Mitglieder wird leicht als Wertung verstanden und ist im Blick auf die neue Haltung, die unten beschrieben wird, als Begriff weniger geeignet. „Verbundene“ oder „nicht verbundene“ Mitglieder eignen sich nicht als Unterscheidung, weil sich auch kontaktlose Mitglieder mit ihrer Kirche durchaus verbunden fühlen können.

Als hauptsächliches Differenzierungsmerkmal wählt die Gruppe, die dieses Modell entwickelt hat, die Intensität, mit der die Angebote der Kirchgemeinden genutzt werden, und unterscheidet folgende Gruppen:

- Aktive Mitglieder nehmen regelmäßig an Angeboten teil und engagieren sich auch zwischenzeitlich oder über längere Zeit.
- Ad-hoc-Mitglieder kommen vor allem an christlichen Feiertagen oder besonderen Anlässen in die Kirche.
- Kasualien-Nutzer kommen mit der Kirche nur in Kontakt, wenn eine kirchliche Feier im Rahmen der Familie oder des Freundeskreises ansteht.
- Kontaktlose oder distanzierte Mitglieder hatten in den letzten fünf Jahren keinen Kontakt zu ihrer Kirche.

Die Beziehungen zu den kontaktlosen Mitgliedern wurden bei der Entwicklung des Modells genau angeschaut und sollen dadurch bewusster wahrgenommen, verbessert und angemessen gestaltet werden. Natürlich darf dabei erwartet werden, dass durch die verbesserten Beziehungen einigen Kirchenaustritten vorgebeugt werden kann. Denn zu Austritten kommt es sehr oft dann, wenn ein Mitglied jahrelang nichts von seiner Kirchgemeinde hört oder sieht und dann nicht mehr weiß, wozu es eigentlich noch Kirchensteuern zahlen soll. Aber das Verhindern von Austritten sollte nicht im Vordergrund stehen.

Um gute Beziehungen zu pflegen, steuert dieses Modell drei Dinge bei:
1. die richtige Haltung gegenüber den betreffenden Mitgliedern,
2. die passenden Kontaktmöglichkeiten und die entsprechenden Maßnahmen,
3. Regeln und Hinweise für die formale und sprachliche Gestaltung dieser Kontakte.

Hinzu kommen die notwendigen Daten vor allem von kirchlichen Ereignissen, die eine Kirche von ihren Mitgliedern erfassen und für die beschriebenen Maßnahmen zur Verfügung haben muss.

Die Entwicklung des Modells

Zwei Jahre lang hat eine Projektgruppe der evangelisch-reformierten Kirchen der Kantone Aargau und Zürich zusammen mit der Agentur für Dialogmarketing von Guido Wietlisbach an der Entwicklung des Modells „Lebenslang Mitglied bleiben" gearbeitet. Dabei hat sie sich folgende Fragen gestellt:

- Warum bleiben Menschen, die keine Angebote der Kirche und keine Dienstleistungen für sich in Anspruch nehmen und lediglich Kirchensteuern zahlen, überhaupt in der Kirche?
- Welche Beziehung, welche Haltung hat die Kirche gegenüber diesen kontaktlosen Mitgliedern? Wie nimmt sie sie wahr?
- Welche Ansatzmöglichkeiten hat die Kirchgemeinde, um zu diesen Mitgliedern Kontakt aufzunehmen?
- Wie sollten die Kontakte formal gestaltet sein?
- Wie müssen Sprache und Tonalität gestaltet werden, damit sie den Regeln der Kommunikation auf Distanz entsprechen?

Die konkreten Maßnahmen hat die Projektgruppe zusammen mit neun Kirchgemeinden in den Kantonen Aargau und Zürich erarbeitet. Jede Kirchgemeinde hat bestimmte Vorschläge ausgesucht, Texte und Grafik zusammen mit der Projektleitung erarbeitet und diese Maßnahmen dann auch für die Zielgruppe durchgeführt. Sie liegen also nicht als abstrakte Ideen vor, sondern als konkrete Umsetzungen einzelner Kirchgemeinden. Die Kirchgemeinden haben ihre Erfahrungen mit der Umsetzung der Maßnahmen in Drehbüchern bzw. Prozessbeschreibungen zu einzelnen Vorschlägen festgehalten, die anderen Kirchgemeinden zeigen, wie sie bei der Umsetzung vorgehen und worauf sie achten müssen. Aber bevor es um die einzelnen Maßnahmen geht, sollen die oben angesprochenen Fragen beantwortet werden.

Beziehungen von kontaktlosen Mitgliedern zu ihrer Kirche

Wer gute Beziehungen pflegen will, muss an seinem Gegenüber interessiert sein und möglichst viel über ihn oder sie wissen (im Dialogmarketing sind das sogenannte „Insights", siehe unten). Zu den Fragen, warum Menschen, die keine Angebote der Kirche wahrnehmen, in der Kirche bleiben und was sie noch daran interessiert, wurden in der Projektentwicklung folgende fünf Aspekte diskutiert:

1. Sie fühlen sich zum Beispiel mit Personen verbunden, mit einer Pfarrerin, die sie getraut hat, einem Pfarrer, dem sie in ihrer Jugendzeit begegnet sind, auch wenn kein Kontakt mehr besteht.
2. Die Dorfkirche im Ort, die spätgotische Kirche in der Stadt oder die kleine Kirche, in der man Ruhe findet, sind Orte, die man schätzt und denen man sich verbunden fühlt.
3. Ereignisse und Kasualien haben zentrale Bedeutung: Die eigene Konfirmation, die Trauung oder die Abdankung eines Angehörigen gehören zu den stärksten Erfahrungen, die ein Mitglied mit seiner Kirche macht, und sie bleiben am längsten in Erinnerung. Sie prägen das Bild von Kirche, das ein Mitglied auch Jahre später noch in sich trägt.
4. Sie stehen den Anliegen und Werten der evangelisch-reformierten Kirche nahe, schätzen, wofür sich die Kirche in gesellschaftlichen, politischen und sozialen Fragen einsetzt oder was sie zur positiven Entwicklung der Gesellschaft beigetragen hat.
5. Sie schätzen und unterstützen die sozialen Leistungen der Kirche, dass und wie sie sich für bestimmte Gruppen, für benachteiligte oder hilfsbedürftige Menschen einsetzt.

Diese fünf Punkte müssen in einer Gesamtschau der Mitgliederbeziehungen berücksichtigt werden. Was kann eine Kirchgemeinde oder Kantonalkirche tun, um einzelne dieser fünf Aspekte bewusst zu gestalten und damit die Verbundenheit ihrer Mitglieder zu stärken?

Zu Punkt 1: Es liegt naturgemäß in der Zuständigkeit der jeweiligen Pfarrerin oder oder des Pfarrers, ob und wie sie Kontakte zu Menschen pflegen, denen sie früher begegnet sind, zum Beispiel zu den Paaren, die sie einmal getraut haben, oder zu Angehörigen von Verstorbenen. Dieses Modell soll dazu Anregungen bieten, auch wenn bei der Umsetzung primär die Kirchgemeinden, in denen die Mitglieder aktuell leben, zuständig sind. Persönliche Botschaften von Bezugspersonen in der Kirche ein paar Jahre nach einem Ereignis gehören zu den stärksten Kontakten in diesem Modell.

Zu Punkt 2: Im Blick auf die öffentliche Zugänglichkeit ihrer Kirchen haben die Protestanten und speziell die Reformierten noch großes Entwicklungspotenzial. Sie kümmern sich zwar intensiv und mit großem Mitteleinsatz um die Erhaltung der Bausubstanz, um Renovationen und Einrichtungen, überlegen aber zu wenig, ob und wie Mitglieder diese Kirche individuell, also nicht nur im Rahmen von Gottesdiensten und Veranstaltungen, nutzen können. Das fängt bei der Frage an, ob die Kirche überhaupt offen ist und individuell betreten werden kann. Wenn jemand eine Kirche betritt, was erlebt er dann, welche Informationen zum Beispiel über Sehenswürdigkeiten und Geschichtliches erhält die Person, welche Angebote zur individuellen Nutzung stehen zur Verfügung?

Die Verantwortlichen der Kirchgemeinden müssen sich bewusst machen, dass die individuelle Nutzung ihrer Kirche – neben dem Versand der Kirchenzeitung – das einzige Angebot ist, das ein kontaktloses Mitglied individuell und unabhängig von einer Veranstaltung nutzen kann.

Zu Punkt 3: An diesem Punkt setzt das vorliegende Modell „Lebenslang Mitglied bleiben" unter anderem an. Es will die stärkste Ressource der Mitgliederbeziehung, die gute Erfahrung mit einem früheren Ereignis, nutzen, es wieder in Erinnerung rufen und dadurch die Verbundenheit und die Loyalität mit ihrer Kirche stärken.

Motivationen aktiver Mitglieder und die Unterschiede

Bei aktiven, sehr verbundenen Mitgliedern kommen natürlich noch andere Aspekte zu den Genannten hinzu: Sie schätzen die Inhalte und die Qualität der Angebote der Kirche, aus denen sie einen persönlichen Nutzen ziehen können. Für sie spielt der gesellige Aspekt eine besondere Rolle: Man kennt sich gut, ist mit (gleichgesinnten) Menschen gern zusammen, pflegt Gemeinschaft, ist füreinander da. Vor allem Menschen, die Geselligkeit auch in Vereinen und anderen gesellschaftlichen Gruppen suchen, schätzen diesen gemeinschaftlichen Aspekt der Kirche. Gleichzeitig neigen sie aber auch dazu, das Wesen der Kirche auf den geselligen Aspekt zu konzentrieren.

Die Beziehungen von kontaktlosen Mitgliedern sind demgegenüber von sehr individuellen und punktuellen Erwartungen geprägt: zum Beispiel, wenn eine kirchliche Feier in der eigenen Familie ansteht. An diese Feiern werden immer höhere Erwartungen im Blick auf individuelle Gestaltung, Professionalität und Qualität der Präsentation gestellt.

Abgesehen davon wünschen distanzierte Mitglieder keine Aktivitäten und möchten auch nicht immer wieder dazu eingeladen werden. Sie suchen keine sozialen Anlässe in der Kirche. Für sie ist das „gesellige" Wesen der Kirchgemeinde, das die aktiven Mitglieder so schätzen, ohne Bedeutung. Sie wollen in der Regel in der von ihnen gewählten Distanz bleiben und allenfalls informiert werden.

Die Haltung gegenüber kontaktlosen Mitgliedern und der Einsatz der Ressourcen

Für die Verantwortlichen der Kirchgemeinden – die angestellten wie die ehrenamtlichen – ist diese Haltung schwierig zu verstehen. Die aktiven Mitglieder und speziell die Mitarbeitenden suchen ja eher den gemeinschaftlichen Aspekt der Kirche und sehen deshalb „ihre" Kirche vor allem als eine „gesellige" Kirche. Die Verweigerung von allen Angeboten und Kontaktbemühungen durch die kontaktlosen Mitglieder kann von sehr engagierten Mitarbeitenden als Kränkung empfunden werden. Wenn man mit großem Engagement und Herzblut ein tolles Programm mit vielen Angeboten auf die Beine stellt, unermüdlich und herzlich dazu einlädt und dann immer wieder ein faktisches Nein von der großen Mehrheit der eigenen Mitglieder als Antwort bekommt, kann sich das durchaus auf die Einstellung gegenüber diesen kontaktlosen Mitgliedern auswirken. Man grenzt sie – vielleicht unbewusst – aus, konzentriert sich noch mehr auf die Schar der Aktiven und ignoriert so die große Mehrheit der eigenen Mitglieder.

Beziehungen werden in Kirchgemeinden vorzugsweise mit den Menschen gepflegt, denen man auch begegnet. Kein Wunder, denn die Kernkompetenz der kirchlichen Mitarbeitenden ist Nähe, Reden und Zuhören, „miteinander unterwegs sein", wie es in vielen kirchlichen Leitbildern zu lesen ist. Kirchliche Mitarbeitende sind deshalb versucht, nur die Personen gern zu haben, die auch zu ihnen kommen und denen sie begegnen.

Das drückt sich auch in der Verwendung der Ressourcen aus. Am meisten Geld und Energie werden in Angebote investiert, die dem kleineren Teil der Mitglieder, den aktiven, zugutekommen. Oder um es kurz und plakativ zu sagen: 80 Prozent der Mittel werden für 20 Prozent der Mitglieder eingesetzt. Für die 80 Prozent der Mitglieder, die genau diese Mittel mit ihrer Kirchensteuer zur Verfügung gestellt haben, werden höchstens fünf bis zehn Prozent der Mittel eingesetzt.

Wenn eine Kirchgemeinde überlegt, was genau jedem kontaktlosen Mitglied persönlich zugutekommt, ohne dass es irgendetwas tun muss, dann bleibt zum Schluss nicht viel mehr als die Kirchenzeitung oder der Gemeindebrief. Und nicht zu vergessen: hoffentlich die regelmäßig geöffnete Kirche zur individuellen Nutzung.

Entlastung der Verantwortlichen durch eine neue Perspektive

Dabei kann die Einsicht, dass die meisten kontaktlosen Mitglieder genau diese distanzierte Form von Beziehung zu ihrer Kirche so wünschen und gar nicht ändern möchten, die Verantwortlichen in den Kirchgemeinden durchaus entlasten: Auch eine sehr lebendige und hervorragend geleitete Kirchgemeinde wird im Rahmen der noch vorherrschenden volkskirchlichen Struktur nie über eine Beteiligung von 25 bis 30 Prozent ihrer Mitglieder hinauskommen.

Die Verantwortlichen werden mit allen ihren durchaus notwendigen und guten Bemühungen nur eine sehr begrenzte Erhöhung der Beteiligung erreichen. Für die, die dabei sind, ist eine doppelt so hohe Zahl an Gottesdienstbesuchern natürlich ein fantastisches Erlebnis und ein schöner Erfolg. Im Vergleich zur Gesamtzahl der Mitglieder ist dies aber nur eine kleine prozentuale Verschiebung. Diese Einsicht kann davon entlasten, sich unrealistische Ziele in der Kirchgemeinde zu setzen und alle Energien und Finanzen nur in die Angebote zu stecken, die eine erhöhte Beteiligung als Ziel haben. So wird Platz für die Frage: Was tut die Kirchgemeinde für die anderen mindestens 70 bis 80 Prozent ihrer Mitglieder, die Kontaktlosen oder die Distanzierten? Da sind kleine Zeichen und Impulse, irgendeine Art von Kontaktaufnahme, eminent wichtig, weil die vielleicht noch vorhandene restliche Verbundenheit mit der Kirche mit jedem Jahr ohne persönlichen Eindruck oder Kontakt weiter abnimmt.

Aber bevor eine Kirchgemeinde die Distanzierten in den Blick und irgendwelche Aktionen in Angriff nimmt, die die Beziehung zu ihnen verbessern soll, muss die notwendige Voraussetzung dafür bewusst sein: die richtige Haltung gegenüber diesen Mitgliedern. Erst mit der richtigen Einstellung und in einem guten Geist werden die passenden Kontaktmöglichkeiten in angemessener Weise eingesetzt und können dann auch erfolgreich sein.

Eine neue Haltung und der Weg dahin in vier Schritten

Die – hoffentlich nicht ganz neue – Haltung gegenüber kontaktlosen Mitgliedern sollte von Aufmerksamkeit, Wertschätzung und Dankbarkeit geprägt sein. Um in eine gute Beziehung mit ihnen treten zu können, muss man zuerst eine positive Haltung ihnen gegenüber einnehmen, sie als genauso wertvoll und wichtig wie die anderen Mitglieder betrachten. Zu dieser Haltung gehört, dass man aus gutem Grund – nicht aus Resignation – keine direkten Erwartungen an eine Verhaltensänderung dieser Mitglieder hat: Kein Mitglied muss Bedingungen erfüllen, um von seiner Kirche geschätzt zu werden.

Mit anderen Worten: Welches Mitglied möchte schon bei jedem Kontakt (zum Beispiel einer Einladung) das Gefühl bekommen, dass seine Einstellung und sein Verhalten nicht in Ordnung sind. Für die Kirche sollte diese prinzipielle Wertschätzung des Menschen, die auch in der Botschaft Jesu grundlegend ist, für ihre Haltung gegenüber kontaktlosen Mitgliedern als Leitlinie dienen.

Abb. 23: Distanzierte Mitglieder zu erreichen, ist für kirchliche Mitarbeitende gar nicht so einfach (Quelle: Erklärvideo auf der Website www.mitgliedbleiben.ch).

Den Weg zu einer neuen Haltung kann man in vier Schritten beschreiben:
1. Analyse und Bewusstmachung der eigenen Haltung,
2. Wahrnehmung der Einstellungen, Erwartungen und Bedürfnisse der kontaktlosen Mitglieder („Insights“),
3. Konsequenzen für Inhalte und Tonalität der Kontakte verstehen,
4. Chancen und Gefahren der neuen Haltung diskutieren.

1. Analyse

Der Weg zu einer neuen Haltung fängt damit an, dass man sich die bisherige Einstellung bewusst macht und zum Beispiel im zuständigen Gremium, in einer Arbeitsgruppe, im Kirchenvorstand oder der Kirchenpflege, miteinander bespricht. Ein offenes und nicht wertendes Gespräch ist dafür wichtig. Jede Person soll ganz ungeschminkt aussprechen können, wie sie empfindet, ohne dass dies beurteilt wird. Mitunter entwickelt sich solch eine Haltung auch über Jahre in der Kultur einer Gruppe, zum Beispiel in einem Kirchenvorstand oder einer Mitarbeitergruppe. Oft werden aus einem Gefühl des Unverständnisses oder aus einem Gefühl der Kränkung bestimmte Einstellungen und Gedanken in die kontaktlosen Mitglieder projiziert. Das zeigt sich zum Beispiel an der Verwendung von Begriffen wie: „Trittbrettfahrer", „Papierchristen" oder Äußerungen wie: „Sollen sie doch ruhig austreten, wenn sie kein Interesse haben".

2. Wahrnehmung der Bedürfnisse und Erwartungen von kontaktlosen Mitgliedern

Wenn man sich die eigene Gefühlslage und Haltung bewusst gemacht hat, kann man besser und offener überprüfen, welches tatsächlich die Einstellungen, Erwartungen und Bedürfnisse der kontaktlosen Mitglieder sind oder sein könnten. Im Beziehungsmarketing spricht man hier von „Insights", also von „Einsichten" in die Befindlichkeit und Bedürfnisse des Adressaten. Wenn man diese nicht berücksichtigt, können die Versuche, Kontakt aufzunehmen und Beziehungen zu verbessern, letztlich nicht erfolgreich sein.

Auch distanzierte Mitglieder erwarten durchaus, dass die Kirche bzw. die Kirchgemeinde ihre Aufgaben gut erfüllt, soweit dies von außen wahrgenommen werden kann, zum Beispiel: die Kirche und das geschichtliche und kulturelle Erbe wertschätzen, erhalten und pflegen – ohne in Luxus zu schwelgen, soziale Aufgaben anpacken, die der Staat nicht übernimmt, sich um hilfsbedürftige Menschen kümmern etc.

Noch wichtiger sind aber die persönlichen Erwartungen und Bedürfnisse, wenn die Kirchgemeinde, mit ihnen – unerwarteterweise – Kontakt aufnimmt. Diese Kontakte müssen berücksichtigen, dass für die Adressaten ihre distanzierte Haltung gegenüber der Kirche in den meisten Fällen für sie stimmt. Das heißt, sie möchten in der von ihnen gewählten Distanz bleiben, sie wollen nicht an sozialen Anlässen teilnehmen und benötigen im Augenblick keine speziellen Dienstleistungen. Sie möchten, dass ihre Haltung mindestens respektiert wird und dass man anerkennt, dass sie mit ihren finanziellen Beiträgen die Kirche unterstützen, ohne etwas unmittelbar für sich selbst zu erwarten. Die angemessene Reaktion darauf ist, ihnen Dankbarkeit für ihre Unterstützung und ihren Beitrag nicht zu oft, aber immer wieder auszudrücken.

3. Konsequenzen für Inhalte und Tonalität der Kontakte bestimmen

Distanzierte möchten – zumindest in persönlich an sie adressierten Schreiben – nicht zu etwas überredet werden und insbesondere nicht zu Anlässen eingeladen werden, an denen sie bisher kein Interesse hatten. Das heißt, der Kontakt, den man mit ihnen zum Beispiel in Form einer Karte oder eines Briefes aufnimmt, muss einen Wert in sich selbst darstellen, etwas, das sie erfreut und bereichert, ohne dass sie noch etwas dafür tun oder an einem Angebot teilnehmen müssen. Deshalb sollte bei diesen Kontakten nicht zu irgendwelchen Anlässen eingeladen werden. Wenn zum Schluss eines Briefes eine Einladung zu einem Anlass steht, dann steht beim Angesprochenen zum Schluss auch sein „Nein" zu dieser Einladung – und dieses „Nein" bleibt vielleicht als letzter Eindruck dieses Kontakts bestehen.

Wenn die Kirchgemeinde zum Beispiel Mitglieder, die vor 30 oder 40 Jahren getauft wurden, an ihre Taufe und deren Bedeutung erinnert, muss diese Erinnerung ein Wert in sich sein, eine besondere Bedeutung für die Angesprochenen haben. Steht bei diesem Anlass eine Einladung zu einer Tauferinnerungsfeier im Vordergrund, dann wird für 90 Prozent der Angesprochenen auch das „Nein" zu dieser Einladung am Schluss im Vordergrund stehen.

Wenn kirchliche Mitarbeitende mit distanzierten Mitgliedern Kontakt aufnehmen, dürfen sie nicht die Haltung der Angesprochen verändern wollen. Sie dürfen sie nicht zu in ihren Augen „besseren", sprich aktiveren Mitgliedern machen. Die Haltung der Mitarbeitenden sollte in erster Linie von Wertschätzung und Dankbarkeit geprägt sein, auch und besonders dann, wenn die Angesprochenen in ihrer distanzierten Einstellung bleiben möchten.

Nur wenn die Botschaften und der sprachliche Stil der Kontakte von dieser positiven Haltung der Wertschätzung und Dankbarkeit geprägt sind, können die Maßnahmen eine positive Wirkung erzielen. Es ist spannend für eine Kirchgemeinde, wenn sie die Botschaften und den sprachlichen Stil ihrer bisherigen Kommunikation daraufhin überprüft.

Das wirkt sich zum Beispiel auf die Formulierung von Austrittsbestätigungen aus, wie sie auch in diesem Modell auf der Website zur Verfügung stehen. So ungewohnt das für eine Kirchgemeinde klingen mag: Am Anfang der Bestätigung eines Austritts muss der Dank für die jahrelange Unterstützung der Arbeit der Kirchgemeinde stehen. Denn dieses Mitglied, besonders wenn es distanziert ist, hat in der Regel jahrelang seine Kirchensteuern bezahlt, ohne etwas für sich selbst zu erwarten. Es gibt keinen Grund, nach dieser jahrelangen Unterstützung dem Mitglied als Erstes mit irgendwelchen Konsequenzen zu drohen. Auch bei austretenden Personen sollte also eine wertschätzende Haltung den Ton des Schreibens prägen. Eine Austrittsbestätigung in dieser Form und Tonalität hat aufgrund der positiven Überraschung bei Empfängern schon zum sofortigen Wiedereintritt geführt.

4. Chancen und Gefahren der neuen Haltung diskutieren

Wenn eine Kirchgemeinde an diesem Punkt angelangt ist, erkennt sie, welche Reaktionen sie mit der bisherigen Form ihrer Kommunikation bei kontaktlosen Mitgliedern wahrscheinlich hervorgerufen hat oder dass es bisher eigentlich gar keine gezielte Kommunikation oder Beziehungspflege mit kontaktlosen Mitgliedern gab. Diese Haltung kann aber auch Kritik und Bedenken auslösen, denn auf der anderen Seite gehört zum Auftrag der Kirche eine „Mission": Die Botschaft des Evangeliums möchte den Menschen zur Umkehr, zur Veränderung seines Lebens bewegen. Daraus leitet die Kirche ihren Auftrag ab, auch die Lebenseinstellung, die Haltung und das Verhalten ihrer Mitglieder beeinflussen und verändern zu dürfen, ja zu müssen.

Diese Spannung muss die Kirchgemeinde in der volkskirchlichen Situation aushalten können. Die theologische Diskussion über die unterschiedlichen Haltungen und die ihnen zugrunde liegenden Kirchenbilder kann an dieser Stelle nicht geführt werden. In der Praxis geht es darum, die Kommunikation auf die jeweilige Haltung bzw. den Auftrag abzustimmen. Die Kirchgemeinde muss sich bei jeder Kommunikationsmaßnahme entscheiden: Will sie werben, Aktivität und Teilnahme erzeugen oder Menschen zur Umkehr bewegen? Dann darf und muss sie anders kommunizieren, als wenn sie mit Distanzierten einen wertschätzenden Kontakt aufnehmen möchte. Beides hat nebeneinander Platz in einer offenen Kirche. Nur wenn man die beiden Haltungen und Kommunikationsregeln bei einer Kommunikationsmaßnahme vermischt, wird es schiefgehen.

Das Modell „Lebenslang Mitglied bleiben"

Das Modell „Lebenslang Mitglied bleiben" hat sich zum Ziel gesetzt, dass eine Kirchgemeinde bei konsequenter Umsetzung aller vorgeschlagenen Maßnahmen mit jedem Mitglied alle zwei bis drei Jahre persönlich Kontakt aufnehmen kann. Das ist aber wohl der Idealfall. In der Praxis wird eine Kirchgemeinde zunächst aufgrund ihrer besonderen Situation und der Zusammensetzung ihrer Mitglieder aus der Liste der Vorschläge einzelne, speziell für die Gemeinde geeignete Maßnahmen auswählen.

Wie eine Kirchgemeinde dabei vorgehen kann

Zunächst kann sie überlegen, zu welchen Zielgruppen bisher am wenigsten Kontakt besteht (zum Beispiel zu Singles oder Ehepaaren ohne Kinder zwischen 30 und 50 Jahren), und nicht mehr als zwei oder drei verschiedene Zielgruppen für spezielle Maßnahmen auswählen. Eine Kirchgemeinde, der der Umgang mit Sinusmilieus und Lebenswelten bekannt ist, kann das Lebensweltenmodell in ihre Überlegungen einbeziehen.

Dann kann sie überlegen: Welche Maßnahmen passen am besten zu der Gemeinde oder ihren thematischen Schwerpunkten? Welche Maßnahmen ergänzen bestehende? In welchem Zeitraum will man etwas umsetzen und erreichen? Die Gemeinde kann auch die Maßnahmen, die sie bereits anwendet, anhand der Empfehlungen in diesem Modell hinsichtlich Haltung, Tonalität und Sprache überprüfen.

Bei der Auswahl der Maßnahmen ist individuellen, auf kirchliche Ereignisse bezogene Maßnahmen besondere Beachtung zu schenken, da sie Menschen direkt betreffen und eine starke Wirkung erzielen können. Sie sprechen zwar eine kleine Zahl Mitglieder an, beanspruchen aber auch weniger Ressourcen.

Zu beachten ist, dass die Planung und Vorbereitung der Maßnahmen einen gewissen zeitlichen Vorlauf beanspruchen. Die wichtigsten Arbeitsbereiche der Kirchgemeinde wie Administration, Pfarramt, Diakonie sollten einbezogen und zumindest gut informiert werden, damit die Koordination funktioniert. Je nach Maßnahme und Anzahl der Adressen ist ein entsprechendes Budget bereitzustellen.

Form und Qualität der Kontakte

Die vorgeschlagenen Maßnahmen betreffen in aller Regel persönlich adressierte Post, weil das, was eine Person am Briefkasten in die Hand nimmt, eine bedeutend höhere Wertigkeit hat und mehr Aufmerksamkeit erzeugt als elektronische bzw. digitale Kontakte per Mail, SMS oder WhatsApp.

Kontakte auf Distanz erfolgen am besten schriftlich, allenfalls per Telefon. Sie müssen 1. persönlich, 2. für den Angesprochenen relevant und 3. inhaltlich wertvoll sein. Das heißt, der Anlass des Kontaktes muss mit dem Angesprochenen und seiner Lebenssituation etwas zu tun haben, und die Botschaft der Kontaktaufnahme muss für ihn oder sie einen persönlichen Mehrwert bieten, zum Beispiel in Form einer interessanten Information (Tauf-, Konfirmations- oder Trauspruch, wertvolles Zitat), eines Deutungsangebots einer Lebenssituation (zum Beispiel im Blick auf den 49. Geburtstag) oder durch einen emotionalen Aspekt durch ein schönes Motiv oder ein gutes Zitat, vielleicht auch ein kleines Geschenk. Mit solchen Briefen oder Karten kann man zum Beispiel die Erinnerung an eine kirchliche Feier wie die Konfirmation, Trauung oder Taufe wiederaufleben lassen.

Wichtig ist, dass alle persönlichen Kontakte von einer Pfarrerin oder einem Pfarrer von Hand unterschrieben werden, damit die Bezugsperson der Kirchgemeinde sichtbar wird und das Ganze nicht nur als administrativer Akt empfunden wird. Außerdem ist die persönliche Unterschrift im Ablauf der Maßnahmen wichtig (siehe Prozessbeschreibungen). Denn der Pfarrer oder die Pfarrerin muss bei jedem Kontakt überprüfen, ob es in den letzten Wochen oder Monaten Ereignisse oder besondere Lebensumstände gab, die einen anderen Kontakt mit dem Angesprochenen oder zusätzliche Sätze erfordern, die handschriftlich ergänzt werden können.

Die Maßnahmen im Modell „Lebenslang Mitglied bleiben"

Persönliche Kontakte

Die wirkungsvollsten und persönlichsten Maßnahmen in diesem Modell beziehen sich auf Kasualien, also auf kirchliche Feiern wie Taufe, Konfirmation, Trauung oder Abdankung. Aber da vor allem jüngere Mitglieder nicht mehr alle Kasualien wahrnehmen und diese Anlässe für regelmäßige Kontakte nicht ausreichen, sollen sich die Kontakte auch auf Lebensereignisse ohne Kasualien beziehen: Eheschließung ohne kirchliche Trauung, Todesfall des Ehepartners eines Mitglieds (ohne kirchliche Abdankung), Scheidung, Geburt eines Kindes (unabhängig von der Anmeldung zur Taufe), Umzug innerhalb der Kirchgemeinde.

Viele Maßnahmen beziehen sich auf ein bestimmtes Lebensalter und sind zeitlich planbar. Andere Ereignisse können jederzeit passieren und sind nicht an ein bestimmtes Alter geknüpft. Im Modell werden deshalb „zeitlich planbare" und „zeitlich nicht planbare" Maßnahmen unterschieden.

Jahres-Basismaßnahmen

Diese Kontaktmöglichkeiten reichen aber für regelmäßige Kontakte nicht aus. Deshalb müssen darüber hinaus weitere kirchliche Anlässe genutzt werden, auch wenn sie keinen persönlichen Bezug zum Angesprochenen haben. Im Modell werden sie „Jahres-Basismaßnahmen" genannt: zum Beispiel ein Gruß, eine Karte zu einem kirchlichen Feiertag wie Ostern, Pfingsten, Erntedank oder Advent (nicht Weihnachten) oder ein „Dankeschön" für ihre finanziellen Beiträge mit einer Karte aus einem speziellen kirchlichen Angebot wie Konfirmanden- oder Freizeitlager. So ein Gruß kann zeigen, was die Kirchgemeinde Gutes mit ihren Beiträgen gemacht hat. „Jahres-Basismaßnahmen“ müssen nicht immer an alle Mitglieder gerichtet werden, falls Produktion und Versand für die Kirchgemeinde zu aufwendig sind. Sie können auch gezielt für eine Gruppe eingesetzt werden, die sonst nicht angesprochen wird (zum Beispiel Alleinstehende, Paare ohne Kinder etc.).

Abb. 24: Die Erinnerung an die eigene Konfirmation kann die Verbundenheit mit der Kirche stärken (Quelle: Erklärvideo auf der Website www.mitgliedbleiben.ch).

Standardkommunikation der Kirchgemeinde

Neben den oben beschriebenen Kontaktmaßnahmen wurden auch verschiedene Formen der Standardkommunikation einer Kirchgemeinde im Projekt bearbeitet. Dazu gehören: die Bestätigung eines Austritts, Informationen für neu Zugezogene, Amtsantritt eines neuen Pfarrers oder einer neuen Pfarrerin (mit einem Brief nach 100 Tagen im Amt), Einstieg für einen spontanen Telefonanruf.

Alle Maßnahmen und Drehbücher online

Die bisher entwickelten 30 Ideen und Vorschläge stehen mit Mustertexten und Drehbüchern bzw. Bedienungsanleitungen auf www.mitgliedbleiben.ch online zur Verfügung. Diese Maßnahmen werden nach Möglichkeit laufend erweitert. Zur Einführung der kirchlichen Mitarbeitenden steht auf der Website ein Erklärvideo (ein zweieinhalbminütiger Animationsfilm) und bei Einführungskursen eine Box mit Unterlagen und Spielfiguren zur Verfügung.

Auf der Website können die Liste der Maßnahmen und der Film zum Projekt angeschaut werden. Diese Maßnahmen sind in vier Kategorien eingeteilt:

- individuelle, zeitlich planbare Maßnahmen, die auf ein bestimmtes Alter bezogen sind,
- individuelle, zeitlich nicht planbare Maßnahmen, die nicht auf ein bestimmtes Alter sondern auf Lebensereignisse bezogen sind,
- Standard-Kommunikation und
- Jahres-Basismaßnahmen vor allem zu kirchlichen Feiertagen.

Um die Unterlagen zu einzelnen Maßnahmen anschauen und herunterladen zu können, braucht man ein Log-in. Die Kirchgemeinden der beteiligten Landeskirchen erhalten dieses Log-in automatisch von ihrer Kantonalkirche. Welche Landeskirchen bisher am Projekt beteiligt sind, steht auf der Website. Weitere Landeskirchen können gegen Zahlung einer einmaligen Lizenzgebühr, die ihrer Größe und der Anzahl ihrer Kirchgemeinden entspricht, das Log-in und die Nutzungsrechte für ihre Kirchgemeinden erwerben.

VORAUSSETZUNGEN FÜR EINE GELINGENDE MITGLIEDERORIENTIERUNG IN DER BADISCHEN LANDESKIRCHE

André Kendel

„Das alles tue ich wegen des Evangeliums; denn ich möchte an dem Segen teilhaben, den diese Botschaft bringt" (1. Korinther 9, 23; NGÜ).

Erste Verständigungen

Die folgenden Ausführungen sind als eine erste Standortbestimmung nach zehn Monaten Mitarbeit in der Projektstelle *Mitgliederorientierung* in der Badischen Landeskirche zu verstehen.

Seit einigen Jahren veröffentlichen die EKD und die DBK am 20. Juli eines Jahres ihre Mitgliederstatistiken. Beide Kirchen – katholisch wie evangelisch – verzeichnen sinkende Mitgliederzahlen.[1] Allerdings sind die Gründe dazu vielfältig und nur teilweise zu beeinflussen. Möglicherweise sind manche Ursachen für Austritte durch die Kirchen zu beeinflussen, andere, wie der demografische Wandel, sind es nicht.[2] Diözesen und Landeskirchen befassen sich intensiv damit. Wie dieser Band dokumentiert, wird die Thematik inhaltlich durchaus unterschiedlich aufgefasst und sie wird auch unterschiedlich schnell und engagiert angegangen.[3] Sie bringt es mit sich, dass die oben genannte Frage nach beinflussbaren und nicht beeinflussbaren Faktoren für die Kirchen immer mitläuft, um einen realistischen Blick und erreichbare Ziele sowie die passenden Schritte dorthin zu entwickeln.

Gerne schaut man beim Thema „Mitgliederorientierung", auch Mitgliederbindung, Mitgliedergewinnung, Mitgliederpflege genannt, hinüber zum ADAC, zu Fanclubs oder NGOs wie beispielsweise Greenpeace. Vieles kann die Kirche von anderen Organisationen lernen. Auch Marketingstra-

---

[1] Vgl. https://www.ekd.de/ekd-statistik-2018-36432.htm [12.12.2019].

[2] Vgl. u. a. Pollack, Detlef; Rosta, Gergely (2015): Religion in der Moderne. Ein internationaler Vergleich, New York/Frankfurt.

[3] Vgl. Auksutat, Ksenija (2009): Gemeinde nah am Menschen. Praxisbuch Mitgliederorientierung, Göttingen. Arnd-Sandrock, Gabriele; Vetter, Christof (2011), Mitgliederbindung in der Kirche – ein Workshop, Loccumer Protokolle 2011 (37), o. S.

tegen betonen, dass es „besser“ sei, Mitglieder zu halten, statt neue gewinnen zu müssen. Manches mag bei Kirche anders sein, die Menschen selbst sind es nicht.

Mitgliederorientierung ist wie in der Badischen Landeskirche oft als Projekt angesetzt. Sie entzieht sich aber dem Projektformat aus mehreren Gründen. Sie greift vielmehr in die bestehenden kirchlichen Arbeitsfelder ein und beschreibt eine Haltung, eine Offenheit, ein ehrliches Interesse am anderen, die Bereitschaft, die „Welt“ des anderen wahrzunehmen und von ihm aus und vor allem mit ihm auf das zu schauen, was oft kirchliches Handeln genannt wird.

Mitgliederorientierung ist meiner Ansicht nach vergleichbar mit Mission, ein Weg zum anderen um des anderen willen. Wenn dieser andere – auch wenn er schon oder noch Mitglied einer Diözese oder Landeskirche ist – dann nachfragt, warum man sich (neu) um ihn bemüht, warum man ihm Aufmerksamkeit und Wertschätzung schenkt, kommt der christliche Glaube und somit auch die Organisation Kirche ins Spiel. Durch das Projekt „Mitgliederorientierung“ in der Badischen Landeskirche soll an Bestehendes angeknüpft, Neues ausprobiert oder neu ausgerichtet werden. Nicht die eigene Logik (einer etablierten Organisation), nicht das eigene Denken („So müsste es klappen“) sollen alleiniger Maßstab für Entscheidungen der Kirche bleiben. Die Perspektive des Kirchenmitglieds soll deutlich zum Tragen kommen.

Dabei bleibt eine Frage offen: Vermisst man das, was man nicht kennt? Braucht es nicht das Erlebnis oder die Begegnung mit Religion und Kirche, um die eigene Hoffnung oder Erwartung an Kirche formulieren zu können? Es steht für Kirchenleitungen die Frage im Raum, ob Mitgliederorientierung – in Marktlogik formuliert – eher an der Angebotsseite ansetzen sollte oder eher bei den „Kunden“, also bei den auch indifferenten Mitgliedern. Natürlich wird man liebend gerne antworten: das eine tun und das andere nicht lassen. Doch müssen alle Maßnahmen und die nicht wachsenden Ressourcen entsprechend angepasst werden.[4]

Im Austausch mit anderen Diözesen und Landeskirchen ist mir deutlich geworden, dass Mitgliederorientierung letztlich der sehr differenzierte Beziehungsaufbau zu Menschen ist, die Kirche durch ihre Mitgliedschaft unterstützen. Dieser Beziehungsaufbau zeichnet sich dadurch aus, dass man sich mit Wertschätzung begegnet, erste Kontakte knüpft und auf Wunsch vertieft. Was Axel Noack bereits 2006 sagte, gilt heute auch für manche Diözese und Landeskirche: „Wir haben Menschen in ‚Massen‘ verloren, werden sie aber nur einzeln wieder gewinnen können.“

---

[4] Vgl. Pollack, Detlef; Wegner, Gerhard (Hg.) (2017): Die soziale Reichweite von Religion und Kirche. Beiträge zu einer Debatte in Theologie und Soziologie, Würzburg.

Als Organisation Beziehungen zu allen Mitgliedern zu pflegen, ist eine besondere Aufgabe. Für jeden Menschen gibt es eine individuelle Grenze, wie viele Beziehungen zu anderen Menschen gepflegt werden können. Die Kommunikation zwischen einer Organisation und einer Einzelperson ist herausfordernd: Die heute oft geforderte Authentizität bleibt fraglich ebenso wie die Gestaltung des Kontaktes. Mit welcher Frequenz soll der Kontakt gepflegt werden? Welcher Modus erscheint für die Kommunikation geeignet?

Im Vergleich zu anderen Organisationen ist der besondere Status der Organisation Kirche zu berücksichtigen. Kirche hat meines Erachtens eine abgeleitete Existenzberechtigung. Denn die Notwendigkeit und die Organisationsgestalt der Kirche leiten sich aus ihrem Auftrag der Kommunikation des Evangeliums ab. Diesem Auftrag muss sie auf zeitgemäße, passende Art und Weise dienen. Von daher gilt für die Mitgliederorientierung das gleiche wie für die Mission: Sie ist dem Evangelium verpflichtet und den Menschen um der Menschen willen. Da die Kommunikation des Evangeliums in der Gesellschaft eine ansprechbare und verlässliche Form braucht, ist die Organisation Kirche sinnvoll, zu bewahren und weiterzuentwickeln.

Der Weg zum Mitglied wird an dessen bewusste oder unbewusste, aktive oder passive Haltung anknüpfen, aber auch den Mut haben, Neugier zu wecken um aufzuzeigen, was das Evangelium bietet, und so – in Marktsprache ausgedrückt – Nachfrage zu erzeugen. Sich in die Lebenswelt der Mitglieder hineinzubewegen, bedeutet, sie zu überraschen.

Man beginnt, sehr unterschiedliche Formen der Beziehung von Mitgliedern zur Organisation Kirche zuzulassen. Die Formen von sozialer Nähe und die angebotenen Formen der Vergemeinschaftung in den Kirchengemeinden vor Ort oder in überregionalen Angeboten sollen erweitert werden. Wie das geschehen soll und gelingen kann, ist noch offen. Letztlich stellt sich die Frage, was Menschen wirklich bei der Kirche hält. Die Form der Interaktion mit den Mitgliedern kann sehr unterschiedlich sein. Die Kirche muss im Leben der Mitglieder Bedeutung erlangen, damit sie langfristig bleiben. Inwieweit diese alternativen Formen der Kirchenmitgliedschaft realisierbar und durch finanzielle und personelle Ressourcen unterstützt werden, ist meiner Ansicht nach offen. Die Organisation Kirche wird sich verändern (müssen). Mit dem Projekt „Mitgliederorientierung" ist man in dieser Hinsicht aufgebrochen, um bei den Menschen in einer heterogener werdenden Gesellschaft präsent zu sein und um der ureigenen Aufgabe, das Evangelium zu kommunizieren, gerecht zu werden.

Die meisten Themen in der Kirche werden bis dato *an einer Stelle* in der Kirchenleitung und Verwaltung koordiniert. Mitgliederorientierung ist ein Querschnittsthema für die Organisation Kirche und nicht nur einem Arbeitsfeld oder einem einzelnen Referat zuzuordnen.

Eine verbesserte Kommunikation kann den Auftakt bilden. Aber der Beziehungsaufbau zu Menschen, die möglicherweise trotz Mitgliedschaft nicht viel von „ihrer" Kirche wissen wollen, begibt sich auf den Weg in die Lebenswelt der Kirchenmitglieder. Das passiert häufig schon vor Ort. Kritische Selbstreflexion und auch Lebensweltstudien können diesen Weg unterstützen. Dabei sollte nachvollziehbar und erlebbar bleiben, dass die christliche Perspektive eine Differenz mitbringt[5] oder anders ausgedrückt, einen „Mehrwert" hat. Die Formen, in denen die Differenz nachvollziehbar ist, sollen nicht allein sprachlicher Natur sein, sondern sich auch in Form eines nachhaltigen Erlebnisses niederschlagen.[6] Dabei bedeutet Mitgliederorientierung: die Mitglieder differenziert „ansprechen", aber gleichwertig mit ihnen umgehen.

Die den Alltag transzendierende Perspektive, die sich nicht im pragmatischen Nützlichkeitsdenken oder in einer ökonomischen Sicht erschöpft, sondern die den Menschen und das Leben geistlich betrachtet, ist zentral für den christlichen Glauben. Manifestationen dieser Perspektive sind zum Beispiel eine verlässlich einklagbare Barmherzigkeit, das Kümmern um den anderen um des anderen willen, das Lebensgefühl, verwurzelt und darin mit anderen verbunden zu sein.[7]

Mitgliederorientierung verbindet sich mit der Erwartung, dass trotz skeptischer Stimmen die Kirche eine Zuwendung zum Mitglied so aufstellt, dass sie nah an Menschen bleiben und Bedeutung für diese haben kann. Einige Ansatzpunkte, die in der Badischen Landeskirche in den letzten Monaten angebahnt oder bereits erarbeitet wurden, stelle ich im Folgenden dar.

Haltung, Beziehung, Herangehensweise

Ein Arbeitsfeld und zentraler Ansatz der Mitgliederorientierung ergibt sich aus einer reflektierten Herangehensweise und einer bewussten Haltung. Als Herangehensweise erscheint mir wesentlich, dass man nicht mehr *für* die

---

5 Wegner, Gerhard (2014): Religiöse Kommunikation und Kirchenbindung. Ende des liberalen Paradigmas?, Leipzig, hier: 10: „Es ist mithin die Differenz, die Religion interessant macht und sie sollte gepflegt werden."

6 Hermelink, Jan (2014): Kirchenmitgliedschaft als religiöse, liturgische und pastorale Praxis. Ansatz ausgewählter Beispiele, kybernetische Herausforderungen der KMU V. Vortrag Karlsruhe Oktober 2014. Vgl. zur Eventisierung auch: https://www.evangelisch.de/inhalte/149352/28-03-2018/protestanten-bevorzugen-gottesdienst-ostern-gegenueber-karfreitag [12.12.2018].

7 Welker, Michael (1991): Warum in der Kirche bleiben? Fünf Antworten an Außen- und Innenstehende, in: Evangelische Kommentare, 335–341.

Mitglieder denkt und Konzepte für sie entwickelt, sondern *mit* ihnen zusammen.

Die angesprochenen Menschen sollen zusammen mit der Organisation Kirche entscheiden, was für sie relevante Aspekte des Evangeliums sind. Die Zielgruppe oder eine Resonanzgruppe eines avisierten Personenkreises kann bei der Konzeption mitwirken bzw. Rückmeldungen dazu geben. Diese Haltung soll sich bereits in der Methodik und in der Herangehensweise der kirchlichen Akteure zeigen. Damit ist die Kirche insgesamt betroffen, diese Haltung einzuüben.

Praktisch heißt das: Formate oder Kommunikationsmaßnahmen werden gemeinsam erarbeitet und Resonanzgruppen werden beteiligt, die ihre Einschätzung zu kirchlichen Vorhaben, zur Kommunikation und zu Formaten geben.

Kirchlich Mitarbeitende werden mit dieser Haltung und in dieser Herangehensweise auch ihre Beziehungen so gestalten, dass sie über die bestehenden Beziehungen hinaus neue Beziehungen zu Menschen aufbauen können.

Jedoch: Auch diese Haltungsänderung wird vermutlich nicht dazu führen, dass Menschen sich nicht auch weiterhin indifferent verhalten können. Statt allerdings von kirchenfernen Menschen zu sprechen, ist meiner Ansicht nach die theologisch begründete Rede angebracht, dass Gott die Menschen benötigt.[8]

Erkenntnisse von Ausgetretenen und Eingetretenen und die Herausforderungen für den „Dienstleister Kirche"

Es gibt Studien und Literatur über Austrittsmotive und Austrittsanlässe, sodass der Kirchenaustritt an sich recht gut untersucht ist.[9] Die Bemühungen vonseiten der Gesamtorganisation Kirche, dem etwas entgegenzusetzen, sind jedoch relativ jung. Dabei sollen die vielen ermutigenden Initiativen einzelner Kolleginnen und Kollegen nicht übergangen werden und auch nicht die Diözesen oder Landeskirchen, die dieses Thema bereits seit Längerem strategisch bearbeiten (zum Beispiel EKHN und reformierte Kirchen

---

8 Thomas, Günter (2017): Der Neglect der Gemeinde im liberalen Paradigma, in: Pollack, Detlef; Wegner, Gerhard (Hg.), Die soziale Reichweite von Religion und Kirche. Beiträge zu einer Debatte in Theologie und Soziologie, Würzburg, 249–278, hier: 272.

9 Vgl. u. a. Birkelbach, Klaus (2001): Die Entscheidung zum Kirchenaustritt zwischen Kirchenbindung und Kirchensteuer. Eine Verlaufsdatenanalyse in einer Kohorte ehemaliger Gymnasiasten bis zum 43. Lebensjahr. Verfügbar unter: https://docplayer.org/22568040-Klaus-birkelbach-d.ie-entscheidung-zum-kirchenaustritt-zwischen-kirchenbindung-und-kirchensteuer.html [17.12.18].

der Schweiz, ELKB). Allerdings gibt es nach meinem Kenntnisstand keine Bandbreite an strategischen und nachvollziehbar erfolgreichen Konzepten.

Ebenso liegen Untersuchungen über Eingetretene oder Wiedereingetretene vor.[10] Es ist von kirchenleitendem Interesse, die Aspekte zu kennen und zu verstärken, die Menschen dazu bewegen, in die Kirche einzutreten oder wieder einzutreten. Eingetretene sind eher bereit, über ihre Motive, über ihren Weg zurück in die Kirche Auskunft zu geben als Ausgetretene. Eine neue Untersuchung knüpft an den Forschungsbericht von Rainer Volz „Massenhaft unbekannt – Kircheneintritte" von 2003 an. Sie möchte die möglichen Veränderungen bzw. Kontinuitäten in Augenschein nehmen. Ebenso hat die Untersuchung der EKD von Rüdiger H. Chr. Jungbluth „Schön, dass Sie (wieder) da sind" von 2009 relevante Erkenntnisse hervorgebracht, vor allem, was die acht Motivlagen zum Wiedereintritt angeht.[11]

Eine neue, kleine Studie von Eingetretenen innerhalb der Badischen Landeskirche im Jahr 2019 im Sinne der Mitgliederorientierung soll Hinweise für gemeindliche und kirchenleitende Strategien geben. Diese Erkenntnisse aufzuarbeiten und zur Verfügung zu stellen, ist ein weiterer Baustein der Mitgliederorientierung.

Es ist nicht so, dass Menschen keinen Kontakt mehr mit kirchlichen Mitarbeitern haben. Es ist immer wieder darauf hingewiesen worden, dass gerade die persönlichen Kontakte zum Beispiel zur Pfarrerin, wenn sie in den normalen Alltagskontexten zugewandt und offen geschehen, von Menschen wertgeschätzt werden und zu einer guten Sicht auch auf die Organisation Kirche führen.

Auch die Kontakte über Telefon, E-Mail etc. sollten zugewandt gestaltet und so zu einer positiv gemachten Erfahrung werden. Das gilt für alle Ebenen der Kirchen. Ein guter Kontakt ist elementar, weil ein schlechter

---

[10] Vgl. https://www.zmir.de/produkt/newsletter-302017-download/ und https://www.ekd.de/ekd_de/ds_doc/ekd_v_kmu2014.pdf [12.12.2018]; Hermelink, Jan; Latzel, Torsten (2008): Kirche empirisch. Ein Werkbuch zur vierten EKD-Erhebung über Kirchenmitgliedschaft und zu anderen empirischen Studien, Gütersloh; Jungbluth, Rüdiger (2009): Schön, dass Sie (wieder) da sind! Eintritt und Wiedereintritt in die evangelische Kirche, EKD-Texte 107, Hannover, Kretzschmar, Gerald (2010): Eintritt und Wiedereintritt, in: Praktische Theologie, 2010 (45), 225–231; ders. (2007): Kirchenbindung. Praktische Theologie der mediatisierten Kommunikation, Göttingen; Volz, Rainer (2005): Massenhaft unbekannt – Kircheneintritt. Forschungsbericht über die Eintrittsstudie der Evangelischen Landeskirche in Baden (Kurzfassung: Nüchtern, Michael), Karlsruhe.

[11] Jungbluth (2009), 78: Heimat und Gemeinschaft finden, Kirche als Anlaufstelle und Lebensabsicherung, Taufe, Hochzeit, Bestattung kirchlich gestalten, Ordnung ins Leben bringen, Werte unterstützen, Soziales Engagement stärken, Beziehung zu Gott, eine kirchliche Arbeitsstelle.

Kontakt weitererzählt wird, weil man nur einer Organisation, in der einem weitergeholfen wird, angehören möchte. Selbst eine Beschwerde, die gut aufgenommen wurde, führt am Ende zu einer stärkeren Bindung, als wenn es keinen „Zwischenfall“ gegeben hätte. Manchmal tun sich kirchlich Mitarbeitende (noch) schwer mit der Dienstleistungserwartung an sie. Diese positiv aufzunehmen, ist im Sinne der Mitgliederorientierung. Der freundliche positive Kontakt ist Voraussetzung dafür, dass ein kirchlich Mitarbeitender überhaupt kommunizieren kann, was die kirchliche Perspektive oder seine persönliche ausmacht. Vielleicht lässt sich in diesem Zusammenhang auch der Dienst am anderen wiederentdecken.

Manchmal sind auch lediglich die Zugänge, also die Möglichkeiten, eine Dienstleistung von der Kirche zu erfragen, schwierig und nicht passend für die Mitglieder. Das wirkt besonders negativ in Fällen von Kasualien (zum Beispiel Taufanfrage, Beerdigungstermin, Hochzeitsanfrage zu einem bestimmten Termin und Ort), weil dort die Erwartung hoch ist. Für das Kirchenmitglied kann das rasch zu großer Irritation führen. In diesen Fällen kann der Umgang mit kirchlichen Stellen und Mitarbeitenden besonders schnell zu einem negativen Bild von Kirche führen. Diese Zugänge und Möglichkeiten zu kirchlichen Dienstleistungen sind im Sinne der Mitgliederorientierung genau anzuschauen und bei Bedarf noch besser auszurichten.[12] Hierzu gehört, dass die Zugangswege zu kirchlichen Diensten an die Lebensgewohnheiten und Erwartungshaltungen angepasst werden.

Deswegen wird an einem Konzept gearbeitet, diese Zugewandtheit bei allen auch medialen Kontakten (Telefon, E-Mail, Internetplattformen und anderem) gewährleisten zu können.

Für Kasualien sollen Erprobungsorte geschaffen werden, zum Beispiel eine Traukirche mit einer entsprechenden kirchlichen Koordination und Begleitung einzurichten und zu kommunizieren. Für Beerdigungen sollen vertiefte Kooperationen mit Friedwaldbetreibern genauso wie eigene Angebote der Kirche auf kommunalen Friedhöfen ausgelotet werden.

Ungeachtet dessen ist die zunehmende Indifferenz gegenüber Kirche nicht zu leugnen. Die Motive der Indifferenz besser zu verstehen, ist ein Ziel, selbst dann, wenn man ihr nur punktuell oder gar nicht adäquat begegnen kann.

---

[12] Wegner (2014), 151 ff.

Datenbasis der Mitglieder, Dokumentations- und Auswertungsmöglichkeiten von Kontakten und Kommunikation

Die Landeskirche verfügt über mitgliederbezogene Daten (über das sogenannte Meldewesen) so, wie die offiziellen, staatlich-kommunalen Stellen sie dem Kirchlichen Rechenzentrum übermitteln. Eigene kirchliche Daten (anlässlich der Taufe, Trauung etc.) liegen seit 2017 ebenfalls in digitaler Form vor. Zusätzlich werden durch die EKD bzw. die jeweilige Landeskirche jährliche Statistiken erstellt.

Die aktuelle Datenlage jedoch lässt eine Dokumentation von Kontaktaufnahmen mit einem Kirchenmitglied vermissen (zum Beispiel die Teilnahme an Veranstaltungen oder einem Mail-/Telefonkontakt). Ausnahme und Vorreiter sind die Fundraising-Abteilungen der Kirchen, die über die Jahre hinweg bereits eine gute Kontakt- und Beziehungspflege zu ihren Spenderinnen und Spendern aufgebaut haben.

Das, was im Rahmen von Fundraising schon möglich ist, nämlich eine an die Person geknüpfte Dokumentation von Informationen, ist für das Thema „Mitgliederorientierung" hinsichtlich Kommunikation und Beziehungsaufbau erstrebenswert.

Seelsorgerliche und datenschutzrechtlich heikle Informationen sind hier selbstverständlich nicht im Fokus. Damit ein Mitglied jedoch nicht von unterschiedlichen kirchlichen Stellen dieselben Informationen erhält oder eingeladen wird, ist eine neue Art der Dokumentation notwendig.

Deswegen lautet ein Arbeitsfeld für eine gelingende Mitgliederorientierung, die Daten der Mitglieder verantwortlich aufgearbeitet zu haben, damit Dokumentationsmöglichkeiten von Kontakten, Kommunikation und Auswertungen gegeben sind. Im Sinne von Customer Relationship Management (CRM) sollten Mitgliederdaten unter Beachtung des Datenschutzes verantwortlich verwaltet werden, um zielführend kommunizieren zu können. Nur so lassen sich für die Vorarbeit fundierte Recherchen durchführen und Maßnahmen sinnvoll umsetzen.

Direkte persönliche Kommunikation — Kommunikationsprojekte im Bereich „Direktmarketing"

Kirchenmitglieder unterstützen zwar finanziell ihre Kirche mit der Kirchensteuer, erleben aber zum Teil wenig von ihr. Kommt ein öffentlicher kirchlicher Skandal hinzu, treten Menschen oft nach einer Zeit der Kontaktarmut und Entfremdung aus der Kirche aus.

Menschen zu biografischen Anlässen oder besonderen Veranstaltungen über Direktmarketingmaßnahmen zu kontaktieren, ist deswegen sinnvoll. Es bietet die Chance, die Adressaten in der eigenen Lebenssituation zu erreichen oder mittels eines persönlich interessanten Themas anzusprechen. Einige Kirchen nutzen die Möglichkeiten des Direktmarketings und berichten über erste Ergebnisse (zum Beispiel EKHN *Impulspost*, ELKB *Kirchenpost*, Reformierte Kirchen der Schweiz *Lebenslang Mitglied bleiben*). Die Intention einer derartigen Direktkommunikation ist es, einen Erstkontakt zu Zielgruppen anzubahnen, die sonst nicht an gemeindlichen oder übergemeindlichen Angeboten teilnehmen. Modellhaft werden in einem Kirchenbezirk in Baden die Neuzugezogenen mit einem Mailing angeschrieben, verbunden mit dem traditionellen Brot- und Salzgeschenk.

Abb. 25: Brot und Salz als Geschenk für Neuzugezogene (Quelle: Evangelische Landeskirche Baden).

Außerdem erprobt die Badische Landeskirche die Direktkommunikation bei den Kirchenwahlen zum ersten Advent 2019. Die Kirchenwahl ist eine große Kommunikationschance, da alle wahlberechtigten Kirchenmitglieder ab dem 14. Lebensjahr erreicht werden. Sie kann den Auftakt für weitere Maßnahmen und den Dialog mit ihren Mitgliedern seitens verschiedener kirchlicher Stellen bilden. Im Vorfeld der Kirchenwahl 2019 ist eine gestufte Kommunikation mit der Möglichkeit zur Reaktion und Integration regionaler Angebote geplant. Ziel soll die Kontaktaufnahme durch ein Thema bzw. Motiv sein, das je nach Altersgruppe ausgewählt wurde. Vertreter der einzelnen Altersgruppen suchten passende Themen und Bildmotive aus. Ein Marktforschungsinstitut hat uns in der Auswahl und Rekrutierung der Testpersonen unterstützt. Für die beiden jüngeren Testgruppen half ein Onlineforum bei der digitalen Abwicklung. Der jüngsten Zielgruppe im Alter von 14–25 Jahren zum Beispiel wurden vier Themen angeboten: Berufseinstieg, Kirchenaustritt, erste Krise und Kirche in der digitalen Welt. Das Thema „Berufseinstieg" bekam den Zuschlag. Die Altersgruppe der über 66-Jährigen entschied sich für „Zufriedenheit und Dankbarkeit". Zweimal werden die Kirchenmitglieder mit dem ausgesuchten Thema per Post kontaktiert, in der dritten Phase erhalten sie die Wahlunterlagen. Dort lesen sie, dass sie mit ihrem Kreuz die Ehrenamtlichen unterstützen, die sich in der Kirche für das Gemeinwohl ihres Ortes bzw. Stadtteils engagieren.

Für die Unterstützung der Gemeinden bei der Suche von Ehrenamtlichen für die Ältestenkreise haben wir einen „KAN-DI-MAT" entwickelt. An das Spiel „MixMax" bzw. an das Kinderbuch „Krogufant" angelehnt, werden durch dieses Kommunikationsmittel die aktuellen Lebenswelten bei der Kandidierendensuche aufgenommen. Es soll den Kirchengemeinderäten und Ältesten erleichtern, einen Menschen aus einem bisher noch nicht im Gremium vertretenen Milieu zu gewinnen. Dieser Vertreter kann leichter eine Brücke zu seiner Lebenswelt bilden. Werte und Grundsätze prägen unser Leben. Diese Einstellungen werden in ein typisches Zitat übertragen und finden sich im Kopfbereich, Kompetenzen werden im Mittelbereich abgebildet. Der Fußbereich steht für Lebensumstände sowie mögliche Ressourcen. Der KAN-DI-MAT soll eine Sehhilfe sein, um den Blick für den Istzustand zu schärfen und für den Sollzustand zu öffnen. Grundintention ist es, Kirche ihrem Auftrag gemäß mit den sehr unterschiedlichen Menschen heute in Kontakt zu bringen. Weitere Maßnahmen mit spezifischen Zielgruppen sind in Planung.

Abb. 26: Der KAN-DI-MAT (Quelle: Evangelische Landeskirche Baden).

Netzwerken, austauschen, lernen und sich gegenseitig inspirieren

Mitgliederorientierung bedeutet, sich auf neue Wege einzulassen, mit großer Offenheit voneinander zu lernen und eine Fehlerkultur zu leben. Dabei sind konfessionelle Kontexte zu achten, aber keinesfalls als Hürde zu betrachten. Die diesem Tagungsband vorausgehende Tagung im September 2018 in Karlsruhe bildet ab, was zur Arbeit am Thema Mitgliederorientierung in Baden gehört: Wir wollen zusammen mit anderen Diözesen und anderen Landeskirchen lernen, wir wollen uns austauschen, vernetzen und uns gegenseitig inspirieren.

MARKENENTWICKLUNG IM BISTUM MÜNSTER IM KONTEXT VON MITGLIEDERORIENTIERUNG UND GLAUBWÜRDIGKEITS- UND VERTRAUENSVERLUST

Frank Vormweg

Das Bistum Münster stellte in einer Zufriedenheitsstudie 2014 fest, dass kirchliche Angebote mit hoher Zufriedenheit genutzt werden, diese jedoch nicht als kirchlich wahrgenommen werden. Im Zusammenhang einer umfassenden Pastoralentwicklung im Bistum, die zentrale pastorale Vorhaben und Entwicklungsprozesse beschreibt, wurde in der Folge eine umfassende, bistumsweite Markenkommunikation entwickelt. Diese beinhaltet unter anderem eine umgestaltete Wort-Bild-Marke (Logo) sowie eine sogenannte identitätsorientierte Markenführung einer Vielzahl von Einrichtungen. Eine groß angelegte Kommunikationskampagne im Rahmen dieser Markenkommunikation fiel im September 2018 mit der Veröffentlichung der Missbrauchsstudie zusammen, was zu deutlichen Effekten während der Kampagne geführt hat.

Mitgliederorientierung als Aspekt eines pastoralen Konzepts

Mitgliederorientierung ist ein relativ neuer Begriff im Kontext kirchlichen Handelns, der insbesondere im katholischen Bereich aktuell noch kaum Rezeption findet. Die Zielrichtung der Mitgliederorientierung in einer zukünftigen Pastoral scheint noch ungenau und impliziert Strategien und Ziele, die aus dem Marketing bzw. dem Fundraising in den kirchlichen Raum übertragen werden. Das Grundanliegen der Mitgliederorientierung ist es dabei, einen strukturierten, positiven Kontakt zwischen der Institution Kirche und den Mitgliedern zu schaffen, insbesondere zu denen, die keinen regelmäßigen Kontakt zur Kirchengemeinde oder kirchlichen Veranstaltungen haben. Mitgliederorientierung kann einerseits pastoraltheologisch verstanden werden. Dann steht die Frage im Fokus, wie Menschen im heutigen Kontext mit der Frohen Botschaft des Evangeliums erreicht werden können, unter anderem um dem Verkündigungsauftrag der Kirche gerecht zu werden und die christliche Botschaft in ihrer Relevanz vermitteln zu können. Mitgliederorientierung kann andererseits auch stärker institutionell verstanden werden. Dabei stehen dann Christen ebenso als Getaufte wie auch als kirchensteuerpflichtige und „leistungsberechtigte Mitglieder“

im Fokus, die durch regelmäßigen Kontakt als Mitglieder gehalten werden sollen. Als Praxisbeispiel für eine Mitgliederorientierung – sicherlich stärker im ersten Sinn – soll im Folgenden die „Markenentwicklung" im Bistum Münster vorgestellt werden, welche in einem engen Zusammenhang mit der Pastoralentwicklung im Bistum zu sehen ist.

Das pastorale Konzept im Bistum Münster wurde in den vergangenen Jahren in verschiedenen synodal verankerten Schritten entwickelt. Ähnliche Prozesse wurden in den meisten Diözesen im deutschsprachigen Raum angestoßen. Für das Bistum Münster war es dabei ein zentrales Anliegen, die Sendung der Kirche in eine „menschengerechte und zeitgemäße Pastoral" zu übersetzen. In einem starken Rückbezug auf die Dokumente des Zweiten Vatikanischen Konzils wurde gefragt, wie Christsein heute möglich ist und wie Seelsorge so ausgerichtet werden kann, dass sie dem Auftrag des Evangeliums und der Sendung der Kirche entsprechen. Eine Kirche, die sich erneuern will, muss wissen, wer sie ist und zugleich angesichts der „Signatur einer Gottvergessenheit" die Erinnerung an Gott wachhalten – im glaubenden Bewusstsein, dass sich Gottes Geist in der Zeit zeigt.[1] Ein wichtiger Meilenstein in der Auseinandersetzung der Bistumsleitung mit diesen pastoralen Fragestellungen war eine Zufriedenheitsstudie im Jahr 2014.[2] Repräsentativ wurden dazu 1.000 Katholiken befragt, wie zufrieden sie mit der Kirche und ihren Angeboten sind. In dieser Form der Partizipation einer repräsentativen Größe aller Mitglieder im Bistum Münster spiegelt sich das grundsätzliche Anliegen, ein zukünftiges Pastoralkonzept eng an den Fragen und möglichen Zugängen der Gläubigen zur christlichen Botschaft auszurichten.

Ein wichtiger Ertrag dieser Studie war die Erkenntnis, dass die Mitglieder der katholischen Kirche im Bistum Münster das noch immer breit aufgestellte kirchliche Angebot sehr unterschiedlich nutzen. Einerseits werden die kirchlichen Angebote der Pfarreien wie Gottesdienste und Veranstaltungen immer weniger besucht: Pfarreien im Bistum Münster erreichen auch in katholisch-volkskirchlich geprägten, ländlichen Regionen regelmäßig weniger als zehn Prozent ihrer Mitglieder, Tendenz fallend. Die Zufriedenheit mit den Angeboten muss daher als eher gering eingeschätzt werden. Die Kirchenaustrittsquote ist dabei relativ konstant, dieser Beleg einer Studie des Bistums Essens gilt auch im Bistum Münster.[3] Andererseits – und das war ein interessanter Hinweis in der Studie – erfahren kirchliche Instituti-

1 Grundlagenpapier: Die Sendung der Kirche im Bistum Münster, Münster 2011.

2 Meffert, Heribert; Kleyboldt, Norbert (Hg.) (2016): Beziehung statt Abgrenzung – Kirche im Wandel, Status und Perspektiven im Bistum, Münster.

3 Etscheid-Stams, Markus; Laudage-Kleeberg, Regina; Rünker, Thomas (Hg.) (2018): Kirchenaustritt – oder nicht? Wie Kirche sich verändern muss, Freiburg.

onen und Einrichtungen wie Schulen, Kindergärten und soziale Hilfen eine hohe Wertschätzung und werden stark frequentiert. Die Mitglieder sind mit diesen Angeboten sehr bzw. signifikant höher zufrieden als mit den anderen Angeboten. Allerdings war vielen Mitgliedern nicht klar, dass es sich dabei um Angebote der katholischen Kirche handelte. Die Einrichtungen waren auf den ersten Blick nicht als konfessionelle Einrichtungen zu erkennen – vielleicht auch deshalb, weil sie oftmals wichtige Funktionen im Gemeinwesen übernehmen. Der Befund der Seelsorgestudie im Bistum Münster war demnach: Menschen nutzen kirchliche Angebote, sind damit auch zufrieden, nehmen diese jedoch nicht als kirchlich wahr. Hier setzte das Projekt der „Markenentwicklung" im Bistum Münster an, mit dem versucht werden soll, kirchliche Angebote stärker als solche erkennbar zu machen.

Markenentwicklung im Bistum Münster 2018

Im September 2018 startete das Bistum Münster eine Markenkommunikation mit dem Ziel, sich als Kirche der Beziehung zu präsentieren. Teile der Markenkommunikation sind ein neues Markenzeichen, der Claim „Für dein Leben gern" und eine groß angelegte Medienkommunikation in allen Regionen des Bistums Münster. Im Rahmen dieser Kampagne wurde auf Großflächenplakaten, mit Postkarten und in sozialen Netzwerken auf die Angebote der katholischen Kirche im Bistum Münster hingewiesen.

Abb. 27: Das Logo des Bistums Münster.

KATHOLISCHE
KIRCHE
BISTUM MÜNSTER

Das neue Markenzeichen zeigt ein Kreuz, das sich aus Dreiecken in verschiedenen Rottönen zusammensetzt und dem ein Teil des Querbalkens fehlt. Daneben steht als Wortmarke in einer gedachten Sprechblase: Katholische Kirche, Bistum Münster. Dieses Zeichen werden in angepasster Form viele katholische Einrichtungen übernehmen: vom Bischöflichen Generalvikariat und Offizialat über die Kreisdekanate bis hin zu den Ehe-, Familien- und Lebensberatungsstellen.

Der Claim der Markenkommunikation lautet „Für Dein Leben gern". Der Claim selbst wurde in Leitungsgremien im Rückgriff auf die pastoralen Leitlinien des Bistums Münster konzipiert und hat die Funktion, das Leistungsangebot zu positionieren und den Nutzern kirchlicher Angebote ein zentrales Versprechen zu geben. Das Versprechen selbst sollte in Übereinstimmung mit der Sendung der katholischen Kirche im Bistum Münster stehen.

Die Plakataktion wurde durch regionale Veranstaltungen im Bistum begleitet und sukzessive „ausgerollt". Dabei ist kurz darauf hinzuweisen, dass das Bistum Münster zu den flächenmäßig großen und mitgliederstarken Bistümern der katholischen Kirche in Deutschland zählt. Das Bistum besteht aus einem nordrheinwestfälischen Teil zwischen Niederrhein, nördlichem Ruhrgebiet und dem Münsterland sowie einem niedersächsischen Teil an der niederländischen Grenze bis zur Nordsee. In den Umstrukturierungen der letzten 15 Jahre aufgrund der demografischen und personellen Veränderungen im Bistum sind aus den ursprünglich 689 Kirchengemeinden 211 rechtlich selbstständige Pfarreien mit insgesamt 1,87 Millionen Katholiken (Stand Ende 2017) entstanden.

Die Markenkommunikation wird als Teil eines Gesamtkonzepts im Bistum Münster verstanden, mit dem insbesondere eine veränderte Kultur der Beziehung gefördert werden soll. Dazu zählen unter anderem eine stärkere Dienstleistungsorientierung der Bistumsverwaltung gegenüber den Pfarreien sowie die Konzeptionen für die zukünftige Wahrnehmung pastoraler Arbeit. Die Zielgruppen, Katholiken im Bistum und alle Menschen, die kirchliche Angebote nutzen, sollen spüren und erfahren, wofür das Bistum als katholische Kirche steht, welche Angebote aus welcher Haltung heraus gemacht werden und warum der Glaube und die Frohe Botschaft eine Relevanz für das Leben haben können. „Katholisch sein und dazu stehen: Das ist heute fast schon ein Kuriosum. Wenn wir offen und unverkrampft damit umgehen, ergeben sich – oft zufällig – viele Gelegenheiten für einen Beziehungsaufbau zu den Menschen. Vielleicht ist das ein Weg für eine im besten Sinne missionarische Kirche", so Dr. Köster, Generalvikar bei der Pressemitteilung im September 2018. Dabei könne auch der Claim helfen, bringe er doch zum Ausdruck, dass „wir uns freuen, für die Menschen da sein zu dürfen". [4]

4 Siehe Presseberichte zur Markenkampagne.

Identitätsorientiere Markenführung versus Markenvielfalt in der Kirche

Vor einer Darstellung der Erfahrungen mit dem Projekt der Markenkommunikation ist es hilfreich, zunächst noch einmal die Hintergründe bzw. Ziele der Markenentwicklung darzustellen und auf ein Problem der Markenvielfalt im kirchlichen Raum hinzuweisen.

Das Bistum Münster hat sich in der Markenentwicklung dem Konzept einer identitätsorientierten Markenführung angeschlossen. Eine Marke im Sinne einer solchen identitätsorientierten Markenführung soll zu Orientierung, Identifikation und Vertrauensbildung beitragen.[5] Die Identitätsorientierung bezeichnet eine möglichst große Übereinstimmung zwischen Markenversprechen und Markenverhalten. In diesem Verständnis soll die Marke „Katholische Kirche im Bistum Münster" ein Nutzungsversprechen für die Qualität pastoraler und sozialer Dienste sein. Das neue Logo soll die Neuausrichtung der katholischen Kirche im Bistum Münster visualisieren und die Vielfalt sowie auch das Potenzial ihrer Angebote erkennbar machen. Eine längerfristig angelegte, in der Bistumsleitung verankerte, identitätsorientierte Führung der neuen Dachmarke mit ihrer nach innen und außen gerichteten Orientierungsfunktion „soll dadurch einen wirksamen Beitrag zum erfolgreichen kulturellen kirchlichen Wandel leisten und zur Verbesserung der Beziehungsqualität im Bistum Münster beitragen", so Professor Meffert in der Vorstellung der Markenkommunikation im September 2018.[6]

Mit dem Konzept einer identitätsorientierten Markenführung ist es erforderlich, kirchliche Angebote als solche stärker erkennbar zu machen. Es ist ja eine wichtige Erkenntnis der Zufriedenheitsstudie, dass viele Angebote der katholischen Kirche im Bistum Münster als solche von den Nutzern gar nicht erkannt worden sind. Zu solchen Angeboten zählen neben den eigentlichen Kirchen unter anderem katholische Kindertageseinrichtungen, katholische Schulen, Bildungseinrichtungen und Stadtteilbüchereien in Trägerschaft der katholischen Kirche, vielfältige soziale Angebote unter anderem der Caritas und verschiedener katholischer Beratungs- und Sozialdienste und Anbieter, ebenso kirchliche Initiativen, Verbände und Vereine.

---

[5] Vgl. dazu Meffert, Heribert; Burmann, Christoph; Koers, Martin (Hg.) (2002): Markenmanagement, Wiesbaden.

[6] Siehe Presseberichte zur Markenkampagne.

Abb. 28: Imagekampagne des Bistums Münster: (fast) immer für Sie da!

Eine identitätsorientierte Markenführung muss mit der Träger- und der damit verbundenen Markenvielfalt in der Kirche verknüpft werden. Typisch nicht nur für das Bistum Münster sind nämlich eine historisch gewachsene Trägervielfalt und die damit einhergehende hohe Selbstständigkeit all dieser pastoralen und sozialen Angebote auch im Öffentlichkeitsauftritt. Ekklesiologisch lässt sich die katholische Kirche in einem Bistum ja nicht im unternehmerischen Sinne als Konzern verstehen, sondern als jeweils spezifische Ausdrucksform einer kirchlichen Sendung in ein je eigenes Handlungsfeld. Es ist dabei Aufgabe einer Bistumsleitung, diese Ausdrucksformen des Glaubens zu unterstützen und zu fördern, sofern sie nicht dem gesamtkirchlichen Auftrag zuwiderlaufen. Die aus diesem Kirchenverständnis resultierende Trägervielfalt führt dazu, dass eine Markenkampagne nicht einfach direktiv den Öffentlichkeitsauftritt unterschiedlicher katholischer Träger bestimmen kann, auch wenn dies im Sinne einer Identitätsorientierung sinnvoll erscheint.

Hinzu kommt, dass eine identitätsgeführte Markenführung nicht kontextfrei ansetzen kann. Die vielen organisatorisch und juristisch selbstständigen oder in Trägerschaft des Bistums Münster befindlichen Einrichtungen haben in den vergangen Jahren eigene Markenentwicklungsprozesse durchlaufen, oftmals verbunden mit der Entwicklung eigener Logos, Bild- und Textmarken, eigener Farb- und Öffentlichkeitskonzepte. So entstanden vielfältige Zielkonflikte zwischen Bistums- und Trägerkonzepten, die im Vorfeld der Markenkampagne geklärt werden mussten. Dabei wurde grundsätzlich entschieden, dass Bistumseinrichtungen sukzessive die Marke des Bistums Münster übernehmen und dass eigene Träger in der Regel ein Co-Branding mit der Bistumsmarke entwickeln sollen. Bistumseinrichtungen wird eine umfassende fachliche und finanzielle Unterstützung angeboten, um die Markenentwicklung konstruktiv im Sinne des gemeinsamen Auftrags voranzubringen.

Im Zuge der Markenkommunikation wurden daher zwischen der Abteilung für Öffentlichkeitsarbeit des Generalvikariats und den Trägern und Einrichtungen Lösungen für eine gemeinsame Markenkommunikation entwickelt. Dabei war zunächst feststellbar, dass es ein großes Verständnis für eine identitätsgeführte Markenführung im Bistum gibt. Die meisten Einrichtungen möchten als katholische Einrichtungen erkennbar sein. Interessant war der Hinweis von Beratungsstellen, dass es in der Vergangenheit vielmehr seitens des Bistums bzw. der verfassten Kirche nicht gewollt gewesen sei, dass diese Angebote als explizit kirchliche erkennbar sein sollten. Einzelne Einrichtungen mit einer starken eigenen Markenplatzierung bzw. vom Bistum unabhängiger Eigenidentität kritisieren die Anpassung eigener Öffentlichkeitsauftritte. Darin spiegelt sich auch das mitunter sehr negativ belastete Verhältnis zwischen zentralen Einrichtungen im Bistum sowie eher dezentralen Einrichtungen, die immer auf eine stärkere Selbstständigkeit und Unabhängigkeit gedrungen haben. Geäußert wurde auch die Befürchtung, dass ein stärkerer kirchlicher Bezug im Logo oder in der Marke Menschen bzw. Besucher abschrecken könnte, zum Beispiel öffentliche oder gemeinnützige Kooperationspartner. Aus Marketingsicht sind solche Befürchtungen nicht nachvollziehbar. Vielmehr sei eine offene und positive Markenkommunikation gerade auch in wertorientierten Institutionen wie der katholischen Kirche dazu geeignet, höhere Sympathiewerte bzw. positive Konnotationen zu leisten.[7]

In der Konzeption der Markenentwicklung wurden unterschiedliche Anpassungsmöglichkeiten eröffnet. Zum einen ist ein Co-Branding zwischen der bisherigen Eigenmarke und der Marke des Bistums Münster möglich, zum anderen können Übergänge zum Bistumslogo zeitlich und grafisch abgestimmt erfolgen. Auffällig dabei war, dass circa zehn Prozent der an sich selbstständigen Pfarreien direkt das Bistumslogo für ihren eigenen Trägerbereich übernehmen wollen. Dies sind insbesondere Pfarreien, die bislang keinen eigenen bzw. keinen professionellen Markenauftritt haben. Insgesamt muss das Verhältnis zwischen der Dachmarke „Katholische Kirche im

---

[7] Meffert, Heribert; Kenning, Peter; Kirchgeorg, Manfred (2014): Sustainable Marketing Management – Grundlagen und Cases. Nachhaltiges Marketing Management für unsere Zukunft, Wiesbaden.

Bistum Münster“ und Marken an sich selbstständiger Träger langsam weiterentwickelt werden, da ja neben der eigentlichen Marke auch die Voraussetzungen für die Erfüllung des Markenversprechens gegeben sein sollen.

Markenentwicklung im Kontext des Vertrauens- und Glaubwürdigkeitsverlustes der katholischen Kirche

Der Beginn der Markenkommunikation im Bistum Münster im September 2018 ist mit der Veröffentlichung der Missbrauchsstudie der katholischen Kirche in Deutschland (der sogenannten „MHG-Studie“)[8] zusammengefallen. Daraus haben sich unterschiedliche Wechselwirkungen ergeben. Insgesamt war auch ohne diese Koinzidenz klar, dass sich jede Markenkommunikation der Kirche mit dem starken Vertrauens- und Glaubwürdigkeitsverlust der katholischen Kirche auseinandersetzen muss.

Dass es bei der Markenkommunikation und der Veröffentlichung der MHG-Studie zu einer terminlichen Kollision kam, war im Vorfeld nicht absehbar. Eine groß angelegte Kampagne wie im Bistum Münster bedarf eines langen Vorlaufs, nicht nur für Konzepte und Kostenfreigaben, sondern auch für die Planung zum Beispiel von Plakatflächen im öffentlichen Raum. Die umfangreiche Plakataktion musste bistumsweit ein Jahr vor dem eigentlichen Kampagnenstart verbindlich geplant werden, daher konnte der genaue Zeitpunkt der Veröffentlichung der Missbrauchsstudie nicht vorhergesehen werden. Es wurde dann bewusst entschieden, die laufende Kampagne im Bistum fortzusetzen und die Wechselwirkungen mit der Studie gezielt zu evaluieren.

In der Pressemitteilung zur Markenkommunikation ging Bischof Genn auf den mit der Markenentwicklung verbundenen Prozess zur inhaltlichen Selbstvergewisserung der eigenen Identität im Bistum ein. Angesichts des hohen Vertrauensverlusts sei es für Christinnen und Christen, die die Frohe Botschaft verkünden, erforderlich, die Wirklichkeit ernst und anzunehmen und die Veränderungen zu gestalten. Es gehe darum, wie es Papst Franziskus formuliert hat, „stärker ‚den Geruch der Schafe‘ anzunehmen“, betonte er.

Die aktuelle Situation des gravierenden Vertrauensverlusts der Kirche, insbesondere durch die Missbrauchsfälle, steht mit dem Ziel einer stärker beziehungsorientierten Kirche und damit der Markenkommunikation in Verbindung. In der begleitend zur Plakatkampagne im gesamten Bistum laufenden Evaluation (eine empirische Befragung) konnte festgestellt werden,

---

8 Forschungsprojekt Sexueller Missbrauch an Minderjährigen durch katholische Priester, Diakone und männliche Ordensangehörige im Bereich der Deutschen Bischofskonferenz, 2017.

dass die Markenkommunikation bis zur Veröffentlichung der Missbrauchsstudie gute Werte zeigte. Nach der Veröffentlichung waren die Werte wieder auf dem Niveau wie vor der Kampagne, allerdings nicht schlechter – was ja erwartbar gewesen wäre. Damit scheint sich einerseits der Ansatz des Marketingkonzepts zu bewahrheiten, dass mit häufigerer Nennung positive Konnotationen hinsichtlich der Glaubwürdigkeit der Kirche steigen. Andererseits zeigt sich die Abhängigkeit der Wahrnehmung vom Gesamtvertrauensverlust der katholischen Kirche in Deutschland. Zentral ist dabei, dass die mit dem Markenversprechen gegebene „Beziehung“ durch die Markenbotschafter, also die Mitarbeiterinnen und Mitarbeiter der Kirche bzw. ihrer Einrichtungen, tatsächlich eingelöst werden muss. Dies ist der Grund, weshalb die Markenkommunikation im Bistum Münster nicht als isoliertes, alleine auf Marketing und Öffentlichkeitsarbeit reduziertes Projekt zu sehen ist, sondern in einem Gesamtentwicklungsprozess, der eine „Kirche in Beziehung“ unter anderem durch eine stärkere Dienstleistungsorientierung sowie eine zukunftsfähige Pastoral anzielt.

In diesem Kontext wird auch deutlich, dass der nächste Schritt der Markenkommunikation stärker den Mitarbeiter als Markenbotschafter in den Mittelpunkt stellen wird. Kirchliche Angebote sind in erster Linie personale Angebote. Die katholische Kirche mit ihren Angeboten und Leistungen ist ja nicht zuerst aus ihrer Verfasstheit als Institution zu verstehen. Vielmehr konstituiert sich die Sendung bzw. der Auftrag der Institution aus dem glaubwürdigen und engagierten Mitwirken von Mitarbeitern sowie Getauften als „Volk Gottes“ im biblischen bzw. ekklesiologischen Sinne. Ein „Employer branding“ als nächster Schritt der Markenentwicklung nimmt sicherlich auch die Mitarbeitergewinnung für die Einrichtungen im Bistum Münster in den Blick, soll aber auch ein Beitrag für eine identitätsorientierte Markenentwicklung sein und Vertrauen und Glaubwürdigkeit nach innen fördern und unterstützen.

Zusammenfassung: mehr Marke und Einlösen von Versprechen

Die bessere Erkennbarkeit des kirchlichen Angebots durch eine umfassende Markenkommunikation ist ein angesichts der Träger-, Logo- und Markenvielfalt im kirchlichen Kontext offensichtlich notwendiger und breit akzeptierter Entwicklungsschritt. Dies scheint nicht allein durch eine stärkere inhaltliche Profilierung leistbar zu sein, sondern profitiert auch von den hier dargestellten Instrumenten und dem trägerübergreifenden Vorgehen.

Die noch anfängliche Evaluation der Markenkommunikation zeigt messbare Effekte nach innen und nach außen. Das Instrumentarium einer identitätsorientierten Markenführung korrespondiert mit dem Organisationsentwicklungsprozess im Bistum Münster. So können insbesondere Ziele in Bezug auf Dienstleistungsqualität und Pastoralentwicklung unterstützt werden. Die Markenkommunikation ist nach außen erkennbar, gerade auch im Kontext des Vertrauensverlustes unter anderem durch die Missbrauchskrise.

Mit diesem Ertrag wird deutlich, dass Markenkommunikation als solche in erster Linie eine Aufgabe der Öffentlichkeitsarbeit eines Bistums ist. Zugleich ist eine enge Anbindung an die Pastoralkonzeption sowie die damit verbundene Organisations- wie Personalentwicklung im Bistum erforderlich, um diese Markenkommunikation nachhaltig erfolgreich gestalten zu können, sowohl mit Blick auf Pastoralentwicklung als auch auf Mitgliederorientierung.

TEIL III
EXPERTISEN

MITGLIEDERORIENTIERUNG UND DIE INNEN-AUSSEN-FRAGE KIRCHLICHER IDENTITÄT

Johannes Först und Peter Frühmorgen

Einleitung

Der vorliegende Beitrag analysiert die Chancen und Grenzen kirchlicher Mitgliederorientierung unter den Bedingungen einer zeitgeschichtlichen Situation, in der die kirchliche Organisation unter Reformdruck geraten ist. Kirchenaustritte, Priestermangel und die Teilnahmequoten am Sonntagsgottesdienst sind möglicherweise Indikatoren dieser Entwicklung. Welchen Ertrag kann die Kirche in dieser Situation von einer intensivierten Zuwendung zu ihren (Mit-)Gliedern und der Konzentration auf ihre Bedürfnisse erwarten? Stabilisiert sich kirchliche Organisation auf diesem Wege oder bleiben die aktuellen Herausforderungen der Kirche davon unberührt? Und nicht zuletzt wird in diesem Beitrag die Frage gestellt, ob und inwieweit ein mitgliederorientierter Ansatz mit dem kirchlichen Selbstverständnis zusammengeht.

Die im zweiten Teil dieses Bandes vorgestellten pastoralen Projekte kirchlicher Mitgliederorientierung nehmen ihren Ausgangspunkt bei den Möglichkeiten für einen nachhaltigen und auf positive Erfahrungen ausgerichteten Umgang mit den Mitgliedern der Kirche. Für den pastoralen Praktiker sind diese eine inspirierende Quelle für neue Kommunikationsweisen zwischen der Kirche und den einzelnen Mitgliedern, die an individuellen Bedürfnissen Letzterer ausgerichtet sind. Das Folgende soll deshalb zunächst etwas grundsätzlicher bei der Frage ansetzen, wer als Mitglied von Kirche überhaupt in den Blick kommt und welche kirchlich relevanten Kontakte hierbei eine primäre Rolle spielen. Damit verbunden ist dann die Formulierung einer pastoralen Strategie, die einerseits von den vorhandenen kirchlich-organisationalen Ressourcen, andererseits von den vorfindlichen (postmodernen) Umfeld- und Umweltbedingungen abhängig ist.

Mitgliederorientierung: kirchlich ein zweischneidiges Schwert

Mitgliederorientierung ist ein modernes Instrument von Organisationen, die Bindung ihrer Individuen zu festigen. Dabei geht es um solche „soziale

Gruppen im weitesten Sinne, denen sie [die Individuen] tatsächlich angehören und durch die sie in ihren Wertorientierungen, Anspruchshaltungen, Einstellungen und Verhaltensweisen beeinflusst oder geprägt werden".[1] Im Bindungsverhalten der Individuen zu ihrer Organisation ist der Effekt zu beobachten, wonach die Zunahme des Zusammengehörigkeitsgefühls nach innen mit einer zunehmenden Abgrenzung von außenstehenden Personen und Gruppen einhergeht.[2]

Die Ausrichtung organisationaler Prozesse auf die Bedürfnisse der eigenen Mitglieder hat so gesehen eine eigendynamische Wechselwirkung, die über die Organisationsgrenzen hinausgeht und die dem Selbsterhalt und der Weiterentwicklung der Organisation zum Nutzen gereichen kann. Zum einen erhöht sie die Identifikation mit der eigenen Organisation und mindert die Austrittsneigung. Auf der anderen Seite reduziert diese Ausrichtung die Bindung zur Außenwelt und minimiert das Risiko, dass sich die Mitglieder an andere Organisationen binden oder von diesen zu sehr beeinflusst werden (siehe oben).

Auch die Kirche kann unter den theoretischen Kriterien einer Organisation betrachtet werden. Sie erscheint dann als ein sehr komplexes soziales Gebilde, das aus verschiedenen, mitunter gar widersprüchlichen Organisationstypen zusammengesetzt ist. Es finden sich in ihr hierarchische Strukturen im Sinne überkommener vormoderner Herrschaftsformen, fehlender Einspruchsmöglichkeiten der Mitglieder im verwaltungsrechtlichen Sinne und im Sinne einer funktionierenden Gewaltenteilung.[3] Es finden sich in ihr aber auch Elemente demokratischer Partizipationsformen etwa in der Wahl pfarreilicher und diözesaner Gremien. Ferner finden sich Ansätze einer verfassungsrechtlichen Grundlegung kirchlicher Organisation, insofern es ein einziges Recht in der Kirche gibt, das für alle Kirchenglieder gleichermaßen gilt. Die nach 1945 in der Kirche erfolgte Erstarkung intermediärer Instanzen wie synodale Prozesse, Pastoralgespräche, Diözesanforen, Leitbild- und Organisationsprozesse in der Kirche deutet, wie Hanspeter Heinz aufzeigt, ebenfalls auf eine innere strukturelle Pluralisierung der Kirche hin – auch wenn die entsprechenden Entscheidungen von der Organisationsleitung nicht getroffen wurden bzw. werden.[4] Die kulturellen Unterschiede einzel-

---

1 Hillmann, Karl-Heinz (2007): Art. „Eigengruppe", in: ders. (Hg.): Wörterbuch der Soziologie, Stuttgart, 169.

2 Vgl. ebd.

3 Siehe dazu die entsprechende Stellungnahme von Kardinal Reinhard Marx beim internationalen Anti-Missbrauchsgipfel in Rom 2019: https://www.katholisch.de/aktuelles/aktuelle-artikel/marx-stellt-papstliches-geheimnis-bei-missbrauch-infrage [11.03.2019].

4 Vgl. Heinz, Hanspeter (2010): Selbststeuerungsprozesse deutscher Diözesen, in: Damberg, Wilhelm; Bremond d'Ars, Nicolas de (Hg.): Die neue Mitte der Kirche.

ner Ortskirchen (etwa zwischen Diözesen Ost- und Westeuropas) erhöhen die organisationale Heterogenität noch mehr.

Angesichts des enormen Modernisierungsdrucks, der seit rund 200 Jahren auf der kirchlichen Organisation lastet, scheint *Mitgliederorientierung* ein erfolgsversprechendes Instrument zu sein, die kirchliche Gesamtorganisation zu stabilisieren. Doch aufgrund zentraler Eigenheiten kirchlicher Organisation erweist sich dieses Instrument für die Kirche auch als zweischneidiges Schwert.

Im Folgenden sollen einige grundlegende Eigenschaften der Kirche genannt werden, die als theologische Eigenschaften das Selbstverständnis der Kirche artikulieren. Sie stehen einem mitgliederorientierten Ansatz entgegen, insofern sie mit dem oben genannten Effekt von Bindungsverstärkung nach innen und Bindungsschwächung nach außen nicht gut zusammenpassen.

Innen und Außen

Die zentrale Metapher des Zweiten Vatikanischen Konzils für die Kirche ist der *Volk-Gottes-Begriff* (vgl. Lumen gentium 9–17). Diesen Begriff zeichnet aus, dass er nach kirchlich-organisationalen Gesichtspunkten nicht eindeutig fassbar und regulierbar ist.

a) Die Volk-Gottes-Metapher ist originär jüdisch. Sie steht für den überlieferten Gottesbund mit dem Volk Israel. Die Kirche rezipiert diesen Begriff und macht ihn zu ihrer zentralen ekklesiologischen Metapher. Damit greift das Konzil auf eine Rezeptionsgeschichte zurück, die auch schon im Neuen Testament belegt ist. Im Römerbrief (Römer 11,1.28-29) schreibt Paulus vom ungekündigten Bund Gottes mit seinem Volk Israel, an dem auch die sogenannten ‚Heiden-Christen' partizipieren. Michael Theobald nennt diese daher „Mitteilhaber"[5] am Gottesvolk. Diese wichtige Gruppe der frühen Kirche hat nach Römer 11,17 Anteil an der kraftvollen Wurzel des Ölbaums Israel.

Vor diesem Hintergrund kann es eine klare Mitgliederzuordnung in der Kirche nicht geben, weil diese selbst in Israel hinein partizipativ geöffnet und mit dem jüdischen Volk verbunden ist. *Nostra aetate* nennt diese Verbindung ein „Band, durch das das Volk des Neuen Bundes mit dem Stamm Abrahams geistlich verbunden ist" (Nostra aetate 4). Die organisationale Zurechnung der Individuen zur Kirche (dem Gottesvolk) muss daher mit

Der Aufstieg der intermediären Instanzen in den europäischen Großkirchen seit 1945, Stuttgart, 49–61.

5 Theobald, Michael (2000): Der Römerbrief, Darmstadt, 270.

dem Vorbehalt leben, dass auch nichtkirchliche Menschen zum Gottesvolk (der Kirche) gehören.

b) In *Lumen gentium* spricht die Kirche von unterschiedlichen Zuordnungen der Individuen zum Gottesvolk. Grundlage dessen ist die Überzeugung, dass alle Menschen von Gott zu diesem Volk gerufen werden (vgl. Lumen gentium 13). Selbst denjenigen, „die in Schatten und Bildern den unbekannten Gott suchen, [...] ist Gott selbst nicht ferne, da er allen Leben und Atem und alles gibt [vgl. Apg 17,25-28] und als Erlöser will, daß alle Menschen gerettet werden [1 Tim 2,4]" (Lumen gentium 16).

Die Volk-Gottes-Metapher hat für die Kirche daher auch vor diesem Hintergrund eine innere Vielheit und Offenheit, die Konfessions-, Religions- und Kulturgrenzen überschreitet. Deshalb ist es angebracht, Kirche als eine Organisation mit *fließenden Grenzen* zu verstehen. Eine eindeutige Mitgliedschaftsorganisation ist der Kirche nicht angemessen. Will die Kirche ihre Glieder pflegen, braucht sie Instrumente, die diesem offenen und fließenden Charakter ihrer Grenzen gerecht werden.

Die organisationale Unschärfe des Volk-Gottes-Konzepts als Identitätsmerkmal der Kirche hat also einerseits den Nachteil für die Kirche, eine klare Zugehörigkeitsmarkierung ihrer (Mit-)Glieder zu erschweren. Andererseits erhöht es aber die Vernetzung kirchlicher Organisation mit der Außenwelt und schafft die Bedingungen für eine relevante theologische Situierung der Kirche in der Gesellschaft (etwa durch Diakonie, kulturelle Austausch- und Bildungsprozesse und anderen).

Theologische „Außen-Hermeneutik"

Der oben genannten organisationalen Unschärfe des Volk-Gottes-Konzepts für die Kirche entspricht das hermeneutische Konzept der Zeitzeichen, das ebenfalls durch das Zweite Vatikanische Konzil formuliert wurde (vgl. Gaudium et spes 4). Um diese Entsprechung verstehen zu können, ist es hilfreich, die zeitgeschichtliche Zielsetzung dieses Konzils im Unterschied zu seinen Vorgängerkonzilien zu begreifen. Das Konzil von Trient (1545–1563) hatte in Reaktion auf die konfessionelle Vervielfältigung in (West-) Europa das Ziel, die konfessionelle Identität der eigenen „Mitglieder" herauszuarbeiten und zu festigen. Diese geschah in erster Linie durch die Ausarbeitung katechetischer Bücher und deren Vermittlung in der Seelsorge. Kurz auf den Punkt gebracht lautete das Konzept: Identität durch Lehre. Auf dieser Basis entstanden eine Vielzahl von kirchlichen Bildungs- und Lehreinrichtungen, die dem Ziel der Abgrenzung der eigenen (Mit-)Glieder von den organisationalen Strukturen der anderen Konfession und dem

Aufbau einer eigenen konfessionellen Identität dienten.[6] Es ist so gesehen nicht falsch, die Reformansätze des Konzils von Trient als groß angelegten Prozess der „Mitgliederorientierung" zu beschreiben, auch wenn dieser Begriff freilich einen anachronistischen Eintrag des 21. Jahrhunderts in das 16. Jahrhundert darstellt.

Eine ähnlich nach innen gerichtete Zielsetzung, wenngleich thematisch anders motiviert, hatte das Erste Vatikanische Konzil (1869–1870). Hier stand das Interesse im Vordergrund, die Katholiken von den Gedanken und Ideen der Modernisierung zu „beschützen", auch wenn es in der katholischen Welt selbst bereits zahlreiche Modernisierungstendenzen und -entwicklungen gab (etwa: Liturgische Bewegung, Tübinger Schule und andere). Kurz zusammengefasst ging es um die nach innen gerichtete Festigung der eigenen (Mit-)Glieder durch die Vergewisserung mit möglichst eindeutigen Gehalten der Lehre und kirchlichen Disziplin.

Das Zweite Vatikanische Konzil hingegen führt ein Gespräch mit dem kirchlichen „Außen" und will ein konstruktives Verhältnis der Kirche zur Welt hin aufbauen. Dazu wertet es die „Welt" und den Menschen theologisch auf, indem es diese explizit als Schöpfung Gottes mit eigener säkularer Ordnung (vgl. Gaudium et spes 36) und den Menschen als Träger eines göttlichen Samens (vgl. Gaudium et spes 3) anerkennt. Bereits Johannes XXIII. hatte in seiner Eröffnungsansprache der modernen Welt gegenüber immense Wertschätzung ausgesprochen, insofern er in ihr einen verborgenen Heilsplan Gottes sah.[7] Die Gesprächspartner der Kirche sind auf dem Zweiten Vatikanischen Konzil also nicht primär die eigenen (Mit-)Glieder. Vielmehr stehen auch Nichtkatholiken und Nichtchristen, andersherum gesagt: das gesamte Menschengeschlecht (vgl. Gaudium et spes 2), im Zentrum der kirchlichen Aufmerksamkeit.[8]

Der nach unserem Dafürhalten eigentlich progressive Ansatz des Konzils ist nun darin zu erkennen, dass diese Außenorientierung ein Vorgang ist, von dem die Kirche in ihrem Inneren neue Erkenntnisse und Handlungs-

---

6 Vgl. Först, Johannes (2013): Functional Secularization and Conversion. On the Changed Demands Made on Ministerial Action in the Catholic Church, in: Homolka, Walter; Schöttler, Heinz-Günther (eds.), Rabbi – Pastor – Priest – Their Roles and Profiles through the Ages, Berlin/Boston, 241–256, hier: 244.

7 Johannes XXIII.: Gaudet mater ecclesia. Ansprache anlässlich der feierlichen Eröffnung des Zweiten Vatikanischen Konzils am 11. Oktober 1962, in: Hünermann, Peter; Hilberath, Bernd Jochen (2006) (Hg.): Herders Theologischer Kommentar zum Zweiten Vatikanischen Konzil, Bd. 5, 482–490.

8 Siehe dazu auch: Sander, Hans-Joachim (2006): Theologischer Kommentar zur Pastoralkonstitution über die Kirche in der Welt von heute *Gaudium et spes*, in: Hünermann; Hilberath (2006), 583–886.

dynamiken erwartet. Die Progression hängt sozusagen am Außen![9] Dafür steht das hermeneutische Konzept der *Zeitzeichen*, womit keine religiösen oder kirchlichen Zeichen gemeint sind, und deren Verbindung zum Inneren der Kirche. Nicht so, dass diese weltlichen Zeichen der Zeit allein zum Maß aller Dinge erhoben werden, aber doch so, dass die Zeitzeichen in Verbindung mit dem Innen neues, vertieftes theologisches Verstehen ermöglichen. Es sei kirchliche „Pflicht, nach den Zeichen der Zeit zu forschen und sie im Licht des Evangeliums zu deuten. So kann sie dann in einer jeweils einer Generation angemessenen Weise auf die bleibenden Fragen der Menschen nach dem Sinn des gegenwärtigen und des zukünftigen Lebens und nach dem Verhältnis beider zueinander Antwort geben. Es gilt also, die Welt, in der wir leben, ihre Erwartungen, Bestrebungen und ihren oft dramatischen Charakter zu erfassen und zu verstehen“ (Gaudium et spes 4).

Diese Außenorientierung ist für das Zweite Vatikanum hermeneutisch wichtig, um das Evangelium neu und der jeweiligen Zeit gegenüber angemessen verstehen zu können. Über eine ausschließliche Innenorientierung, wie diese die Vorgängerkonzilien versuchten, war dies im Kontext der fortschreitenden Modernisierung für die Kirche des Zweiten Vatikanums nicht (mehr) zu erreichen. In derselben interpretatorischen Linie liegen auch Lehrtexte von Papst Franziskus, wenn er beispielsweise die Armen als *Lehrer der Weisheit für die Kirche* qualifiziert, durch die hindurch sich Gott der Kirche mitteilen will. Entsprechend des Konzepts der Zeitzeichen ist auch Armut keine religiöse oder kirchliche, sondern eine soziale Kategorie.

„Aus diesem Grund wünsche ich mir eine arme Kirche für die Armen. Sie haben uns vieles zu lehren. Sie haben nicht nur Teil am sensus fidei, sondern kennen außerdem dank ihrer eigenen Leiden den leidenden Christus. Es ist nötig, dass wir alle uns von ihnen evangelisieren lassen. Die neue Evangelisierung ist eine Einladung, die heilbringende Kraft ihrer Leben zu erkennen und sie in den Mittelpunkt des Weges der Kirche zu stellen. Wir sind aufgerufen, Christus in ihnen zu entdecken, uns zu Wortführern ihrer Interessen zu machen, aber auch ihre Freunde zu sein, sie anzuhören, sie zu verstehen und die geheimnisvolle Weisheit anzunehmen, die Gott uns durch sie mitteilen will“ (Evangelii gaudium 198).

Was bedeutet nun diese pastorale Neuausrichtung für die Praxis der Kirche?

[9] Siehe auch: Wenzel, Knut (2005): Kleine Geschichte des Zweiten Vatikanischen Konzils, Freiburg, 177–178.

Einseitige und wechselseitige Wahrnehmungen in der Kirche

Die Kirchenmitglieder nehmen Kirche auf unterschiedliche Weise wahr, genauer gesagt: Unterschiedliche Weisen von Kirche werden differenziert wahrgenommen. So herrscht zum Beispiel über die Großorganisation der römisch-katholischen Kirche mit dem Papst und den Bischöfen an der Spitze oftmals keine allzu gute Meinung, insbesondere dann, wenn durch mediale Vermittlung wieder einmal Missbrauchs-, Finanz und Machtskandale das Bild *dieser* Ausdrucksweise von Kirche prägen. Dieses Meinungsbild, das auch regelmäßig in landesspezifischen Umfragen („Was halten Sie von den Kirchen in Deutschland?") plakativ zum Ausdruck kommt und einigen Medien immer wieder eine Meldung wert ist,[10] spiegelt eine recht allgemeine Einstellung zum Gesamtphänomen „Kirche" bzw. „Kirchen" wider, die sich ändert, sobald Kirche als konkret erfahrbare Einheit vor Ort in den Blick kommt und eventuell ein Gesicht erhält, das nicht nur am Bildschirm (oder eventuell persönlich alle zehn Jahre beim Bischofsbesuch) betrachtet werden kann, sondern das für eine Begegnung und Interaktion greifbar wird.[11] Dieses persönliche Gesicht von Kirche können freilich nicht nur die bekannten hauptamtlichen Akteure darstellen, sondern auch Ehrenamtliche bzw. die konkrete Gemeinde vor Ort. Diese andere Weise von Kirche dürfte wohl ein Grund sein, warum kirchliche Austrittszahlen im Vergleich zum schlechten Image der Kirche auf Regional-, Landes- oder Weltebene nicht höher sind.[12]

Weil die einzelnen Gemeinden konkrete Begegnungsorte von und mit Kirche sind, besitzen diese Ausdrucksweisen von Kirche eine andere Konfiguration und einen anderen Wahrnehmungsmodus als jene kirchlichen Instanzen, die nur oder hauptsächlich über mediale Vermittlung zugänglich sind, auch wenn der Kontakt mit Gemeinden heute von der überwiegenden Mehrzahl der formalen Kirchenmitglieder nur sporadisch, „bei Gelegenheit" erfolgt (Kasualien). Dennoch gibt es hier die Möglichkeit, in einen wirklichen Austausch zu treten, sofern echtes Interesse am jeweils anderen Anwesenden besteht.

---

[10] Vgl. für die entsprechende Frageweise von Meinungsforschungsinstituten (hier: forsa) exemplarisch für eine Vielzahl ähnlicher Umfragen: https://www.katholisch.de/aktuelles/aktuelle-artikel/deutsche-haben-wenig-vertrauen-in-katholische-kirche [11.03.2019].

[11] Vgl. Szymanowski, Björn; Jürgens, Benedikt; Sellmann, Matthias (2018): Dimensionen der Kirchenbindung. Meta-Studie, in: Etscheid-Stams, Markus; Laudage-Kleeberg, Regina; Rünker, Thomas (Hg.): Kirchenaustritt – oder nicht? Wie Kirche sich verändern muss, Freiburg, 57–124, hier: 103–105.

[12] Vgl. ebd., 107.

Begegnungen gehen stets mit wechselseitigen (wenn auch selten ausbalancierten) Beeinflussungsprozessen einher, die das Gegenüber verwandeln oder zumindest angehen. Reaktionen auf unidirektionale Kommunikationsprozesse sind für den Sender dagegen nur bedingt und stets verzögert wahrnehmbar; sie haben somit keinen situativen Einfluss auf diesen und lassen keine erneute Reaktion zu. Nur über Umwege kann also zum Beispiel das stumme Verhalten all jener Menschen ergründet werden, die ihre formale Mitgliedschaft bei den Kirchen beenden. Würde jeder Kirchenaustritt im Rahmen einer Begegnung zwischen kirchlichem (Spitzen-)Personal und dem Austretenden stattfinden, gäbe es auf beiden Seiten, insbesondere auf der kirchlichen Seite, schon längst ein Umdenken.

Diese Logik der Begegnung kam deshalb auch pastoraltheologisch schon immer die meiste Aufmerksamkeit zu (oder sie sollte ihr zukommen[13]) und sie wurde und wird in der Teildisziplin der Seelsorgelehre (Poimenik) immer weiter ausdifferenziert und professionalisiert.[14] Sie unterscheidet sich von einer Mitgliedschafts- oder Organisationslogik, die allen Statistiken, Umstrukturierungen, Finanzplänen usw. inhärent ist und die in den Konfigurationen der beiden deutschen Großkirchen gut sichtbar wird: Diese sind – historisch gut nachvollziehbar[15] – eine weltweit nahezu singuläre organisationale und institutionelle Verflechtung von Staat, Kultur und Gesellschaft eingegangen. Die Kirchenleitungen übernehmen dabei, weil sie selbst formal organisiert arbeiten, diese (wohl immer komplexer werdenden) Organisationslogiken ihrer Umgebung und geben diese „nach unten", an die Gemeinden und deren Personal weiter.[16]

Diese „unteren" Einheiten werden straff durchorganisiert, um die knapper werdenden Ressourcen effizient einzusetzen und sicherlich auch um verantwortlich mit Steuergeldern umzugehen. Für die Bindung der Kirchenmitglieder an diese zwischenzeitlich meist zu riesigen XXL-Pfarreien angewachsenen Konstrukte mit einem nach individuellen Kompetenzen aus-

---

13 Vgl. Lehmann, Karl (1990): Seelsorge als Aufgabe der Kirche, in: Lebendige Seelsorge 41 (1990), 48–53.

14 Vgl. zur Weiterentwicklung des seelsorgerlichen Handelns den kurzen geschichtlichen Überblick bei: Morgenthaler, Christoph (2017): Seelsorge (Lehrbuch Praktische Theologie 3). 3. Auflage, Gütersloh, 52–69 (mit stichpunktartigem Überblick auf S. 68).

15 Vgl. Damberg, Wilhelm; Hellemans, Staf (2010): Die Neugestaltung der europäischen Großkirchen und der Aufstieg der intermediären Instanzen sein 1945/1960, in: Damberg; Bremond d'Ars, 215–248.

16 Vgl. Lehmann, Maren (2018): Zwei oder drei. Kirche zwischen Organisation und Netzwerk, Leipzig, 11f; Haslinger, Herbert (2015): Vom Einfamilienhaus zur Berghütte. Zur Konzeption der pastoralen Praxis in Gemeinden, in: Herder-Korrespondenz 69 (2015) Heft 6, 285–289.

differenzierten Pastoralteam wird eine Kommunikationspolitik eingeführt, die die Kirche bzw. die Gemeinde als Ort der Sinnstiftung, der Liturgie, der religiösen Selbstthematisierung oder der Gemeinschaft Gleichgesinnter in Erinnerung ruft und bewirbt, die aber anscheinend wenig nachhaltig ist, weil auf Seiten des kirchlichen Personals meist Unzufriedenheit mit dem Teilnahmeverhalten der Kirchenmitglieder herrscht. Die Kirchen und Gemeinden stehen dann vor einem Rätsel: Haben sie Antworten und Angebote auf Erwartungen und Bedürfnisse, die es auf Seiten der Mehrheit der Christen gar nicht gibt, oder reicht die Qualität oder Quantität der vorhandenen Antworten und Angebote nicht aus, um den möglicherweise hohen Erwartungen und Bedürfnissen gerecht zu werden? Oder dringt diese Form der unidirektionalen Kommunikation zu vielen möglichen Rezipienten einfach nicht durch, weil sie im Trubel anderer Kommunikationen untergeht?

Eine Antwort auf diese Fragen wird es nur geben, wenn Kirchen und Gemeinden an echten Begegnungen interessiert sind, die sich durch Wechselseitigkeit und Lernbereitschaft auf beiden Seiten auszeichnen. Weil diese Begegnungen vor Ort stattfinden müssen, insofern sie Anwesenheit, Bekanntschaft und Vertrauen zur Voraussetzung haben, müsste das, was in diesen Dialogen thematisiert wird, auch sozusagen „nach oben" durchgegeben werden, um ein Gespür für die Fragen und Erwartungen der Menschen zu bekommen. Die Gefahr besteht aber nun darin, dass die Oberen etwas zu hören bekommen, woran sie kein Interesse haben und was möglicherweise zu Abwehrreaktionen führt: „[S]ie [die Kirchenleitung, P. F.] untergräbt die Gemeindestruktur, weil sie die kommunikative Praxis der Gemeinden als eher aufdringlich und störend denunziert – als etwas irgendwie nichtöffentliches Privates, das nahe an den Glückseligkeiten und ebenso nahe an den Nervereien des familiären Alltags ist."[17]

Die Auseinandersetzung mit genau diesen Themen hat sich die katholische Kirche aber ins Stammbuch geschrieben, wenn sie die existenziellen Erfahrungen der „Freude und Hoffnung, Trauer und Angst der Menschen von heute" (Gaudium et spes 1) wahrnehmen und im Licht des Evangeliums verhandeln möchte. Der Ansatz der Pastoralkonstitution *Gaudium et spes* beendet die Ungleichzeitigkeit zwischen dem, was die Menschen tagtäglich bewegt, und dem, womit sich die Kirche beschäftigt. Diese Art und Weise der Orientierung am Leben der Menschen knüpft an konkrete Begegnungen an, in denen die jeweilige Lebenssituation des Einzelnen (implizit oder explizit) als relevant für die Frage nach Gott thematisiert wird. Es geht zuallererst also um die Beziehung des Individuums zu Gott und nicht um das Verhältnis des Einzelnen zur Kirche, die zwar „Zeichen und Werkzeug für die innigste Vereinigung mit Gott" (Lumen gentium 1), aber nicht diese

[17] Lehmann 2018, 21.

Verbindung selbst ist. Die theologische Bestimmung des Menschen geht der Bindung an die Kirche voraus; sie ist auf diese gott-menschliche Beziehung hin ausgerichtet. Diese Verhältnisbestimmung wird besonders deutlich in der Kernaufgabe der Pastoral, der Seelsorge.

Begegnungen schaffen durch Seelsorge

Seelsorgliche Aktivitäten sind echte Begegnungen: In der seelsorgerlichen Situation sind alle Interaktionspartner integraler Bestandteil dieses Geschehens und somit jeweils Sender und Empfänger, Lernende und Lehrende zugleich. Hier treffen Menschen aufeinander (Personen- und Beziehungsdimension), die bewusst oder unbewusst unter dem Vorzeichen der Transzendenz (Dimension der Transzendenz) in einer bestimmten Situation (kontextueller Bezug) ihr Leben und ihr Selbstverständnis gemeinsam verhandeln (thematischer Bezug).[18] Nicht alle Begegnungen mit Kirche oder Gemeinde sind automatisch Seelsorge – oft werden sie durch die Organisations- und Mitgliedschaftslogik der Kirche determiniert. Und von einer seelsorgerlichen Begegnung ist nicht nur dann zu sprechen, wenn es zwischen einer hauptamtlichen Vertreterin der Kirche und einem Gläubigen aus dem Volk zu einem tief gehenden Gespräch über Gott und die Welt kommt, vielleicht sogar mit befreiender oder therapeutischer Wirkung. Ein seelsorgerliches Geschehen kann sich vielmehr auch in der liturgischen Feier der gott-menschlichen Beziehung, in der Begleitung von Menschen in schwierigen Situationen, in den Kasualfeiern an den Lebenswenden, in der religiösen Bildung von Kindern und jungen Menschen, im diakonischen Handeln usw. ereignen und ist somit keineswegs auf Aktivitäten kirchlicher Mitarbeiterinnen und Mitarbeiter beschränkt.

Eine pastorale Strategie ist auf das Ziel ausgerichtet, durch seelsorgliches Handeln den Menschen vor Ort zu begegnen und die Aktivitäten auf die Gestaltung dieser Begegnungen auszurichten. Weil hier nicht die Begegnung zwischen einem Individuum und einem Vertreter bzw. einer Vertreterin einer Organisation bzw. Institution im Vordergrund steht, sondern die Begegnung zwischen Menschen, sind die Ansätze zur Gestaltung dieser Begegnungen von personenbezogenen Faktoren abhängig und werden von diesen determiniert. Begegnungen mit Organisationen und Institutionen sind geprägt von Zugehörigkeits- und Zuständigkeitsfragen, Verfahrensabläufen und Normierungen, persönliche Begegnungen dagegen von der herrschenden Beziehung zwischen den Aufeinandertreffenden. Damit sind diese Begegnungen schwieriger plan- und gestaltbar als formalisierte

[18] Vgl. zu den fünf Dimensionen der Seelsorge: Morgenthaler, 2017, 22–25.

Begegnungen mit einer Organisation bzw. deren Vertretern, insofern sie vor allem eine Frage der Haltung, der Begegnungskultur sowie der inhaltlichen (und eben nicht bloß formalen) Auseinandersetzung mit dem Gegenüber sind. Diese Begegnungen beginnen also mit der Frage, was diese Menschen existenziell bewegt; sekundär ist das, was die kirchlichen Vertreterinnen und Vertreter in kirchlich-organisationaler Hinsicht an diesen Menschen interessiert.

Darin zeigt sich also konkret die auf dem Zweiten Vatikanischen Konzil vollzogene Ablösung eines Verhältnisses von Kirche und Welt, das geprägt war von einem dualistischen Gegenüber zwischen einer belehrenden und vollkommenen *societas perfecta* der Kirche einerseits und der defizitären „gewöhnlichen" Welt andererseits. Vielmehr stehen nach *Gaudium et spes* Kirche und Welt in einer solidarischen Gemeinschaft, die sich auf alle Bereiche der Gestaltung des menschlichen Lebens erstreckt.

Die Hürden für die konsequente Umsetzung eines solchen pastoraltheologisch orientieren kirchlichen Programmes sind zugleich niedrig und hoch: Sie sind niedrig, weil die Kirchen in Deutschland weiterhin auf hohe personelle, organisatorische und finanzielle Ressourcen zurückgreifen und auf unterschiedliche Art und Weise in der Fläche präsent und damit unter den Menschen sein können. Freilich braucht es dazu den Willen, die Offenheit und die Kreativität zur ökumenischen und interreligiösen Zusammenarbeit, insbesondere aber auch zur Vernetzung mit anderen sozialen, bildenden, kulturellen und politischen Einrichtungen. Die Hürden sind hoch, weil es hierfür einer Auflösung organisationaler (Selbst-)Beschränkungen und einer Ablösung von Zugehörigkeits- und Mitgliedschaftsregelungen bedarf.

Hilfreich für eine solche pastorale Strategie ist die bewusste Einrichtung und Gestaltung von Schnittstellen bzw. Kopplungen kirchlicher Basisorganisationen zum jeweiligen Umfeld. Das besondere Augenmerk pastoraler Planungsprozesse richtet sich dann auf die Zugänglichkeit und Offenheit dieser Schnittstellen, sodass durch den Input, der über diese Stellen läuft, ein möglichst detailliertes Bild über das jeweilige Umfeld entsteht und die Erfordernisse für seelsorgerliches Handeln sichtbar werden. Das kirchliche Handeln wird durch diesen Austausch mit dem Umfeld bestimmt, weil es nicht selbstbezogen, sondern den Menschen zugewandt ist. Ist Kirche dabei nicht fähig, auch Komplexität und Widersprüchlichkeit der menschlichen Existenz auszuhalten und damit – auch theologisch – umzugehen, hat sie keinen Anschluss (keine Kopplung) zur Wirklichkeit. Kirche lernt also dann als Organisation, wenn sie durch die persönlichen Begegnungen ihre Wissensbasis verbreitert und somit auch ihr eigenes Selbstverständnis aktualisiert. Kirche lernt an und mit ihren Mitgliedern je aufs Neue, wer und was sie ist und wofür sie in der Welt ist. Die Orte dieses Lernens sind vorrangig die Gemeinden vor Ort, weil diese aufgrund der Kontakte mit vielen Menschen, die auch noch in anderen Lebenskontexten außer der Kirche unterwegs sind, vielfach kopplungsfähig sind.

Mitgliederorientierung kirchlich weiterentwickeln

Im Kontext der modernitätsbedingten Kirchenkrise ist Mitgliederorientierung ein nachvollziehbarer Ansatz, um die Bindung der Kirchenglieder an die Organisation zu stärken und deren Austrittsneigung zu senken. Zugleich muss jedoch auch auf den Nachteil von Mitgliederorientierung hingewiesen werden, welcher sich in einer zunehmenden Schwächung der Außenkontakte und -bindungen der Kirchenglieder niederschlägt.[19] So modern dieses Instrument kirchlicher Organisationsarbeit auf der einen Seite ist, so sehr erweist es sich auf der anderen Seite als Rückgriff auf „vormoderne" Kirchenkonzepte, welche in der Konzentration auf das kirchliche Innen und durch Abgrenzung zur Außenwelt eine Stärkung kirchlicher Identität und Organisation erreichen wollten. Letztere sind (pastoral-)theologisch schwer vermittelbar, weil sie dem Sendungsauftrag der Kirche, Symbol, Zeichen und Werkzeug, der Teilhabe aller Menschen am göttlichen Leben (vgl. Lumen gentium 1) beziehungsweise der Partizipation der Menschen an einem „Leben in Fülle" (Johannes 10,10), entgegenstehen. Anders gesagt widerspricht dieser Ansatz der kirchlichen Identität, wie sie durch das Zweite Vatikanische Konzil ausgearbeitet und seither mannigfaltig kirchlich rezipiert und theologisch bestätigt wurde.

Um diesen Zielkonflikt abzumildern, bedarf es einer Weiterentwicklung kirchlicher Mitgliederorientierung, die die Talente und Interessen kirchlich orientierter Menschen aufgreift und sie für eine Orientierung an den Bedürfnissen der „Außenwelt" einsetzt. Dies entspricht einer Aktualisierung kirchlicher Identität unter spätmodernen Bedingungen, die im Nächsten auch außerhalb der kirchlicher Organisation ihren Sendungssauftrag erkennt, weil und insofern in ihm Gott selbst gegenwärtig werden könnte. So jedenfalls erzählen es zentrale biblische Narrative, die die Kirche als iden-

[19] Unsere Kritik am Konzept der Mitgliederorientierung im Raum der Kirche darf nicht als Kritik an der Wertschätzung und Förderung der Kirchenglieder missverstanden werden. Die aktuell wieder vermehrt vorgetragene Forderung nach mehr Partizipation aller Getauften am Sendungsauftrag der Kirche und der Leitung kirchlicher Organisation ist aus unserer Sicht völlig legitim, weil Getaufte und Gefirmte *Subjekte* der Kirche sind, die mit je individuellen Charismen und Talenten ausgestattet sind. Der gesamte Sendungsauftrag der Kirche hat jedoch nach unserem Dafürhalten jene Außenorientierung, wie sie für die katholische Ekklesiologie hier beschrieben wurde.

titätsrelevante Erzählungen im jüdischen und christlichen Überlieferungskreis anerkannt und rezipiert hat (vgl. Lukas 10,30-37: der barmherzige Samariter).

Eine pastorale (Neu-)Ausrichtung der Kirche kehrt damit das bekannte Verhältnis von Innen und Außen um: Ihr vorrangiges Ziel ist es nicht, mit probaten und neuen Mitteln die Menschen immer stärker an sich zu binden und auf den eigenen Gravitationspunkt hin auszurichten, sondern sie lebt von den Begegnungen mit den Menschen, durch ihre Wahrnehmung dessen, was sich an ihren organisationalen Rändern abspielt, die aber ekklesiologisch gesehen das eigentliche Zentrum der Kirche sind.

KIRCHENMITGLIEDSCHAFT. KIRCHENTHEORETISCHE ASPEKTE AUS EVANGELISCHER SICHT

Dieter Beese

„Kirchentheorie" als Programmbegriff für eine mitgliederorientierte, innovative Kirchenentwicklung

In diesem Beitrag geht es um einen kirchentheoretischen Blick auf das Thema der Untersuchung *Gehen oder Bleiben*[1] und auf die präsentierten Projekte. Wenn der Begriff *Kirchentheorie* hier aufgegriffen wird, so ist dies nicht eine beliebige Frage der Nomenklatur. Hinter der kirchentheoretischen Zugangsweise zur Mitgliedschaftsfrage liegt vielmehr eine Konflikt- und Lerngeschichte, die ein hilfreiches Licht auf die gegenwärtige Lage, die Erwartungen und Ambitionen richten, die die Zukunft der Kirche im Fokus haben.

Zunächst lässt sich beobachten:

- Die an der V. Kirchenmitgliedschaftsuntersuchung „Engagement und Indifferenz. Kirchenmitgliedschaft als soziale Praxis"[2] beteiligten Expertinnen und Experten tragen an prominenter Stelle kirchentheoretische Argumente vor. (Im Auswertungsband der V. KMU „Vernetzte Vielfalt. Kirche angesichts von Säkularisierung und Individualisierung" wird der Begriff „Kirchentheorie" laut Suchfunktion 656-mal gebraucht!)[3]
- Auch das 550 Seiten umfassende „Handbuch für die Kirchen- und Gemeindeentwicklung" von Ralph Kunz und Thomas Schlag (2014) geht in seiner Gesamtanlage *„von der allgemeinen **kirchentheoretischen*** [Hervorhebung von mir] *Überlegung*" aus, *„dass die jeweiligen gemeindlichen Praxisanforderungen eng mit grundlegenden ekklesiologischen*

[1] Faix, Tobias; Riegel, Ulrich (2019): Gehen oder bleiben? Kirchenverbleibstudie zur Mitgliederorientierung, Bielefeld, https://www.evangelisch-in-westfalen.de/fileadmin/user_upload/Aktuelles/2019/11_nov/Auswertung_Evangelische_Kirche_von_Westfalen_vfinal_4.pdf; download 16.12.2019.

[2] EKD (2014): Engagement und Indifferenz. Kirchenmitgliedschaft als soziale Praxis. V. EKD-Erhebung über Kirchenmitgliedschaft, Hannover 2014.

[3] Vgl. Weyel, Birgit; Hermelink, Jan; Grubenbauer, Franz (2015): Kirchentheoretische Konsequenzen, in: Bedford-Strohm, Heinrich; Jung, Volker (Hg.): Vernetzte Vielfalt. Kirche angesichts von Säkularisierung und Individualisierung. Die V. EKD-Erhebung über Kirchendmitgliedschaft, München, 435–455.

Rahmenbedingungen und damit auch mit bestimmten Leitbildern von Entwicklung verbunden sind.“[4]

Kirchentheorie verknüpft die dogmatische Lehre von der Kirche (Ekklesiologie) mit sozial-empirischer Analyse (Soziologie) und praktischen Leitungs- und Entwicklungsaufgaben (Kybernetik). Was unmittelbar einleuchtend erscheinen mag, versteht sich nicht von selbst. Folgt man der Analyse von Dieter Becker[5], so ergibt sich für die Begriffsgeschichte der Kirchentheorie folgendes Bild:

- Die Formulierung „Die Unwahrheit der modernen Kirchentheorie“ entstammt dem innerkatholischen Modernismusstreit um die Wende des 19. und 20. Jahrhunderts als Abgrenzungsbegriff der Traditionalisten gegenüber den Modernisten. Diese werden mit der Haltung liberaler protestantischer Theologie (Adolf von Harnack) identifiziert und bezichtigt, menschliche Vermutungen an die Stelle göttlicher Wahrheiten zu setzen. Diese Frontstellung dürfte Verantwortlichen für kirchliche Innovationsversuche lebhaft vertraut sein.
- In den Dreißigerjahren des 20. Jahrhunderts untersucht der Historiker und Philologe Rudolf Schulz „Martin Butzer's Anschauung von der christlichen Obrigkeit, dargestellt im Rahmen der Reformatorischen Staats- und Kirchentheorien“.[6] Martin Bucer erscheint als „Mann der reformatorischen Praxis“, der mit „der Gestalt der realen societas“ befasst ist, im Unterschied zu Luther mit seinem in der Schriftauslegung gewonnen ekklesiologischen Kirchenbild. Theologie als Schriftauslegung (Luther) und soziale Gestaltung (Bucer) der Kirche sind bei Schulz durch den Oberbegriff der Kirchentheorie miteinander verbunden.
- In den 1960er- und 70er-Jahren signalisiert der Begriff „Kirchentheorie“ eine Neupositionierung der evangelischen Theologie innerhalb der gesellschaftspolitischen Kontroverse um die Bedeutung der Moderne für die Rolle der Kirche in einer offenen Gesellschaft. Das Buch „Beruf: Pfarrer“ des Soziologen und Theologen Karl-Wilhelm Dahm von 1971 wird als Dokument einer „funktionalen Kirchentheorie“ rezipiert

[4] Kunz, Ralph; Schlag, Thomas (2014) (Hg.): Handbuch für die Kirchen- und Gemeindeentwicklung, Neukirchen-Vluyn, 9.

[5] Vgl. Becker, Dieter (2011): Kirchentheorie. Geschichte und Anforderungen eines neuen theologischen Begriffs, in: Becker, Dieter; Höhmann, Peter (Hg.): Kirche zwischen Theorie, Praxis und Ethik, Frankfurt, 15-32.

[6] Becker 2011, 32.

> und diskutiert. Diese grenzt sich ab von der als dogmatistisch wahrgenommen Offenbarungstheologie Karl Barths, der als individualistisch kritisierten existentialen Theologie Rudolf Bultmanns und dem als ideologisch abgelehnten innerkirchlichen Neomarxismus, der kapitalismuskritisch die volkskirchliche Praxis als systemstabilisierend verurteilt. Positiv geht es um eine (pastoraltheologisch akzentuierte) Praxistheorie, die ein empirisch fundiertes Bild von der tatsächlichen Aufgabenwahrnehmung der Kirche als Wertevermittlung und Hilfeleistung schafft. So kann sie Pfarrerinnen und Pfarrer ermutigen, orientieren und sie bei ihrer Tätigkeit anleiten.

Inzwischen hat sich der Begriff „*Kirchentheorie*" mit unterschiedlich akzentuierten Ansätzen in diversen Konzepten der Kirchenentwicklung[7] etabliert. Diese Konzepte wollen gleichermaßen das unverfügbare Glaubensgeschehen jenseits aller Kirchenorganisation, empirisch-kritische Sozialanalyse und eine angemessene Praxis der kirchlichen Aufgabenwahrnehmung wahrnehmen und gestalten.[8]

Führte seinerzeit das Impulspapier des Rates der EKD „*Kirche der Freiheit*" aus dem Jahre 2006[9] zu heftigen Auseinandersetzungen innerhalb von Theologie und Kirche, so ist derzeit auf der Grundlage fortgeschrittener Diskussion ein gewisser Konsens in Fragen der Kirchenentwicklung[10] zu beobachten. Alte Frontlinien entlang großer Konfliktthemen wie Pfarramt, Gemeindeformen, Gottesdienst und Sozialisation verblassen. Falsche Alternativen werden zugunsten multiperspektivischer Betrachtungsweisen überwunden.

Martin Laube erklärt diesen Sachverhalt mit der Methodenentwicklung der Kirchenmitgliedschaftsuntersuchung:[11]

---

7 Vgl. zum Begriff „Entwicklung" Groezinger, Albrecht, in: Kunz; Schlag (2014), 57–64.

8 Vgl. Hermelink, Jan (2011): Kirchliche Organisation und das Jenseits des Glaubens. Eine praktisch-theologische Theorie der evangelischen Kirche, München; Hurrelmann, Klaus; Bauer, Ullrich (2015): Einführung in die Sozialisationstheorie. 11. Auflage, Weinheim.

9 Vgl. Kirchenamt der EKD (2006) (Hg.): Kirche der Freiheit. Perspektiven für die evangelische Kirche im 21. Jahrhundert. Ein Impulspapier des Rates der EKD, Hannover.

10 Zum Begriff „Kirchenentwicklung" vgl. Grözinger, Albrecht, Praktisch-theologische Perspektiven, in: Kunz; Schlag (2014), 57-64.

11 Vgl. Laube, Martin (2015), Mitgliedschaft als soziale Praxis. Zur Fortschreibung des christentumssoziologischen Rahmens der EKD-Mitgliedschaftsstudien, in: Bedford-Strohm; Jung, 35–49.

- Die Alternative zwischen Kirchensoziologie und Religionssoziologie, also der Frage nach dem Zuspruch zu kirchlichen Vorgaben hier und der Wahrnehmung individueller freier Religiosität dort relativiert sich durch eine methodische Weiterentwicklung der Christentumssoziologie. So wird das Christentum als Lebensform verständlich. Diese kann mit Hilfe relationaler Soziologie als ein vielfaches Netzwerk sozialer Praxis zahlreicher miteinander in Beziehung stehender und interagierender Akteure aufgehellt werden.
- Damit verliert die konflikthafte Spannung zwischen der Säkularisierungstheorie, die stärker den Rückgang von Kirchlichkeit, Christlichkeit und Religiosität im Blick hat, der Individualisierungstheorie, die auf die Relevanz außerkirchlicher Religiosität ausgerichtet ist, und markttheoretischen Ansätzen, die Kirche als Anbieter auf einem religiösen Markt konstruieren, an Dramatik.[12]
- Netzwerkforschung kann den Zusammenhang dieser Perspektiven sichtbar machen und dabei auch die Einsichten aus der Milieuforschung aufnehmen: Die Milieuforschung macht die Ausschließungsmechanismen sichtbar, die sich aufgrund von sozialer Zugehörigkeit und Bildungszugang in verschiedenen Lebensstilen zeigt. Sie macht die Notwendigkeit plausibel, die erforderliche Passung kirchlicher Angebote im Blick auf die verschiedenen Milieus zu finden. Die Netzwerkforschung sensibilisiert darüber hinaus für den Zusammenhang von Lebenslagen und Lebensstilen mit Orten und Gelegenheiten kommunikativer religiöser Praxis.[13]

Das Verhältnis zwischen Institution, Organisation und Bewegung kann als Netzwerk von zeitlich und räumlich strukturierten Räumen und Gelegenheiten für die religiöse Praxis von Hochverbundenen und Distanzierten in Augenschein genommen werden, sodass staatsanaloge, marktförmige und familial-informelle Strukturen in ihrer Bedeutung für die soziale Praxis religiöser Akteure sichtbar werden und aufeinander bezogen werden können.

[12] Vgl. auch: Wissenschaftlicher Beirat der V. KMU (2015): Perspektiven für die kirchenleitende Praxis, in: Bedford-Strohm; Jung, 447–457.

[13] Vgl. Schulz, Claudia; Spieß, Tabea; Hauschild, Eberhard (2015): Zwischen kirchlichem Mainstream und der Macht der Milieudifferenzen. Lerneffekte aus der Analyse von Milieus, Lebensstilen und Lebenslagen, in: Bedford-Strohm; Jung, 219–235.

Folgerungen für die kirchenleitende Praxis

Der Wissenschaftliche Beirat der V. KMU hat aus den Ergebnissen und Expertisen der V. Kirchenmitgliedschaftsuntersuchung „Perspektiven für die kirchenleitende Praxis" entwickelt.[14] Diese lassen sich wie folgt skizzieren:

Aus empirischen Daten lässt sich keine Handlungsstrategie ableiten, die dann nur noch umgesetzt werden müsste. Weder können gesamtgesellschaftliche Makrotrends durch kirchliches Handeln beeinflusst oder geändert werden noch gibt es die eine gültige Interpretation vermeintlich objektiver Daten im Rahmen eines einzig wahren Theorieansatzes (Säkularisierung, Individualisierung, Markttheorie). Es empfiehlt sich, die *Selbstbeobachtungskompetenz* der Kirche weiterzuentwickeln, Impulse und Anregungen zu geben und Verengungen zu vermeiden.

Das tief im kollektiven Bewusstsein von Kirchen und Gemeinden verankerte Bild von Kern und Peripherie ist zu überwinden und durch eine *polyzentrische Betrachtungsweise und Entwicklungsperspektive* zu ersetzen. Dies entspricht der Vielzahl von Zugängen und Mitgliedschaftspraxen der ehemaligen, gegenwärtigen und künftigen Kirchenmitglieder und dem Selbstverständnis der Kirche in biblischer und dogmatischer Hinsicht.[15] Ein abgestimmtes, wechselseitig verweisendes Miteinander kirchengemeindlicher, synodaler und unternehmerischer Gemeindeformen und kirchlicher Orte sollte gefördert werden.

Der *familiären Sozialisation*, insbesondere der frühesten familiären Situation, und dem ehrenamtlichen Engagement, speziell der jungen Alten, kommt für die Kirchenentwicklung eine Schlüsselrolle zu.

Kirchliches Handeln ist auf Öffentlichkeit hin ausgerichtet. Dazu gehören die Teilhabe an der öffentlichen Diskussion, die Mitwirkung im Bereich von Bildung und Diakonie sowie die Präsenz im öffentlichen Raum durch die Mitarbeitenden der Kirche und kirchliche Gebäude. Das Pfarramt ist in der Wahrnehmung seiner öffentlichen Rolle zu stärken, die Verhältnisbestimmung zwischen Pfarramt, kirchlichen Berufsgruppen und Ehrenamtlichen bewusst zu modellieren.[16]

---

[14] Vgl. Weyel; Hermelink, Grubenbauer (2015), 447–457.

[15] Vgl. Frey, Jörg (2014): Neutestamentliche Perspektiven, in: Kunz, Ralph; Schlag, Thomas (Hg.) Handbuch für die Kirchen- und Gemeindeentwicklung, Neukirchen-Vluyn, 31–41; Tietz, Christiane (2014): Systematisch-theologische Perspektiven, in: Kunz; Schlag, 49–56.

[16] Kirchliche Personalpolitik erweist sich in den Landeskirchen im Bereich der EKD als ein zentrales Thema, das zu breit angelegten Beratungs- und Entscheidungsprozessen Anlass gibt. Vgl. zum Beispiel: Kurschus, Annette; Beese, Dieter (2018) (Hg.): Der Pfarrdienst in der Dienstgemeinschaft der Kirche. Wissenschaft und Kirche im Dialog, Bielefeld.

Die Mehrheit der Kirchenmitglieder wahrt Distanz zur Kirche und aktiviert ihre Verbundenheit gelegentlich und anlassbezogen. Kirchenleitend ist darauf zu achten, dass vorhandene *Kontaktflächen* wie Kasualpraxis, Kitas und Gottesdienste gepflegt und qualitativ weiterentwickelt und neue Kontaktflächen, zum Beispiel durch die Wahl besonderer Orte für religiöse Interaktion, aufgesucht werden. Die Themen Mission[17] und Bildung verdienen besondere Aufmerksamkeit. (Der *Gottesdienst* ist stärker mit Bildung als mit Geselligkeit verbunden.)

Anschlussfähigkeit der Kirchenverbleibstudie der EKvW zur Mitgliederorientierung „Gehen oder Bleiben?" 2018 und in den präsentierten Projekten

Selbstbeobachtungskompetenz

Die Evangelische Kirche von Westfalen schließt sich mit der Kirchenverbleibstudie „Gehen oder Bleiben" an das Bistum Essen (s. Anm. 17) und eine deutschlandweite Onlineerhebung (vgl. Anm. 1, S. 49) an. Es geht ihr darum, das Verhalten und die Motivlage ihrer ehemaligen, gegenwärtigen und zukünftigen Mitglieder zu *verstehen* und aus deren Austritts- und Bleibeverhalten zu *lernen* (S. 4-7). Das Wahrnehmen und Verstehen hat also Vorrang vor einer zielorientierten „Anwendung" oder „Umsetzung" vermeintlich naheliegender Maßnahmen (zum Beispiel im Bereich familiärer Sozialisation).

Durch ihre Meinungsäußerungen werden die Teilnehmenden der Befragung selbst Teil des Leitungsprozesses, indem sie sich auf die Kommunikation mit Wissenschaft und Kirchenverantwortlichen über ihre Mitgliedschaftsmotive einlassen und aussprechen, *„an welchen Stellen sie Reformbedarf sehen und inwiefern sie die kirchliche Praxis so, wie sie ist, in ihren Gedanken, Worten und Taten mittragen"* (S. 45). Hier fragt also nicht „die Kirche" so, dass „die Mitglieder" antworten; vielmehr findet eine dreistellige kommunikative Interaktion von Christen statt, von denen einige ihren Schwerpunkt in der Wissenschaft, andere auf ihren jeweiligen eigenen Feldern und einige innerhalb der Kirche haben. Was sie verbindet, ist ihr gemeinsames, aber je spezifisches Interesse an der Kirche, ihrem Auftrag und ihrer Aufgabenwahrnehmung.

[17] Auch bei hochreligiösen Jugendlichen ist der Begriff „Mission" höchst ambivalent besetzt. Sie lehnen es ab zu missionieren oder missioniert zu werden, sind aber gern bereit, über ihren Glauben zu reden und halten auch ihren eigenen Glauben für richtig. Vgl. Faix, Tobias; Künkler, Tobias (2018): Generation Lobpreis und die Zukunft der Kirche. Das Buch zur empirica Jugendstudie, Neukirchen-Vluyn, 121–135.

Beispiele für unterschiedliche Bemühungen um interaktive Selbstaufklärung der Kirche finden sich in allen in diesem Band präsentierten Projekten. Ich wähle willkürlich zwei heraus:

- Die *Badische Kirche* greift auf mitgliederbezogene Daten über das Meldewesen und auf eigene Daten zu Amtshandlungen zurück, bearbeitet aber nunmehr auch ein festgestelltes Desiderat: eine Dokumentation von Kontaktaufnahmen unter sensibler Wahrung des Datenschutzes, wie sie bereits im Fundraising eingeübt wird. Im Hintergrund steht ein marktorientierter Ansatz, theoriegeleitet durch das Customer Relationship Management (CRM).
- Das *Ruhrbistum Essen* reflektiert sein Mitgliedermanagement mittels einer historisch-kritischen Revision der Bistumsgeschichte, in der insbesondere die Kirchbaupolitik der Nachkriegszeit und der Missbrauchsskandal kritisch gewürdigt werden. Eine eigene, groß angelegte Mitgliedschaftsuntersuchung (sie ist der westfälischen Untersuchung vorangegangen) ist dokumentiert in der aktuellen Studie *„Kirchenaustritt oder nicht? Wie Kirche sich verändern muss“*.[18]

Polyzentrik

Die befragten Kirchenmitglieder (Werte zur besseren Lesbarkeit gerundet) sagen mehrheitlich zweierlei: Sie brauchen „die Kirche“ nicht, um ihren Glauben zu leben (38 %, 27 % teils-teils), und ihr Glaube ist unabhängig von einer Mitgliedschaft in „der Kirche“ (über 50 Prozent). Sie sind mit ihrer Mitgliedschaft mehrheitlich zufrieden, bejahen zu 50 Prozent die Kirchensteuer, sehen sich zu 66 Prozent als in der Kirche engagiert, freuen sich zu 48 Prozent über Erfolge „der Kirche“ und sprechen zu 41 Prozent von „der Kirche“ in der „Wir“-Form.

Äußern sie sich zu den Gründen ihrer Mitgliedschaft, so benennen sie damit gleichzeitig auch die räumlichen und sachlichen Orte, an denen sich ihre Mitgliedschaft und innere Zugehörigkeit zur Kirche festmacht: 40 Prozent sind dabei, weil sie kirchlich bestattet werden möchten, 42 Prozent, weil sie ihre Sympathie mit der Kirche zeigen wollen, 54 Prozent, weil die Kirche zum Zusammenhalt der Gesellschaft beiträgt, 53 Prozent, weil sie selbst religiös sind, 55 Prozent, weil die Kirche etwas für Arme, Kranke und Bedürftige tut, 52 Prozent, weil es ihnen Freude bereitet, dabei zu sein, 55 Prozent, weil Kirchengebäude in Dorf und Stadt nicht verschwinden

[18] Etscheid-Stams, Markus; Laudage-Kleeberg; Regine; Rünker, Thomas (2018) (Hg.): Kirchenaustritt oder nicht? Wie Kirche sich verändern muss, Freiburg.

dürfen, 45 Prozent, weil ihnen eine kirchliche Trauung wichtig ist, 42 Prozent, weil ihre Eltern auch in der Kirche waren, 68 Prozent, weil ihnen der christliche Glaube etwas bedeutet, 40 Prozent, weil sie sich mit den Zielen der Kirche identifizieren, 43 Prozent, weil sie so ihren Glauben bekennen können, 41 Prozent, weil sie den Einfluss der Kirche stärken möchten, 40 Prozent, weil sie Gemeinschaft brauchen, 32 Prozent, weil sie in der Kirche mitreden können, 60 Prozent weil die Kirche wichtige ethische Werte vertritt, 14 Prozent, weil beeindruckende Persönlichkeiten der Kirche angehören und 40 Prozent, weil sie ihnen inneren Halt gibt.

Mitgliedschaftsgründe sind verankert in der eigenen Biografie (Kasualien, Familienfeste), also in Haus und Wohnung, im öffentlichen Leben (Einfluss, Ethos, Ziele), in der physischen Präsenz der Kirche (Kirchen in Dorf und Stadt), in der Persönlichkeit der Mitglieder (Glaube, Spiritualität, Bedürftigkeit inneren Halts), in der sozialen Präsenz der Kirche (Sozial-, Gesundheits- und Bildungswesen), in den Freiräumen zu Gemeinschaftsbildung, Partizipation und Engagement. Die Mitgliedschaft in der Kirche lässt sich nicht auf ein einziges Motiv reduzieren, vielmehr ist stets mit einem Bündel unterschiedlicher Motiven zu rechnen. Dieser wiederum sind mit der komplexen Präsenz der Kirche an geistigen, spirituellen, sozialen, institutionellen, organisatorischen und physischen Orten und Gelegenheiten verknüpft.

Dem polyzentrischen Charakter der Kirchenmitgliedschafts- und Verbundenheitsmotive tragen auch die in diesem Band präsentierten Projekte Rechnung. Exemplarisch seien die folgenden genannt:

- Ausdrücklich die „kontaktlosen“ Mitglieder der Kirche nimmt das Modell „Lebenslang Mitglied bleiben. Grundlagen, Voraussetzungen und Maßnahmen für die Beziehungspflege mit distanzierten Mitgliedern in der Kirche“ in den Blick. Dabei wird in Rechnung gestellt, dass diese Selbstbindung an die Kirche zugleich durch Personenverbundenheit, eine Kirche als physischen Ort, biografisch prägende Ereignisse wie Kasualien, durch Anliegen und Werte sowie soziale Leistungen entsteht. Das Projekt zielt kirchenintern auf Wahrnehmungsänderung und auf den Verzicht auf neue Verhaltenszumutungen gegenüber den Mitgliedern. Es wirbt für eine neue Tonalität und Haltung seitens „der Kirche“ und systematisiert Kontaktofferten an die „distanzierten“ Gemeindeglieder.
- Kirche am Ort und in der Region ist zugleich auch Kirche in einer globalisierten, durch Mobilität geprägten Welt. Gemeinde- und Identitätsbildungsprozesse vollziehen sich immer auch an ökumenischen Orten. Dies betrifft sowohl die in Deutschland vertraute evangelisch-katholische Ökumene wie auch die weltweite

Ökumene, die sich je länger je mehr auch vor Ort, beispielsweise in der zunehmenden Präsenz kleiner internationaler Gemeinden und in der Tradition ökumenischer Begegnung verschiedener Kirchen zeigt. Die Landeskirche Hannover und das Bistum Hildesheim tragen dem mit der ökumenischen Bewegung „Kirchehoch2" Rechnung, die den Austausch über Vielfalt, Ressourcen, Krisen und Fragen der Evangelisation und Mission fördert und dabei die teilnehmenden Kirchen in ihrer Mitgliederkommunikation stärkt.

Sozialisation

Die Untersuchung „Gehen oder Bleiben" fragt nicht direkt nach der kirchlichen, christlichen oder religiösen Sozialisation, thematisiert diese allerdings indirekt über die Gründe zur Mitgliedschaft: 42 Prozent der Befragten geben an, dass sie Mitglied der Kirche sind, weil ihre Eltern auch in der Kirche waren. Sie würden zu 72 Prozent bedauern, wenn es die kirchlichen Feiern im Lebenslauf nicht gäbe, und schätzen die diesen Feiern zugrunde liegenden Amtshandlungen hoch ein.

Klaus Hurrelmann und Ullrich Bauer definieren „Sozialisation" als einen „Prozess, durch den in wechselseitiger Interdependenz zwischen der biopsychischen Grundstruktur individueller Akteure und ihrer sozialen und physischen Umwelt relativ dauerhafte Wahrnehmungs-, Bewertungs- und Handlungsdispositionen entstehen".[19]

Das *„Idealtypische Modell des Kirchenaustritts"* (S. 47) im Bericht von Tobias Faix bildet einen aus der Sicht des kirchlichen Mitgliedermanagements misslungenen Sozialisationsverlauf ab: Die Taufe begründet zunächst (mehrheitlich nach wie vor im Säuglingsalter) die Kirchenmitgliedschaft und eine mehr oder weniger stark familial vermittelte ausgeprägte Verbundenheit mit der Kirche. Die Motivation zur Mitgliedschaft kann durch Glaubenszweifel, ein suboptimales Erscheinungsbild der Kirche, Unvereinbarkeit der (ethischen) Überzeugungen und eine möglicherweise aus Sicht des Mitglieds unzeitgemäße Haltung der Kirche beschädigt werden. Dies kann sich zu einem Entfremdungsprozess verdichten oder die fehlende Bindung zur Kirche verstärken. Eine persönliche Enttäuschung oder die Konfrontation mit der Kirchensteuerforderung können dann Anlass zum Kirchenaustritt sein.

Gelingende Sozialisation aus Sicht einer innovativen Kirchenmitgliederorientierung wird *besonderen Anstrengungen* zur Wiederaktivierung einer vermeintlich bedrohten familialen Sozialisation nicht das Wort reden. Wo-

---

[19] Hurrelmann; Bauer (2015).

möglich ist gerade die Abhängigkeit der Mitgliederentwicklung von „der Familie“[20] ein Problem, das langfristig durch Wiederbelegungsversuche einer traditionellen Beziehung von Familie und Religion im vermeintlichen Interesse starkerer Mitgliederbindung eher vergrößert würde. Demgegenüber ist eher der interaktiven religiösen Praxis von Kirchenmitgliedern *insgesamt* (2014) Aufmerksamkeit zu widmen.

Kristian Fechtner sensibilisiert deutlich für die Problematik der Formulierung *„Engagement und Indifferenz“* (2014), die einen vermeintlichen *„Verlust der Mitte“* suggeriert. *„Vernetzte Vielfalt“* (2015) wird demgegenüber den Erkenntnissen der V. KMU und der Befragung *„Gehen oder Bleiben“* besser gerecht und bewahrt vor Katastrophierungstendenzen (auch in Fragen der familialen religiösen Sozialisation). Kirchliche Sozialisation, auch in der Familie, ist trotz dieses kritischen Hinweises gleichwohl sorgsam wahrzunehmen. Es wird darum gehen, Kirche insgesamt zu einer förderlichen sozialen Umwelt von Kirchenmitgliedern zu modellieren, die Motivationsanreize zur Intensivierung der Selbstbindung der Mitglieder gibt.

In den hier präsentierten Projekten spielt die Sozialisation für das Handeln der Kirche insbesondere unter dem Gesichtspunkt der langfristigen (!) Austrittsprävention eine wichtige Rolle.

- Die Evangelisch-lutherische Kirche in Bayern geht von der Beobachtung aus, dass die Verbundenheit mit der Kirche zum Zeitpunkt der Konfirmation oft am höchsten ist und dann abnimmt. Das Projekt *„Kirchenpost“* verfolgte die Kommunikationsziele, den Kontakt zu ihren Mitgliedern ab 13 Jahren zu suchen, ihnen Aufmerksamkeit zu biografischen Anlässen zu spenden, sie über kirchliche Angebote zu informieren, sie über die Verwendung der Kirchensteuer aufzuklären, sich für die Zahlung der Kirchensteuern zu bedanken und so in ihrer Mitgliedschaft zu bestätigen. Der Kreis der Adressaten der „Kirchenpost” in den verschiedenen Formaten wurde ausgeweitet entlang der Biografie bis zum Lebensende, auf Zielgruppen wie die Kirchensteuerzahler, Neuzugezogene, junge Familien und Ehepaare im Jahr nach der Hochzeit.
- Die *„Kirchenkiste“* der Evangelisch-lutherischen Kirche Hannovers setzt gezielt beim Grunddatum der Kirchenmitgliedschaft, der Taufe, an. Das Projekt lässt sich als kontinuierliche

[20] Vgl. EKD (2013) (Hg.): Zwischen Autonomie und Angewiesenheit. Familie als verlässliche Gemeinschaft stärken. Eine Orientierungshilfe des Rates der Evangelischen Kirche in Deutschland (EKD), 2. Auflage, München; Ev. Kirche von Westfalen, Kirchenleitung (2012) (Hg.): Familie heute. Impulse zu Fragen der Familie. Hauptvorlage für die Landessynode 2012, Bielefeld.

Tauferinnerung und Taufkatechese beschreiben. Angesichts konstatierter Defizite der Taufpraxis will es diesem Mangel abhelfen, indem es durch Zuwendungen von Besuchen, Grüßen, Geschenken und einschlägigen Angebotsformaten entlang der Biografie bis zur Konfirmation einer neuen Wertschätzung der Taufe den Weg bereiten will.

Öffentlichkeit

74 Prozent finden es gut, dass die Kirchen Kindergärten und Schulen unterhalten. Sie finden (55 Prozent), dass die Kirche keinen schlechten Ruf hat (schlechter Ruf: 5,9 Prozent trifft zu, 2,5 Prozent trifft stark zu). Dass sie ein gutes Image hat, finden 33 Prozent, 35 Prozent sind ambivalent. Die Mitglieder sind zu 54 Prozent der Meinung, dass die Kirche zum Zusammenhalt der Gesellschaft beiträgt, und dass sie etwas für Arme, Kranke und Bedürftige tut (55 Prozent). Auch dürfen die Kirchen nicht aus dem öffentlichen Bild verschwinden (55 Prozent). 41 Prozent der Mitglieder möchten explizit den Einfluss der Kirche stärken.

Für die öffentliche Repräsentation der Kirche stehen ihre Pfarrerinnen und Pfarrer und die hauptamtlich Mitarbeitenden. Sie haben insgesamt Sympathiewerte von 38 Prozent; 40 Prozent sind ambivalent. Die immense Bedeutung dieser Personengruppe für die Mitglieder steht der V. KMU zufolge außer Frage. Am Beispiel hochreligiöser Jugendlicher lässt sich dies eindrücklich belegen: Tobias Faix und Tobias Künkler konnten zeigen, dass die Wahrnehmung der Pfarrerinnen und Pfarrer und die Begleitung durch die Hauptamtlichen entscheidenden Einfluss auf die Bereitschaft zum Engagement und auf die Wahl eines kirchlichen Berufs bis hin zum Pfarrdienst haben. Das ehrenamtliche Engagement ist ein weiteres zentrales Kriterium der Kirchenbindung.[21]

- Als motivierende öffentliche und öffentlich wahrnehmbare Umwelt, die zur Identifikation der Mitglieder durch Markenbildung der Kirche anregt und motiviert, gestaltet sich das Bistum Münster mit einem Marketingkonzept unter dem Claim „*Für Dein Leben gern*". Das Konzept fokussiert den Sachverhalt, dass kirchliche Angebote und Leistungen zwar von den Mitgliedern durchaus gern angenommen und positiv bewertet werden. Diese Angebote und Leistungen werden jedoch weithin nicht als kirchlich identifiziert. Die Markenbildung „*Katholische Kirche. Bistum Münster*" mit einem entsprechenden

[21] Vgl. Faix; Künkler (2018), 191–201.

Logo ist zugleich mit kulturellen Neuorientierungen in den Dimensionen Mission, Pastoral und Verwaltung verknüpft.

- Zur öffentlichen Wahrnehmung trägt auch die teilnehmende Beobachtung und experimentelle Exploration eines besonderen Sozialraums durch einen *„Pastoralentrepreneur“* in Titisee im Schwarzwald bei. Zu beobachten ist dies am Projekt *„Draußen. Hier. – Die mobile Kirchenbank“* an einem populären Urlaubsort. Aus den Rückmeldungen der Nutzer, der Mitwirkenden und der öffentlichen Medien zu einer besonderen Form aufsuchender persönlicher Seelsorge ergibt sich eine Stärkung des Images einer seelsorglich nahen Kirche.

Kontaktflächen

„Wer redet, dem kann geholfen werden“, sagt eine gängige Redensart. Wo Kontakte sind, seien sie ideell oder medial oder Face-to-Face, können Erwartungen abgeglichen, Missverständnisse geklärt, Sichtweisen verändert werden. Kontaktflächen zu schaffen ist aus der Sicht einer innovativen Mitgliederorientierung erforderlich, um kritischen Mitgliedern Gelegenheiten zu guten Erfahrungen und neuen Einsichten zu geben. (Die V. KMU weist unter anderem darauf hin, dass Menschen, die den Gottesdienst nicht besuchen, ein sehr traditionelles Gottesdienstbild haben, weil dies ihren letzten Gottesdiensterfahrungen entspricht.)

Nach den Gründen befragt, antworten die 20 Prozent Probanden mit Austrittsneigung oder -absicht, sie stießen sich am Reichtum der Kirche (45 Prozent), lehnen die Haltung der Kirche zur Abtreibung ab (35 Prozent), verurteilen das historische Versagen der Kirche (20 Prozent), fordern eine andere Rolle der Frau in der Kirche (24 Prozent), kritisieren die Missbrauchsskandale (30 Prozent), lehnen die Kirchensteuer ab (50 Prozent), bemängeln die fehlende Übereinstimmung mit dem Willen Jesu (52 Prozent) oder haben keinen Gemeindebezug (41 Prozent).

- Das Karlsruher Stadtkirchenprojekt *„David im Stadtgespräch – In die Stadt gehen - Citykirchenarbeit als Forum experimenteller Projektarbeit“* wendet sich nicht an eine bestimmte Zielgruppe. Es nimmt vielmehr eine ganze Stadt mit ihren sehr verschiedenen Lebensorten und prominenten Besuchern ins Visier und bindet diese in eine komplexe Strategie religiöser Kommunikation über das Medium der biblischen Davidgestalt ein:
  Das Bundesverfassungsgericht, der Marktplatz, die Straße mit ihren Häusern und der dort angebrachten Graffitikunst, das Bürofachgeschäft und die Bäckerei sind exemplarische Orte.

So entsteht eine Vielzahl von themenzentrierten Kontakten kirchlicher und außerkirchlicher Partner mit öffentlicher Relevanz und vielfacher persönlicher Bedeutung.

- Die evangelische Gemeinde Böhringen verbindet ökumenisches Lernen mit einem biblisch-missionarisch inspirierten Gemeindewachstumsprogramm und befindet sich *„Auf dem Weg zur Quellgemeinde“*. Schriftauslegung, Leadership, persönliche Verbindlichkeit, geistlich geprägte innergemeindliche Ausbildung und geistliche Leitung bis in die Sitzungsgestaltung hinein tragen zu einer Mitarbeiter-Personalentwicklung von lernendem Zusehen über helfendes Engagement und erste Leitungsverantwortung bis hin zur eigenständigen Projektverantwortung bei. Missionarische Aktionen und nach außen gewandte Großzügigkeit vermehren die Zahl der Begegnungs- und Kontaktmöglichkeiten nach dem Maß der inneren Kraft der Gemeinde.

Fazit

Kirchentheorie lässt sich im Sachgehalt auf die volkskirchlichen Ansätze der beginnenden Weimarer Republik beziehen. Diese stellten sich der Aufgabe der Kirchen in Deutschland, nach dem Zusammenbruch der Monarchie ein theologisch qualifiziertes praktisches Verhältnis zur Moderne zu finden. Diese Aufgabe ist bis heute nicht erledigt. Nicht zufällig erinnert Birgit Weyel daran, dass der Vernunftrepublikaner und evangelische Theologe Ernst Troeltsch von der *„Elastizität der Volkskirche“* gesprochen habe.[22] Gegenwärtig scheint es sehr notwendig zu sein, in Kirche und Gesellschaft ein *Ende der* dramatisierenden und alarmistischen *Krisenrhetorik* anzumahnen[23], die dazu neigt, einen permanenten Ausnahmezustand auszurufen, der vermeintlich außerordentliche und entschiedene Maßnahmen erfordert. (Politisch gehört dies in das argumentative Arsenal des antidemokratischen Staatstheoretikers Carl Schmitt.) Die aktuelle kirchentheoretische Diskussion sollte als Ermutigung rezipiert werden, Regelorganisation und Projektarbeit, Tradition und Innovation,[24] Mitgliederorientierung,

---

[22] Vgl. Weyel, Birgit (2019): Was wird aus der Kirche? Formen religiöser Vergemeinschaftung und die Rolle der Organisation, in: DPfBl 1/2019, 20–23.

[23] Vgl. Kretzschmar, Gerald (2019): Kirchenwirklichkeit als Krisenwirklichkeit? Wahrnehmungs- und Gestaltungsperspektiven für das kirchliche Leben, in: DPfBl 1/2019, 16–19; Beese, Dieter (2001): Reform und Reformation: Zur Problematik kirchlicher Krisendiagnosen, in: Lernort Gemeinde 19. Jg. 4/2001,16–20.

[24] Vgl. Beese, Dieter (2011): Innovationen zukunftsfähig gestalten, in: Becker, Dieter; Höhmann, Peter, Kirche zwischen Theorie, Praxis und Ethik. Festschrift zum

Sachorientierung und Gabenorientierung, Parochie und kirchliche Orte, Pfarrdienst und andere Dienste interaktiv zu entwickeln. Insofern bleibt die Zusage des Apostels Paulus in systematischer, empirischer und praktischer Hinsicht für jede Kirchenentwicklung maßgeblich: *„Ich bin überzeugt, dass der, der etwas so Gutes in eurem Leben angefangen hat, dieses Werk auch weiterführen und bis zu jenem großen Tag zum Abschluss bringen wird, an dem Jesus Christus wiederkommt"* (Philipper 1,6; NGÜ). Die Aussagen der Kirchenmitglieder, die anregenden praktischen Beispiele und die aktuellen kirchentheoretischen Überlegungen in Theologie und Kirche können dazu beitragen, dem apostolischen Impuls in Theorie und Praxis Raum zugeben.

80. Geburtstag von Karl-Wilhelm Dahm. Mit einem Grußwort von Präses Nikolaus Schneider, Ratsvorsitzender der EKD, Frankfurt, S. 221–248.

DAS MITGLIEDSCHAFTSPARADOX

Thomas Schmidt

Es lohnt sich, beim Thema Mitgliederorientierung genauer hinzusehen. Wer ist gemeint? Welche Formen der Kommunikation bewähren sich in der Praxis? Was lässt sich statistisch erfassen oder prognostisch daraus schließen? Das Risiko einer solchen vertieften Betrachtung könnte allerdings darin bestehen, dass durch das Fixieren von Mitgliederfragen die Rahmenbedingungen der Mitgliedschaft aus dem Blickfeld geraten.

Kirche ist nicht einfach

Wo Mitgliedschaften thematisiert werden, geht es um Inklusion oder Exklusion und damit um Regeln, wer dazugehören darf und wer nicht. Am deutlichsten wird dies in Organisationen sichtbar, die sich durch Mitgliedschaftsregeln (zum Beispiel Arbeitsverträge) erst konstituieren können. Die wichtigste Regel, noch vor der Akzeptanz von Zielen und Aufgaben des Unternehmens, ist die Akzeptanz der Hierarchie. Wer den Weisungen seiner Vorgesetzten nicht folgt, muss damit rechnen, seine Mitgliedschaft zu verlieren, auch wenn es dabei je nach Organisationskultur unterschiedliche Spielräume gibt. Schon deshalb kann Kirche keine einfache Organisation sein. Sie beginnt bereits, „wo zwei oder drei" in Christi Namen versammelt sind (Matthäus 18,20) und wird zur Organisation, wo Taufe und Glaubensbekenntnis als Mitgliedschaftsbedingung eingefordert werden. Jenseits der Taufe aber lassen sich keine klaren Mitgliedschaftsregeln identifizieren, die noch allgemeine Geltung beanspruchen können.[1]

Wenn sich die Kirchen mit ihren Mitgliedern beschäftigen wollen, muss deutlich werden, dass Kirche nicht nur eine Organisation mit besonderen Mitgliedschaftsbedingungen ist. Vor allem muss dabei berücksichtigt werden, dass Kirche nie *nur* Organisation ist. Mitgliedschaft ist deshalb keine einfache, sondern mindestens eine dreifache Frage: Kirche ist Gemeinschaft *(koinonia)*, Organisation (*parochia,* Gemeinde, Landeskirche, Bistum) und Bewegung (*ecclesia*, christliche Netzwerke, Weltkirche). Vieles spricht dafür, dass sie ihren Bestand über Jahrhunderte hinweg gerade durch diese

1 Entsprechende Regeln sind zwar als „Kirchengebote" im Katechismus für die Katholische Kirche formalisiert, werden faktisch jedoch weitgehend ignoriert. KKK 2042 f.: Sonntags-, Beicht-, Kommunion-, Fasten- und Spendenpflicht.

Kombination verschiedener „Aggregatzustände" sichern konnte. Und manches spricht dafür, dass sie gerade dabei ist, ihre fehlende organisationale Professionalität durch eine Überdosis an Managementstrategien zu kompensieren, was fatale Folgen für die anderen beiden Ebenen haben könnte.

Die Zugehörigkeit zu Gruppen, Organisationen und Netzwerken gehorcht jeweils ganz unterschiedlichen Kommunikationsregeln. Kirche hat Zukunftschancen, wenn sie lernt, verschiedene Systemebenen zu unterscheiden und diese Unterscheidung auch in komplexe Interventionen zu übersetzen. Bei allen Maßnahmen zur Mitgliedschaft sollten die Auswirkungen nicht nur auf die *Organisation* Kirche geplant, sondern auch deren Nebenfolgen für *Gemeinschaften* und *Netzwerke* berücksichtigt werden. Reformen müssen scheitern, wenn eine dieser Systemebenen verabsolutiert wird. Zukunftskonzepte für eine bessere Mitgliederorientierung sollten nicht nur von den Bedürfnissen der *Organisations*mitglieder ausgehen, um das Überleben der Organisation zu sichern. Sie sollten gleichrangig die Bedürfnisse derer im Blick behalten, die nicht Mitglied sein wollen, wohl aber durch ihr Interesse oder ihre Mitwirkung dazu beitragen, dass Kirche als Gemeinschaft von Gemeinschaften, als Organisation von Organisationen und als Bewegung weiterhin aktiv sein kann.

Beziehungsqualität: „Löscht den Geist nicht aus!" (1 Thessalonicher 5,19)

Kirche lebt von Begegnungen im Nahraum. Dafür steht die Emmaus-Erzählung (Lukas 24,13 ff.): Die beiden Jünger sind gemeinsam unterwegs, reden über ihre enttäuschten Hoffnungen, sind zunächst mit Blindheit geschlagen und öffnen sich allmählich für den Dritten im Bunde, was ihnen dann überraschend neue Perspektiven eröffnet. Die Leitmetaphern solcher Begegnungen sind „das brennende Herz" und der von Gott gestillte Hunger. Solche Begegnungen setzen Vertrautheit voraus, damit Vertrauen wachsen kann, aber nicht zwingend formalisierte Organisationsstrukturen. Wenn Menschen sich zu Hilfsaktionen, Glaubensgesprächen oder Abendgebeten versammeln, sind das Interaktionen mit teilweise intensiven Zugehörigkeitsgefühlen, aber keine Mitgliederorganisationen mit einklagbaren Rechten und Pflichten. Solche Begegnungen leben von der wechselseitigen Wahrnehmung. Aus ihnen kann Sicherheit, Sinn und mitunter sogar Beheimatung entstehen.

Kirche als Gemeinschaft muss auf Beziehungsqualität achten, wenn sie interaktiv bleiben will. Sie lebt von solchen flüchtigen Begegnungen, die nicht verzweckt werden und in denen Rückzug fraglos möglich bleibt.[2] Erst recht gilt dieser Zwanglosigkeitszwang für Begegnungen in existenziellen Lebenslagen. Weder Barmherzigkeit noch spirituelle Erfahrungen können verordnet werden. Wenn aber der Dienst am Nächsten und geistliche Kommunikation zu den Kernmerkmalen der Begegnung mit Christen gehören sollen (vgl. Matthäus 25,31-46; 1 Korinther 2,10-13), braucht es Taktgefühl statt Vereinnahmungstendenzen. Wenn heute – anders als früher – weder Sanktion noch Sozialisation den Fortbestand der Kirche sichern können[3], wird es umso mehr darauf ankommen, die Möglichkeit spiritueller Erfahrungen in solidarischen Begegnungen, also die Einheit von Gottes- und Nächstenliebe (Markus 12,28-34 parr.), wieder in den Mittelpunkt kirchlicher Vergemeinschaftung zu rücken. Allerdings muss dabei berücksichtigt werden, dass die allermeisten Menschen auch in ihren spirituellen Bedürfnissen nicht länger bevormundet werden wollen. Das Bedürfnis nach Begegnung muss kompatibel sein mit dem Bedürfnis nach Freiheit. Es ist ein wichtiges Signal, wenn neuere synodale Vereinbarungen mit dem Perspektivwechsel beginnen, vom Einzelnen her zu denken.[4] Ohne den Respekt vor den vielfältigen spirituellen Ressourcen der religiös Interessierten, aber eben zumeist nicht mehr kirchlich Organisierten wird es keine Zukunft für die Kirche geben. Es hat sich längst herumgesprochen, dass Zugang zu religiöser Kommunikation auch unabhängig von registrierter Mitgliedschaft möglich ist.[5]

Welche Bedeutung ein Leben in Gemeinschaft *(koinonia)* für Jesus und seine Jüngerinnen und Jünger hatte, ist biblisch gut bezeugt. Jüngerschaft ist eine bleibende Beziehung und keine flüchtige Interaktion. Offenkundig war schon damals nicht jeder bereit oder in der Lage zur radikalen Nachfolge. Neben den Wandercharismatikern spielen daher auch Sympathisantinnen für den Institutionalisierungsprozess der Urkirche eine bedeutsame Rolle.[6] Die Jesusbewegung ersetzt den Initiationsritus der Beschneidung durch die Taufe. Sie integriert Charisma und Sympathie in einem einheitlichen Zugehörigkeitsmerkmal und markiert damit den Willen zur eigenen Organisation. Auch nach dem Apostelkonvent (Apg 15) hören wir diesbe-

---

2 Vgl. dazu das Projekt Mobile Kirchenbank in diesem Band.

3 So Ebertz, Michael N. (2017): Wachsen im Schrumpfen. Anregungen für eine Wachstumspastoral. Vortrag zum ersten Zukunftsforum des Bistums Würzburg am 14.10.2017.

4 Vgl. dazu Schmidt, Thomas (2018): Mystik und Management. Die Trierer Synode und der Weg zur Pastoral der Zukunft, in: Stimmen der Zeit H. 3, 183–192.

5 So Luhmann, Niklas (2002): Die Religion der Gesellschaft. (Hg. v. André Kieserling), Frankfurt, 304.

6 Theißen, Gerd (1985): Zur Soziologie der Jesusbewegung, 4. Aufl., München, 21 ff.

züglich noch von Konflikten und Klärungsbedarfen. Es darf also bereits für die Frühzeit des Christentums mit verschiedenen Übergangsformen und Transitionstoleranzen gerechnet werden.

Eine Kirche, die anschlussfähig sein will, muss sich darauf einlassen, dass Vergemeinschaftung Interesse voraussetzt und dieses nicht ruinieren darf. Und sie muss Resonanz zulassen, also kontrollieren, ob ihre Angebote tatsächlich die geweckten Erwartungen erfüllen. Verändert haben sich nicht nur spirituelle Bedürfnisse, sondern auch die Bedingungen der Bereitschaft, über solche Bedürfnisse ins Gespräch zu kommen. Spiritualitäten gibt es nur noch im Plural.[7] Sie setzen Formen der Kommunikation voraus, die durch Authentizität gesichert und durch Verzweckung zerstört werden. Oder noch kürzer: Eine Kirche, die beim Beten aufs Bezahlen schielt, ruiniert sich selbst.

Wenn spirituelle Begegnungen authentisch sind, zeigen sie ein Stück der eigenen Verwundbarkeit. Außerhalb von fundamentalistischen Zirkeln wird Sicherheit gerade in Glaubensfragen nur noch durch geteilte Unsicherheit gewonnen. Eine solche intime Begegnung, das gemeinsame Schweigen, die fragile Zuversicht, darf nicht durch organisationale Anforderungen gefährdet werden. Spirituelle Begegnungen müssen geschützt und gepflegt werden. Wer sich vergemeinschaften möchte, aber befürchten muss, vereinnahmt zu werden, wird womöglich mit Abwehr reagieren und damit das Interesse verlieren. Flüchtige Begegnungen dürfen nicht unter Leistungsdruck geraten.[8]

Wenn Kirche es ernst meint mit ihrem Auftrag, das Evangelium zu kommunizieren, dann muss sie solche spirituellen Interaktionen schützen und dafür geeignete Räume organisieren. Es gehört zu ihren zentralen Aufgaben, flüchtige Interaktionen aufzuwerten, die die Chance bieten, Alltagserfahrungen auch spirituell zu deuten. Diese Gratwanderung bleibt das Risiko der Kirche als Gemeinschaft: zweckfreie Begegnung (Geselligkeit) zu ermöglichen und gleichzeitig den Ursprungszweck von Kirche, die Kommunikation des Evangeliums, nicht aus dem Blick zu verlieren. Hier liegt die Chance der Organisation Kirche, sich selbst als Dienstleisterin zu verstehen an den Schutzräumen spiritueller Kommunikation und an der Inspiration flüchtiger Bekanntschaften. Allerdings muss sie dazu auf jegliche Anmaßung verzichten, welche Spiritualitäten dort zugelassen werden und welche nicht.

---

[7] So auch Ebertz, Michael N.; Segler, Lucia (2016): Spiritualitäten als Ressource für eine dienende Kirche, Würzburg.

[8] Lehmann, Maren (2018): Zwei oder Drei. Kirche zwischen Organisation und Netzwerk, Leipzig, 46.

Es ist ein Paradox: Kirche als Gemeinschaft braucht Zugehörigkeit ohne Vereinnahmung, die in einer komplexen Gesellschaft auf Dauer nur durch Organisation und Vernetzung zu gewährleisten ist. Eine Zukunftsfrage der Kirche wird es deshalb sein, ob ihr die Vernetzung von intimen Initiativen gelingt oder ob sie nur noch in Events denken kann. Spirituelle Interaktion ist auf Organisation angewiesen, so wie umgekehrt die Organisation Kirche nicht ohne spirituelle Gemeinschaften und solidarische Netzwerke überleben kann. Daraus erwächst für die Organisation Kirche die Aufgabe, spirituelle Begegnungsräume zu priorisieren und mögliche Interessenkonflikte zu moderieren. „Diese Gemeinschaft ist, was sie ist, durch Organisation."[9] Aber diese Organisation ist, was sie ist, eben zugleich durch Gemeinschaften, die sich nicht widerspruchsfrei organisieren lassen. Wachstum der Kirche entsteht zuvörderst durch wachsende Beziehungen, solange diese zarten Pflänzchen vor organisationalen Dampfwalzen geschützt werden.

Entscheidungsqualität: „Nicht Herren über euren Glauben, sondern Diener eurer Freude" (2 Korinther 1,24)

Organisationen schaffen Entlastung durch Arbeitsteilung und die Reduktion von Freiheitsgraden. Der Preis für die leichtere Entscheidungsfindung ist das Korsett formaler Strukturen. Entlastung entsteht durch Routinen, durch die Einführung von Mitgliedschaftsregeln, die Konzentration auf gemeinsame Zweckprogramme und die Bereitschaft, sich in den daraus resultierenden Konflikten – zumindest offiziell, nicht unbedingt informell – auf hierarchisch vorgegebene Kommunikationswege einzulassen. Organisationen als spezifische Form der Kommunikation unter Mitgliedern setzen auf Entscheidungen, die (positiv oder negativ) an vorhergehende Entscheidungen anknüpfen. Erst dadurch wird es möglich, Unsicherheiten (vorübergehend) zu absorbieren und Entlastung zu schaffen. Die Kirche gehört zu den ersten Institutionen, die sich als Organisation reproduziert haben. Dennoch verleugnet sie bis heute ihr Organisationsein bis hinein in die Spitzen der Hierarchie. Diese „Organisationsabwehr" ist als Dissonanzreduktion verständlich, als Managementstrategie jedoch höchst riskant. Wer nicht wahrhaben will, dass Kirche notwendig auch eine Organisation sein muss, wenn sie sich dauerhaft vergemeinschaften will, der wird auch ihren Eigensinn kaum verstehen.

Organisationen setzen ihre verschiedenen Strukturelemente miteinander in Beziehung. Mitgliedschaftsregeln, Zweckprogramme und Hierar-

---

9 Luhmann, Niklas (1990): Funktion der Religion, 2. Aufl., Frankfurt, 275.

chie werden „relationiert", also miteinander in Wechselwirkung gebracht. So entstehen Dynamik und Flexibilität. Hier liegt nun das Hauptproblem kirchlicher Mitgliederorientierung: Üblicherweise wird Mitgliedschaft nicht nur „generalisiert", also vergleichbaren Regeln (zum Beispiel der Leistungserwartung) unterworfen, sondern zugleich auch wieder „spezifiziert", also Einzelentscheidungen ausgesetzt, sodass verschiedene Mitglieder unterschiedliche Aufträge erhalten (oder zeitgemäßer: sich selber beschaffen können), um damit den Bestand der Organisation zu sichern. Genau hier fehlt es der Kirche an Möglichkeiten, ihre aktiven Mitglieder über spezifische Entscheidungen zu steuern. Selbst bei hauptberuflichen Mitarbeiterinnen gelingt dies nur in Ansätzen. Die meisten Spezifikationen sind freie Entscheidungen freier Mitglieder.[10] Daraus entstehen permanent Missverständnisse und Erpressungspotenziale: Was ist noch freiwillig? Wie können Vereinbarungen erzielt und Konflikte reguliert werden? Wie begegnet Gemeindeleitung Ehrenamtlichen, die mit Desengagement oder Austritt drohen, um Partialinteressen durchzusetzen?

Wir stehen bei einer weiteren Paradoxie: Die wichtigste Management-Strategie der Kirche ist, dass sie keine braucht[11], dass sie aber klugerweise gerade deshalb nicht darauf verzichten sollte, immer wieder neu ihr Profil zu schärfen. Die Kirche der nächsten Gesellschaft wird eine diakonische und gerade darin mystagogische Kirche sein, oder sie wird nicht mehr sein.[12] Daher kann der ekklesiologische Auftrag der *Kirche als Organisation* nur sein, sich als Service-Kirche zu verstehen[13], als Dienstleisterin nicht nur für jene Gemeinschaften, die das leben, wovon die Organisation ständig spricht. Kirche hat als Dienstleistungsorganisation den Auftrag, die Kommunikation des Evangeliums auch über den Tellerrand der eigenen Gemeinschaften hinaus zu organisieren. Nur wenn Diakonie und Seelsorge als professionelle Dienstleistungen für die Gesellschaft attraktiv bleiben, wird Kirche eine Zukunft haben. Ansonsten werden die Kirchen höchstens noch ein Nischendasein pflegen. Dazu braucht es klare Qualitätsstandards, was professionelles Pastoralmanagement leisten und was gegebenenfalls auch sanktionierbar sein muss.

---

[10] Vgl. dazu ebd., 299: Alle haben die gleichen Heilschancen und unterliegen der gleichen Erlösungsbedürftigkeit.

[11] Heller, Andreas; Schmidt, Thomas (2010): Tugenden und Todsünden kirchlicher Strategie-Entwicklung, in: Dessoy, Valentin; Lames, Gundo (Hg.): „... und siehe, ich bin bei euch alle Tage bis an der Welt Ende!" (Mt 28,20). Zukunft offen halten und Wandel gestalten, Trier, 124–135, hier: 135.

[12] So bereits Rahner, Karl (1966): Frömmigkeit heute und morgen, in: Geist und Leben 39, 326–342, hier: 335.

[13] Vgl. dazu die in diesem Band präsentierten Projekte aus den Bistum Essen zur Willkommenskultur sowie das Trauteam.

Aus gutem Grund hat sich in den Kirchen eine Binnendifferenzierung entwickelt, um die angedeuteten Konfliktpotenziale zu entschärfen. Manches deutet nun daraufhin, dass ausgerechnet Mitgliederprojekte die Lunte an ein ohnehin prekäres Pulverfass halten könnten, wenn nicht sorgsam gemanagt, sondern Aktivismus mit Management verwechselt wird. Zur Sorgfalt gehört die Unterscheidung dreier Mitgliedertypen: Rechnerische Mitglieder wollen in erster Linie in Ruhe gelassen, aktive Mitglieder wollen *inter*-aktiv werden, und berufliche Mitglieder wollen womöglich beides gleichzeitig:

(1) Am schwierigsten zu gestalten sind die Beziehungen zu den *rechnerischen Mitgliedern*. Hier kann es kein persönliches Vertrauen geben, weil Vertrautheit in der Regel gar nicht aufgebaut werden konnte. Gleichzeitig gab es in der Vergangenheit offenbar genügend Gründe, die Mitgliedschaft nicht zu kündigen. Auch wenn keine direkten Kontakte zur Organisation Kirche bestehen, erfüllt diese Form der Mitgliedschaft eine Funktion, die durch Kontaktaufnahme gefährdet werden könnte.[14] Allerdings gibt es berechtigte Zweifel, ob dieses Systemvertrauen (vermutlich eher ein diffuses Institutions- als ein konkretes Organisationsvertrauen) in den letzten Jahren nicht so massiv erschüttert wurde, dass nun jede direkte Ansprache kontraproduktiv wirken könnte. Bereits in glaubwürdigeren Zeiten hatte Luhmann gewarnt, dass indirekte Tauschbeziehungen „empfindlich [sind] gegen Aufmerksamkeit“[15]. Gerade heute, in einer Kirche, die sich selbst an den Rand des Abgrunds manövriert hat, muss Teilhabe ohne Teilnahme legitimierbar bleiben. Sonst geht die Freiheit verloren, sich nicht zu entscheiden.[16] Wie aber entsteht Stabilität in einer distanzierten Mitgliedschaft? Vermutlich nur durch überzeugende Leistungen. Erst wenn Fehler öffentlich aufgearbeitet und die Funktionstüchtigkeit von Karitas und Seelsorge nachgewiesen sind, können Organisationsdefizite kompensiert werden.

(2) Nicht viel einfacher dürfte die Kommunikation mit *(inter)aktiven Mitgliedern* zu gestalten sein, die zunehmend höhere Erwartungen an die Freiheitsgrade dieser Interaktion stellen. Sie fragen zu Recht, warum ihr Engagement nicht auch durch Mitgestaltungsrechte kompensiert wird. Berufliche Mitglieder geraten damit zusätzlich in Defensiven, die es nicht leichter machen, professionelle Defizite einzugestehen. Die Bereitschaft zur

---

[14] Vgl. dazu die Projekte *Kirchenpost, Kirchenkiste* und *Lebenslang Mitglied bleiben* in diesem Band. Es wird allerdings kaum Akzeptanz finden, wenn zahlende Mitglieder ohne direkte Kontakte zur Kirche als „kontaktlose Personen“ bezeichnet werden (wie im Imagefilm www.mitgliedbleiben.ch 00:19).

[15] Luhmann, Niklas (1972): Die Organisierbarkeit von Religionen und Kirchen, in: Wössner, Jakobus (Hg.): Religion im Umbruch, Stuttgart, 245–285, hier: 259.

[16] Ebd., 260.

Aktivität wird nicht immer gekoppelt sein an die Erwartung, selbst Managementverantwortung wahrzunehmen. Es dürfte jedoch einen Zusammenhang geben zwischen der Frustration über fehlende Alternativen kollektiver Gemeindeleitung und einer wachsenden Bereitschaft, über Austritt oder zumindest über Alternativen des eigenen Engagements nachzudenken. Aktivität allein ist jedenfalls keine Garantie für Konsens in Glaubens- oder Steuerungsfragen.[17]

(3) Somit verschärft sich die Frage nach der Einheit und damit nach der Funktion kirchlicher Ämter. Der „generelle Kredit der Kirche" ist nur wiederzugewinnen, wenn *berufliche Mitglieder* die Diversität der Erwartungen der anderen Mitgliedertypen und -milieus respektieren. Differenzierung braucht mehr denn je den organisierten „Dienst an der Einheit", wenn Vielfalt nicht zur Beliebigkeit verkommen und damit jene Grenzen verwischen soll, die zum Selbsterhalt der Kirche notwendig sind. Theologie allein hilft aber offenkundig nicht weiter bei den vertrackten Prozessen der Entscheidungsfindung. Umgekehrt ruinieren theologiefreie Entscheidungen das Profil der Organisation Kirche. Es führt also kein Weg vorbei an einer *doppelten* Professionalisierung des Amtes, damit Systemsteuerung effektiv, effizient und theologisch fundiert erfolgen kann. Es kann nicht länger um ein heroisches Management-Modell gehen, das verzweifelt versucht, Einheit hierarchisch zu dekretieren.

Es wird in der nächsten Generation nur noch *post*heroisches Management Akzeptanz finden, das die eigenen Entscheidungen synodal abzusichern und Systemvertrauen durch Evaluation ihrer Wirkungen wiederzugewinnen versteht. Auch dies gehört zu den Paradoxien der Organisation Kirche: Sie leidet an einem Mangel an Leistungskontrollen und produziert deshalb eine Kirchenbürokratie, die eben solche Kontrollen erschwert. Kontrolliert werden müssten deshalb nicht nur kirchliche Leistungen, sondern auch die Angemessenheit ihrer Kontrollformen. Auch wenn erste Versuche rekursiver Wirkungskontrollen für Gemeinden[18] mittlerweile vorliegen: Es sollte sich niemand der Illusion hingeben, dass die hierarchischen Spitzen der Kirche(n) auf Dauer von solchen Qualitätskriterien verschont bleiben. Glaubwürdigkeit und Systemvertrauen können nur durch eine erkennbare Balance von Prozess- und Ergebnisqualität auf allen Ebenen der Organisation zurückgewonnen werden.

Kirchliche Organisationsabwehr wird damit zusehends riskanter. Es stellt sich die Frage, wie es der Kirche gelingen kann, das Risiko der Überorganisation zu vermeiden und zugleich ihre Professionalitätsdefizite zu

---

[17] So bereits Luhmann (1990), 302.

[18] Vgl. dazu das LEVI-Programm der Erzdiözese Freiburg (https://www.ebfr.de/html/levi.html) sowie Burger 2018.

verringern. Längst geht es nicht mehr nur um operative oder programmatische Kontrollen, ob das Richtige richtig getan wird, sondern um Krisenkontrolle, ob der Bestandsschutz des Systems noch funktioniert. Hier rächt sich die seit Jahrzehnten formelhaft vorgetragene Abwertung von Strukturfragen gleich dreifach. Natürlich geht es in der Kirche nie nur um Strukturen, aber eben immer *auch* um die Frage, ob die Verantwortlichen in der Lage sind, Strukturen so zu gestalten, dass Widersprüche zwischen verkündigter Funktion und gelieferten Leistungen nicht weiterwachsen. Kirche muss ihr Organisationsein relativieren, ohne sich als Organisation selbst abzuwerten.

Kirche als Mitgliederorganisation braucht professionelle Projekte, die sie als Service-Kirche profiliert und ihre Lernbereitschaft unter Beweis stellt. Sie könnte damit die Vorteile einer Organisation nutzen und zugleich deren Nebenwirkungen zivilisieren. Eine solche Humanisierung kirchlicher Organisationskulturen könnte ein neues Argument der Mitgliedschaftsmotivation werden. Dann dürfen allerdings Effektivität und Effizienz nicht fehlen, und der Reichtum an Charismen und Initiativen dürfte nicht auf dem Altar der Vereinheitlichung geopfert werden. Anstatt um genormte Identität kann es in Zukunft nur noch um Komplementarität gehen, um Fantasie für funktionale Alternativen der Zugehörigkeit zur Kirche. Wichtiger als Mitgliedschaft ist das Gefühl, dazugehören zu wollen. Oder nüchterner: „Es muss in der Kollektivität eine Basis der Gemeinsamkeit geben, die Gleichheiten und Ungleichheiten übergreift."[19] Eine solche gemeinsame Basis als Markenkern kann heutzutage nur noch diskursiv, synodal und netzwerkförmig erarbeitet werden und darf sich nicht in der Verordnung eines einheitlichen Corporate Designs erschöpfen.[20] Jeder Anschein einer von oben dekretierten Einheitlichkeit wirkt als hilfloser Ersatz für jene verloren gegangene Einheit. Kirche diskreditiert damit ihre notwendig pluralen Elementarstrukturen.[21]

Kirche als Organisation braucht künftig nicht nur, aber eben auch „kommunale Korrektive", um der Dominanz von Organisationen zu begegnen.[22] Gleichzeitig werden gemeindeübergreifende Netzwerke enorm an Bedeutung gewinnen, Entscheidungsverfahren werden sich dementsprechend verändern müssen. An der Basis schlägt das Mitgliedschaftsparadox

---

[19] Luhmann (1990), 275.

[20] So könnte das in diesem Band vorgestellte Projekt zur Markenentwicklung im Bistum Münster (miss-)verstanden werden.

[21] Lehmann (2018), 51.

[22] Welche Inspirationen hier möglich sind, belegt das Beispiel der Quellgemeinde in diesem Band. Allerdings benötigen auch Inspirationsquellen, die verbreitet werden wollen, eine angemessene Form professioneller Organisation.

der Kirche doppelt durch: Kirche ist angewiesen auf Begegnung ohne Mitgliedschaftszwang und muss im eigenen Interesse Mitgliedschaft ohne Begegnungszwang ermöglichen. Gleichzeitig ist sie angewiesen auf Formen der Hierarchie, die nicht länger die Partizipation derer verhindern, die profilierte Interaktionen ermöglichen. Mit anderen Worten: Sie muss Heterarchie nutzen, um Hierarchie zu stabilisieren, wenn sie weiterhin von den Wirkungen der Organisation profitieren will. Sie muss Kontrollen zulassen, die nicht nur auf Personen setzen, sondern auf Systemvertrauen.[23] Sie muss den Schutz vor Organisationsdominanz organisieren, damit Mehrdeutigkeiten weiterhin gepflegt werden können. Wachstum würde dann bedeuten, dass Professionalität, Service-Orientierung und wechselseitige Wirkungskontrollen wachsen. So könnte sich Entscheidungsqualität entfalten, die dann womöglich auch wieder die Zahl der zahlenden, interaktiven und verantwortlichen Mitglieder, vor allem aber deren Zufriedenheit positiv beeinflussen würde.

Netzwerkqualität: „Glauben, der in der Liebe wirksam ist" (Galater 5,6)

Kirche ist nicht zuletzt eine unüberschaubar vielfältige Bewegung, ein Netzwerk von Kontakten, das nicht identisch ist mit Gemeinschaften und Gemeinden. Gerade weil die Ähnlichkeit von Mitgliedern und Nichtmitgliedern unübersehbar geworden ist[24], greifen kirchliche Akteure gerne zur Netzwerk-Metapher, ohne deren Ambivalenz zu berücksichtigen. Offenbar sollen dadurch Organisationsdefizite getarnt werden. Dabei sind auch an Netzwerke ganz spezifische Erwartungen geknüpft, die kirchliche Organisationen häufig gar nicht erfüllen wollen.

Das Netzwerk als Form der Vergemeinschaftung setzt auf aktualisierbare Kontakte. Erwartet wird die Bereitschaft, situativ Leistungen zu erbringen („Das bist du mir schuldig!"), mitunter auch gegen die Interessen formaler Organisationen. In diesem Sinne ist auch Kirche ein Netzwerk von Netzwerken, in denen Beziehungen gepflegt und von Fall zu Fall genutzt oder auch missbraucht werden. Vieles deutet darauf hin, dass künftig die funktionale Logik der Gesellschaft von Netzwerkkontakten überlagert wird. In Netzwerken geht es um Begegnungen, die niemanden ausschließen, damit aber eben auch keine Grenzen ziehen, die entlasten könnten. Mitwirkung im Netzwerk bedeutet deshalb Dauerbelastung durch Aufmerksamkeits-

23 Vgl. dazu Schmidt, Thomas (2017): Nie wieder Qualität. Strategien des Paradoxie-Managements, Weilerswist, 308–316.

24 Luhmann (1990), 147.

produktion. Attraktivität ist die Leitwährung dieser Kommunikation. Steuerungsversuche laufen ins Leere, denn Netzwerke besitzen kein Zentrum und keine Spitze. Das macht sie interessant, flexibel und unorganisierbar. Sie teilen mit lokalen Interaktionen das Interesse für Begegnungen. Sie unterscheiden sich jedoch durch ihre Reichweiten. Es geht eben nicht um die Identifikation von Personen als Mitglieder im Netzwerk, sondern um das Wirken der „unsichtbaren Kirche“ in einem „Gewebe aus Inhalten, Intensitäten und Gelegenheiten“.[25] Kirche als Netzwerk kann demnach weder mit den Mitteln einer Mitgliederorganisation beschrieben noch konfessionell domestiziert werden. Hier misslingt, was der Organisation gelingen sollte: die (Selbst-)Disziplinierung ihrer Mitglieder.

Es braucht nicht viel Fantasie, um im Netzwerk den organisationskritischen Impetus Jesu wiederzuentdecken. Die Kritik Jesu am Tempel zeigt uns ja keinen Revoluzzer, sondern einen Propheten, der Gottesbegegnung einfordert, wo Organisationen Grenzen ziehen. Seine Kritik kann als eine radikale Infragestellung von Mitgliedschaftskriterien verstanden werden. Es darf auch der Kirche letztendlich nicht um sich selber gehen, sondern um das Interesse an Gott und damit am Fremden.[26] *Communio* und *ministratio* gehen Hand in Hand mit der *attractio*, die nach Ereignissen sucht, in denen Grund zur Hoffnung gefunden wird. In tiefster Unsicherheit verbünden sich Menschen in der Sorge um die Gesellschaft, um nach angemessenen Formen des Zusammenlebens zu suchen, die sich nicht verabsolutieren, sondern eben wiederum transzendieren lassen.

Was will man hier kontrollieren können? Allenfalls das Überschreiten von Grenzen des guten Geschmacks. Oder eben die Unkontrollierbarkeit des Netzwerks selbst. Die Nebenwirkungen solcher Vernetzungen liegen auf der Hand: Anders als Organisationen leben Netzwerke vom Risiko der Verantwortungsdiffusion. Wenn Kirche Organisation sein will, muss sie Zuständigkeiten klären und Verantwortung einfordern können. Wenn sie zugleich Netzwerk sein will, muss sie genau dies erfolgreich verhindern. Es ist also ratsam, Projekte der Organisation und Netzwerke nicht zu verwechseln. Und vollends komplex wird es, wenn Netzwerkorganisationen Projekte netzwerkförmig bearbeiten. Damit wird das Anforderungsprofil des Networking zum Berufsrisiko für künftige Amtsträger.

Eingriffe in solche Netzwerke sind mit den Mitteln der Organisation nicht planbar. Es geht höchstens um die Frage, ob sich kirchliche Organisationen selbst an solchen Knoten der Vernetzung beteiligen oder dies ihren Mitgliedern überlassen. Es wird in einer diakonischen Kirche darauf

[25] Lehmann (2018), 29.

[26] Hier liegen m. E. die prophetischen Stärken des in diesem Band dokumentierten Projektes *Kirchehoch2*.

ankommen, Plattformen zur besseren Gesellschaftssorge zu unterstützen. Sie kann dort allerdings weder ein Monopol noch einen Steuerungsauftrag beanspruchen. Sie kann lediglich im Geist des paulinischen Paradoxiemanagements in Demut darauf vertrauen, dass sie aus dieser Schwachheit neue Stärke gewinnt (2 Korinther 12,9 f.). Auch hier begegnen wir also einem Paradox: Wachstum entsteht durch das Vertrauen, Vernetzung zu akzeptieren und zugleich in Verbindlichkeit zu investieren. Sicherheit entsteht durch lose Verknüpfungen und nicht durch feste Knoten, durch fluide Anwesenheit und nicht durch stabile Mitgliedschaft. Ein solches Wachstum setzt die Fähigkeit voraus, Mehrdeutigkeiten zu verkraften, statt sie zu eliminieren. Produktives Zweifeln wird zur Kernkompetenz.

Kirchenmitgliedschaft: dreifach paradox

Fazit: Im Mitgliederkalkül der Kirche ist mit mehreren Unbekannten zu rechnen, mit divergierenden Interaktionsinteressen und widerständigen Netzwerkkontakten. Kirche als Organisation kann ihren Auftrag nur erfüllen, wenn sie Spielräume lässt, Schutzräume organisiert und Marktplätze nutzt für überraschende Begegnungen.[27] Sie wird einsehen, dass lose Kopplungen leistungsfähiger sind als statische Ordnungen. Sie wird sich daran erinnern, dass Vielfalt ein Erkennungsmerkmal des Geistes ist. Und sie wird diese Einsichten auch in komplexere Interventionen übersetzen – im Trialog zwischen Spiritualität, Professionalität und Attraktivität. Erst wenn sie gelernt hat, diese Komplexität zu verkraften, wird sie eine Chance haben, auch als Mitgliederorganisation wieder attraktiv zu werden.

[27] Vgl. dazu das David-Projekt der Citykirche Karlsruhe in diesem Band.

MITGLIEDERORIENTIERUNG – STRESSTEST FÜR EINE MISSIONARISCHE KIRCHE

Udo Schnieders

Die in diesem Band vorgestellten Projekte dokumentieren den längst überfälligen Fokuswechsel auf eine Mitgliederorientierung und -bindung im Raum beider großer christlicher Kirchen in Deutschland, der auf unterschiedlichen Ebenen begonnen hat.

Die Projekte sind auch deshalb ermutigend, weil sie als Beispiele für *Good Practice* nicht nur zur Nachahmung auffordern, sondern auch strategische Optionen für beide Kirchen nahelegen.

Aus Sicht der Organisationsentwicklung ist zunächst der Blick „hinter die Projekte“ angezeigt. Wer sich in den beiden Kirchen auskennt, weiß, dass die wenigen Hinweise in den Berichten auf Widerstände gegen die Projekte die Realität rücksichtsvoll schönfärben.

Warum rückt die Mitgliederorientierung erst so spät in den Fokus? Und: Warum verzichten die beiden großen Kirchen anders als vergleichbare Organisationen bis heute auf ein konsequentes Mitgliedermanagement?

2016/17 wurden in einer Studie kirchliche Führungskräfte beider Kirchen zur Zukunft und den Herausforderungen der Kirche in Deutschland befragt. Ein Ergebnis: „Zur wichtigsten Herausforderung, wie Mitglieder und Nutzer gehalten und (wieder) gewonnen werden können und was dafür zu investieren ist, gibt es praktisch kaum eine Aussage.“[1]

Für ein strategisches Mitgliedermanagement gibt es bisher wenige bis gar keine Ansätze. Kirchlichen Führungs- und Fachkräften fällt es offensichtlich schwer, „die zentralen Entscheidungspunkte bzw. Stellschrauben konkret zu benennen, um Veränderungsprozesse [...] in Gang zu setzen“.[2]

Dieser Befund erklärt aber noch nicht, wie es überhaupt dazu kommen konnte, dass die Kirchen sich mit einem immer größer werdenden Verlust ihrer Reichweite in der eigenen Mitgliedschaft und den mittlerweile konstant hohen Austrittszahlen über einen so langen Zeitraum arrangieren.

Eine Antwort auf dieses Phänomen gibt der Freiburger Pastoraltheologe Bernhard Spielberg, der die tief gehenden Auswirkungen der Finanzierung

[1] Dessoy, Valentin; Hahmann, Ursula; Lames, Gundo (2018): Trend wenden – Einschätzungen und Zahlen zur Zukunft der Kirche, in: futur2, Zeitschrift für Strategie & Entwicklung in Gesellschaft und Kirche, 2018 (1), www.futur2.org/article/trend-wenden-einschaetzungen-und-zahlen-zur-zukunft-der-kirche/ [02.03.2019].

[2] Ebd.

der Kirchen pointiert: Die Kirchensteuer „hilft ein kirchliches Selbstverständnis zu kultivieren, das die Kirchenmitgliedschaft primär unter dem Kriterium der finanziellen Beitragspflicht betrachtet – und daher die Frage nach dem nichtfinanziellen Beitragspotenzial der Gläubigen ebenso ignorieren kann wie die nach der Beitragspflicht der Kirche für die Biografien der Gläubigen“.[3]

Die Logik der Steuerzahlung entfremdet beide Seiten voneinander: die staatlich oder kirchensteuerfinanzierten Hauptamtlichen als Repräsentanten und Verwalter der Kirche von den als Steuerzahler wahrgenommenen Mitgliedern und die Mitglieder von ihrer Kirche, für die sie zahlen und – analog zum Sozialstaat – Gegenleistungen erwarten. Eindrücklich führt dies für eine Seite die Reaktion eines kirchlichen Verwaltungsmitarbeiters vor Augen: „Warum sollten wir uns für die Kirchensteuer und die Spenden von Kirchenmitgliedern denn bedanken? Das ist doch deren Pflicht und Schuldigkeit.“

Eine weitere Folge des Finanzierungssystems: Durch die stabile Finanzierung wird das Handeln der kirchlichen Akteure in der territorialen und kategorialen Pastoral von dem Feedback der „mit den Füßen“ abstimmenden Mitglieder entkoppelt. „Fragen nach der tatsächlichen Nachfrage musste man sich nicht stellen. Ebenso nicht dem Wettbewerb auf dem religiösen Markt.“[4]

Und zuletzt: Anders als in Spenden sammelnden Organisationen gibt es in den steuerfinanzierten Kirchen kaum ein Bewusstsein dafür, dass die Akquise von Geld Investitionen erfordert. Während der vom Staat erhobene Hebesatz zwei bis vier Prozent und die nicht unerheblichen Kosten für die Verwaltung der kirchlichen Finanzen unhinterfragt bleiben, gibt es für die Mitgliederkommunikation, -pflege und -bindung auf der einen und die Marken- und Imagebildung auf der anderen Seite in der Regel auf allen Ebenen der verfassten Kirche keine oder nur marginale Budgets.

Strategische Überlegungen zur Mitgliederorientierung und -bindung der Kirchen müssen also konsequenterweise „Segen und Fluch“ des aktuellen Finanzierungssystems berücksichtigen.

Ebenso muss bedacht werden, dass sich die Kirchen bei der Kirchentwicklung und „dem Design von partizipativen Prozessen vor allem bis ausschließlich an interessierte, sorgsam abwägende und engagierte Christinnen

[3] Spielberg, Bernhard (2015): No money – no mission? No mission – no money! Von der – nicht nur finanziellen – Beziehung der Kirche zu ihren eigenen Mitgliedern, in: Henkelmann, Andreas; Sonntag, Garciela (Hg.): Zeiten der pastoralen Wende? Studien zur Rezeption des Zweiten Vatikanums – Deutschland und die USA im Vergleich, Münster, 177–210.

[4] Ebd.

und Christen“[5] wenden. Fernstehende, inaktive Kirchenmitglieder werden in der Regel sowohl bei landeskirchlichen beziehungsweise diözesanen wie auch gemeindlichen Entwicklungsprozessen gar nicht oder kaum involviert. Auf der Ebene der strategischen Entscheidungen der Landeskirchen und (Erz-)Diözesen wird damit das wiederholt, was tendenziell in den Kerngemeinden geschieht: Die sich selbst genügende und selbstbezogene Kirche wird gestaltet, was im Blick auf Ehrenamtliche durchaus nachvollziehbar ist.

„Entscheidende Faktoren für die Mitgliederorientierung sind eine berührende Seelsorge, eine effiziente Kommunikation und eine wahrnehmbare Identität der Kirche.“[6] Dies zeigt auch eine Studie des Bistums Essen zum Kirchenaustritt auf und benennt drei Entwicklungsfelder, die der Entfremdung und der fehlenden Bindung der Kirchenmitglieder entgegenwirken können: „(1) Qualität der Pastoral, (2) Mitglieder-Management und (3) Image und Identität der Kirche“[7]. Damit ist der Bogen für die aus den vorgestellten Projekten abzuleitenden strategischen Optionen gespannt.

Option: Fokussierung auf Ziele

Ohne Ziele gibt es keine Strategie und ohne „smarte“ Ziele keine Maßnahmen zur Zielerreichung. Während von den Gemeinden zunehmend Pastoralkonzeptionen eingefordert werden, die messbare Ziele ausweisen und moderne Formen der Visitationspraxis auch die Zielverwirklichung in den Blick nehmen, finden sich auf der Ebene der Landeskirchen und (Erz-)Diözesen kaum beziehungsweise keine Zieldefinitionen und -vorgaben. „Notwendig wäre eine grundlegende und verbindliche Vergewisserung über die konkret angestrebten langfristig-strategischen Ziele.“[8] Dieser Befund gilt auch für den Bereich der Mitgliederorientierung und -bindung. Appelle der Kirchenleitungen und die Beschwörung ekklesiologischer Visionen ersetzen nicht die Fokussierung der Gesamtorganisation auf klar definierte und operationalisierbare Ziele.

---

5 Hahmann, Ursula (2018): Die Mehrheit nicht ausschließen – Kirchenentwicklung und Involvement, in: futur2, Zeitschrift für Strategie & Entwicklung in Gesellschaft und Kirche, 2018 (2), www.futur2.org/article/die-mehrheit-nicht-ausschliessen [02.03.2019].

6 So die in diesem Band porträtierten Projekte „‚Willkommenskultur‘ und berührende Gottesdienste – Mitgliederorientierung im Bistum Essen“.

7 Etscheid-Stams, Markus; Laudage-Kleeberg, Regina; Rünker Thomas (2018): Kirchenaustritt – oder nicht. Wie Kirche sich verändern muss, Freiburg, 291.

8 Dessoy; Hahmann; Lames (2018).

Und weil es eben im Raum der Kirchen nicht üblich ist: Die hauptamtlichen Akteure auf allen Ebenen haben sich an vereinbarten Zielen in geeigneter Weise messen zu lassen. Gleiches gilt auch für die Organisationseinheiten in der verfassten Kirche. Ziele für Mitgliederorientierung und -bindung sind definier- und messbar. Und vor allem: hoffentlich nicht länger beliebig. Deshalb gilt es, Standards zu definieren und Anreizsysteme zu schaffen, in denen die Zielerreichung gefördert wird und die Ignoranz oder Nichterreichung der Ziele Konsequenzen haben.

Option: Verschiebung von Ressourcen

Die Investitionen in die Maßnahmen der Mitgliederorientierung und -bindung sollten sich prozentual am Kirchensteueraufkommen orientieren und über alle Ebenen der verfassten Kirche budgetiert werden. Bei der Definition der Höhe des Anteils können die Budgets vergleichbarer Mitgliedsorganisationen einen Anhaltspunkt geben.

Mit dieser Option adaptierten die Kirchen die Logik Spenden sammelnder Organisationen, die nach allgemein anerkannten Richtwerten einen zweistelligen prozentualen Anteil ihres Spendenaufkommens für Werbungs- und Verwaltungskosten investieren.

Neben der Verschiebung finanzieller Ressourcen sind auch personelle Ressourcen umzuschichten: Ein konsequentes Mitgliedermanagement erfordert auf allen Ebenen Personal und damit auch eine Neuausrichtung des Einsatzes von pastoralen Mitarbeitenden. Für aktive Mitglieder und die Kerngemeinden, um derentwillen eine „volkskirchliche Regelversorgung" aufrechterhalten wird, bedeutet dies schmerzhafte Einschnitte, da die Ressourcen begrenzt sind. Schlussendlich gilt hier im übertragenden Sinne: „Investieren Sie in die Leute, die nur wollen, dass alles so bleibt, wie es immer war, maximal so viel Energie, dass sie Ihnen nicht schaden können."[9]

Allem Anschein nach versäumten auch die pastoralen Entwicklungsprozesse, die sich auf die ersten und zweiten Neustrukturierungen der Territorialseelsorge bezogen, die für die Veränderungen und Innovation notwendigen „freien Spitzen" zu schaffen und vorzuhalten. So bleiben keine oder kaum angemessene Ressourcen für Innovation, Experimente und die Adaption von *Good Practice* aus den Weltkirchen, da durch die Aufrechterhaltung der Territorialseelsorge nicht nur Finanzmittel, sondern vor allem auch Personal in hohem Maße gebunden bleiben.

---

9 Sobetzko, Florian; Sellmann, Matthias (2017): Gründer*innen-Handbuch für pastorale Start-ups und Innovationsprojekte, Würzburg, 14.

Das Festhalten an den „potemkinschen Territorialgemeinden“ verbaut so nicht nur die Gegenwart, sondern auch die Zukunft. Es ist mehr als verständlich, dass die aktiven Kirchenmitglieder oft um den Erhalt des Vertrauten und Liebgewonnenen kämpfen, hier stehen deshalb zuallererst die Kirchenleitungen mit ihren Verwaltungen in der Verantwortung.

Option: konsequente Evaluierung

Der systemimmanenten Entkopplung von pastoralem und kirchlichem Handeln einerseits und von den Mitgliedern und Zielgruppen andererseits kann durch ein konsequentes und angemessenes Evaluierungskonzept entgegengewirkt werden. Der Evaluierungsbogen „Ihre Meinung zum Gottesdienst in …“ aus dem Bistum Essen enttabuisiert die Evaluierung von Liturgie und Kasualien und weist damit in die richtige Richtung.[10] Selbstverständlich sind pastorale Vollzüge ebenso wie psychologische Beratungen, Therapien, Seminare, Veranstaltungen und innerkirchliche Dienstleistungen auch unter der besonderen Berücksichtigung ihrer sensiblen Inhalte evaluierbar.

Auf die nicht selten theologisch überhöhten Widerstände gegen eine Evaluierung des hauptamtlichen Handelns in Pastoral und Verwaltung Rücksicht zu nehmen, zementiert die fehlende Orientierung auf Mitglieder und Zielgruppen. Systematisch auch das Handeln der kirchlichen Verwaltungseinheiten zu evaluieren, kann hier in einem guten Sinn „unternehmenskritisch“ wirken.

Im Rahmen der Visitationspraxis sollten Mitgliederbefragungen neben der Selbstreflektion der Haupt- und Ehrenamtlichen zum Regelinstrument werden. Erprobte Modelle für die Evaluierung der Mitgliederbindung und -zufriedenheit, die für die Kirchen adaptiert werden können, gibt es in ausreichender Zahl.

Option: Orientierung an den Mitgliedern als Grundhaltung

Das ehrenamtliche Engagement von Kirchenmitgliedern ist für das (Über-) Leben kirchlicher Strukturen in der Fläche immer entscheidender. Gleichzeitig werden die Aufgaben gerade für die Räte, in denen sich viele Ehrenamtliche für die pfarrliche Arbeit engagieren, mit den immer größer werdenden lokalen kirchlichen Organisationseinheiten auf dramatische Weise

[10] Vgl. www.zukunftsbild.bistum-essen.de/fileadmin/medien/Projektgruppen/PG20/Feedback_Gottesdienste.pdf, [02.03.2019].

herausfordernder. Die verfasste Kirche muss darauf im Umgang mit den Ehrenamtlichen konsequenterweise mit einem stringenten Ehrenamtsmanagement als einer Sonderform des Mitgliedermanagements reagieren.

Ein dienstleistungsorientierter Kulturwechsel im Gesamtsystem der Kirche ist insbesondere im Blick auf die Ehrenamtlichen notwendig und überlebensrelevant.

Auch wenn die mit dem Vollzug „kirchenoberlicher Hoheits- und Verwaltungsakte“ einhergehende Haltung in den Generalvikariaten und Oberkirchenräten in weiten Teilen der Vergangenheit angehören mag, stehen kirchliche – ebenso wie staatliche Verwaltungen – in ihrer Bürger- beziehungsweise Mitgliederorientierung noch vor großen Herausforderungen. Im kommunalen Bereich wurden hier in den letzten Jahren mit den Bürgerzentren und Online-Service-Angeboten Benchmarks geschaffen, an denen sich die Kirchen zu messen haben. Zentrale Anlaufstellen und Servicetelefonie als Schnittstellen, Beschwerdemanagement, angepasste Bürozeiten sind nur einige Aspekte einer konkret praktizierten Mitglieder- und Ehrenamtsorientierung.

Gleiches gilt für die Pfarrgemeinden. Die immer noch größer werdenden Organisationseinheiten bieten durch den höheren Professionalisierungsdruck gute Chancen für eine systematische Verwirklichung von Standards einer mitgliederorientierten Kirche, wie sie etwa im Handbuch „Herzlich. Kirchlich“[11] durchbuchstabiert werden.

Die Basis für eine gelingende Mitgliederorientierung der Gemeinden ist „eine professionelle und emphatische Erreichbarkeit über Gemeindebüros und auf digitalen Wegen. Kommunikation in jeglicher Hinsicht ist ein entscheidender Erfolgsfaktor für die Kirche“.[12] Damit ist die Bedeutung der im Grunde einzig verbleibenden potenziell niedrigschwelligen Schnittstelle zwischen den Mitgliedern und ihrer Kirche benannt. „Das ‚Pfarramt‘ sollte möglichst wenig ‚Amtscharakter‘ vermitteln.“[13] Es ist zusammen mit dem Internetauftritt noch weit vor der Feier der Gottesdienste das Aushängeschild für eine Pfarrgemeinde. Mitgliederorientierte Öffnungszeiten, gute telefonische Erreichbarkeit, eine zeitgemäße Ausstattung und Gestaltung, aber vor allem emphatische und menschenorientierte (um den Begriff „dienstleistungsorientiert“ zu vermeiden) Mitarbeitende sind von so entscheidender Bedeutung, dass die notwendigen Investitionen gerechtfertigt sind. Neben den Beispielen in diesem Buch bietet auch „≤ mittendrin“[14],

11 So das in diesem Band porträtierte Projekt „Willkommenskultur im Bistum Essen“.
12 Ebd.
13 So das in diesem Band porträtierte Projekt „Auf dem Weg zur Quellgemeinde“.
14 Vgl. www.mittendrin-sigmaringen.de/ [02.03.2019].

das ökumenische Gemeindebüro in einem Ladengeschäft in der Fußgängerzone von Sigmaringen, ein Vorbild.

Schlussendlich entscheiden die Bereitschaft und die Fähigkeit der Haupt- und Ehrenamtlichen und der aktiven Gemeindemitglieder, neue und andere Menschen in ihrer Mitte willkommen zu heißen, über die qualitative Tiefe der Mitgliederkommunikation. Wie groß die Bedeutung einer aktiv gelebten und bewusst gestalteten Willkommenskultur ist, zeigen die in diesem Buch vorgestellten Projekte. Und es gilt: „Wenn kirchliche Mitarbeitende mit distanzierten Mitgliedern Kontakt aufnehmen, dürfen sie nicht die Haltung der Angesprochen verändern wollen."[15]

Option: Direktkommunikation mit allen Mitgliedern

Die Entscheidung für eine Mitgliederorientierung und -bindung „hat vor allem Auswirkungen auf die Kommunikation mit den Mitgliedern: Sie muss strukturiert, regelmäßig und strategisch sein – aber auch die unterschiedlichen Interessen der Mitglieder berücksichtigen. Wer merkt, dass er oder sie als Mitglied individuell wahrgenommen wird, entscheidet sich eher zu bleiben als jemand, der das Gefühl hat, er/sie sei der Kirche einerlei oder ganz egal."[16]

Die erfolgreichen und wegweisenden Projekte „Kirchenpost", „Willkommenskultur" und „Lebenslang Mitglied bleiben" verlangen geradezu nach Nachahmung. Welche Lehren können die beiden Kirchen aus ihnen ziehen?

Die Mitgliederbindung und -zufriedenheit wird durch eine regelmäßige, persönliche und Biografie und kritische Lebensphasen begleitende Direktkommunikation nachweisbar erhört. Diese Kommunikation ist umso erfolgreicher, je mehr sie zielgruppen-, alters- und milieuspezifisch differenziert erfolgt.

Diese Formen der Ansprache sind der einzige, aber auch hinreichende Weg, mit fernstehenden Mitgliedern in Kontakt zu bleiben und von der Botschaft des Glaubens und dem Wirken der Kirche in freilassender Art und Weise zu erzählen.

---

[15] So das in diesem Band porträtierte Projekt „Lebenslang Mitglied bleiben".

[16] Etscheid-Stams, Markus; Laudage-Kleeberg, Regina; Rünker, Thomas (2018a): Kirchenaustritt – oder nicht: Was Kirchenverantwortliche tun können, in: futur2, Zeitschrift für Strategie & Entwicklung in Gesellschaft und Kirche, 2018 (1), www.futur2.org/article/herausforderung-kirchenaustritt-was-kirchenverantwortliche-tun-koennen [02.03.2019].

Für diese Art der Kommunikation sind die Kirchen gut beraten, Ansätze aus dem Marketing zu adaptieren und die technischen Möglichkeiten auf der Höhe der Zeit zu nutzen. Eine zentrale Entwicklung und Realisierung dieser Ansätze können nicht nur die gebotene Professionalität gewährleisten und Synergien freisetzen, sondern auch Kosten reduzieren. Das heißt, es wird zukünftig neben der Kommunikation der Pfarrgemeinden eine Kommunikation der Landeskirchen beziehungsweise (Erz-)Bistümer mit allen ihren Mitgliedern geben. Die Erfahrungen aus den Projekten führen auch vor Augen, dass die Kirchen gut beraten sind, dazu externe Expertise hinzuzuziehen.

Das Kirchenmagazin „BENE"[17], ebenso wie vergleichbare Magazine, sind nur mittelbar eine direkte, das heißt persönliche ansprechende Kommunikation; es stellt sich aus Marketingsicht fast unmittelbar die Frage, ob sie nicht mit einem persönlichen Anschreiben versehen verschickt werden sollten. Als Bindungsinstrument sind sie in hohem Maße geeignet.

Warum wurden dann solche Kirchenmagazine, wie etwa das Magazin „JES“ im Bistum Hildesheim, an dem sich auch das Bistum Essen orientierte, eingestellt? Die Wirkung und die Akzeptanz des Hildesheimer Magazins waren evaluiert und im Grunde unumstritten. Vordergründig wurden die Kosten als Grund für die Einstellung angeführt. Vermutlich fehlten aber eher schlicht das Bewusstsein für eine notwendige Mitgliederbindung und die notwendige Akzeptanz für das Produkt in der Territorialseelsorge. Aus vergleichbaren Gründen wurden dem Vernehmen nach das Magazin der hessisch-nassauischen Landeskirche eingestellt und thematische Kampagnen abgelöst. Innerhalb dieser breit angelegten, mit der Territorialseelsorge abgestimmten und durchgeführten Kampagnen werden die Kirchenmitglieder persönlich angeschrieben.

Was kann hieraus gelernt werden? Maßnahmen der Mitgliederkommunikation müssen intern sorgfältig vermittelt, die Territorialseelsorge einbezogen und sinnvolle Projektzeiträume definiert werden, in denen die Maßnahmen implementiert werden, gegebenenfalls auch gegen den unvermeidbaren internen Widerstand.

Eine personalisierte Mitgliederkommunikation und erst recht ein Mitgliedermanagement brauchen ebenso wie Fundraising eine solide Datenbasis mit den Mitgliederdaten und deren Kontakthistorie, die durch datenschutzkonforme Software verwaltet wird. Auch hier braucht das Rad nicht neu erfunden zu werden: Innerhalb der (Erz-)Diözesen und Landeskirchen gibt es aus dem Bereich des Fundraisings schon geeignete Systeme, die auch den Anforderungen des kirchlichen Datenschutzes genügen. Auch die recht-

[17] Vgl. das in diesem Band porträtierte Projekt „Willkommenskultur im Bistum Essen“.

lichen Voraussetzungen wurden im Zuge der Einführung von Fundraising für den Raum der beiden Kirchen geprüft beziehungsweise geschaffen.

Option: Investitionen in die Marke „Kirche"

Für die Zufriedenheit und damit für die emotionale Bindung von Mitgliedern sind zwei Faktoren entscheidend: Zufriedenheit mit den konkreten Erfahrungen und Zufriedenheit mit den Erwartungen an die Organisation als Marke. Der zweite Aspekt wird in der kirchlichen Kommunikation bisher wahrnehmbar vernachlässigt.

Gerade bei Fernstehenden gewinnt dieser zweite Aspekt an Bedeutung: Für ihre Zufriedenheit mit Kirche reicht es, wenn sie etwa realisieren, dass das nach außen wahrnehmbare Miteinander innerhalb der Kirche funktioniert und etwa Aktionen ein positives Image von Kirche vermitteln.

Die Essener Austrittsstudie[18] hat jedoch ergeben, dass viele Nutzer und Mitglieder mit den kirchlichen Angeboten sehr wohl zufrieden waren, diese aber gar nicht mit Kirche verbanden.

Besonders schmerzlich ist in diesem Zusammenhang, dass die starke Marke Caritas ebenfalls nicht mehr mit Kirche assoziiert wird. Die theologisch in mehrfacher Hinsicht zu hinterfragende Ausgliederung der Caritas aus der verfassten Kirche ist auch aus Marketingsicht auf den Prüfstand zu stellen.

Dem Ansatz des Bistums Münster, eine identitätsorientierte Markenführung quer durch die Strukturen der verfassten Kirche zu entwickeln, kommt deshalb große Bedeutung zu.

Die Herausforderung der „Markenvielfalt" in der Kirche ist innerkirchlich hoch. Aber ein Logo macht noch keine Marke – von Bekanntheit, Qualität usw. ganz zu schweigen. Sicherlich ist hier in der internen Kommunikation noch ein weiter Weg zurückzulegen. Die strategische Option allerdings ist evident: eine Dachmarke, die gegebenenfalls mit abgeleiteten Einzelmarken heruntergebrochen wird und für alle Strukturen der verfassten Kirche verbindlich ist. Die Neustrukturierung der Territorialseelsorge und die damit verbundene Reduzierung der Einheiten bietet hier eine Chance, die genutzt werden sollte. Der Weg des Co-Brandings, das zeigt schon ein Blick auf die Internetauftritte der Gemeinden im Bistum Münster, kann nur eine Übergangslösung sein.

Professionelle Imagekampagnen, das zeigen die Erfahrungen in den (Erz-) Bistümern Freiburg, Aachen und Münster, prägen nicht nur das Image und die Bekanntheit der Kirche nach außen, sondern bewirken – die üblichen

---

[18] Ebd.

Bedenkenträger einmal außer Acht gelassen – auch innerkirchlich größeres Selbstbewusstsein und stärkere Identifizierung mit der eigenen Kirche.

Letztlich zielführend sind Investitionen in die kirchliche Markenentwicklung aber nur, wenn auch in die Mitarbeitendenentwicklung investiert wird. „Zentral ist [...], dass die mit dem Markenversprechen gegebene ‚Beziehung' durch die Markenbotschafter, also die Mitarbeiterinnen und Mitarbeiter der Kirche, tatsächlich eingelöst werden muss."[19] So sehr dieser Satz auch stimmt, so wenig darf er als Entschuldigung genommen werden, die Markenbildung und -entwicklung so lange auszusetzen, bis der letzte Mitarbeitende geschult ist.

Option: Involvierung durch Spendeneinladungen

Weltkirchlich gesehen ist das Bewusstsein dafür, dass ein aktiv gepflegtes Spendenwesen ein Grundvollzug kirchlichen Lebens ist, in den deutschen Kirchen beeindruckend unterentwickelt. Interessanterweise taucht das Thema Fundraising ja auch in den Projekten nur am Rande auf. Das Bespiel der Quellgemeinden, die zusätzliches Personal für das Gemeindebüro und Stellen für ein Freiwilliges Soziales Jahr durch Spenden finanziert, verdient deshalb besondere Erwähnung.[20]

Die deutschen Kirchen haben als weltkirchliche Sonderfälle aus dem Blick verloren, ihre Mitglieder regelmäßig aktiv zu Spenden einzuladen und auch so am Leben ihrer Kirche vor Ort teilzuhaben. Gerade Fernstehende können durch Fundraising involviert werden und Wirksamkeit in der Kirche erfahren.

Die Erfahrungen in der Erzdiözese Freiburg, die für die „Initiative Wert-volle Zukunft" des Erzbischofs regelmäßig zu Spenden aufgerufen hat, zeigen, dass sich überproportional viele Mitglieder aus Milieus, die ansonsten dem Leben der Gemeinden fernbleiben, mit ihren Spenden für die Projekte der Initiative engagiert haben. Die persönliche Einladung zu Spenden – sei es in Gesprächen, durch Spendenbriefe oder andere Ansprachewege des Fundraisings – ist damit eine wertvolle Sonderform der Mitgliederkommunikation, die idealerweise die Regelkommunikation ergänzt.

Im Kontext der Mitgliederorientierung oder besser der Pastoral ist Fundraising „vor allem eine Form des Dienstes. Es ist ein Weg, unsere Vision zu verkünden und andere Menschen einzuladen, an unserer Idee, unserem

---

[19] So das in diesem Band porträtierte Projekt zu Markenentwicklung im Bistum Münster.

[20] Vgl. das in diesem Band porträtierte Projekt „Auf dem Weg zu Quellgemeinde".

Auftrag teilzuhaben."[21] Der Grad des Widerstands gegen eine solche theologische Verortung des kirchlichen Fundraisings als einen der Grundvollzüge pastoralen und missionarischen Handels der Kirche ist ein Indikator für das Maß der „Kirchensteuerdeformation".

Fundraising als Sonderform des Bindungsmarketings gibt wertvolle Impulse für den Umgang mit den Zeitspendern, also dem Ehrenamtsmanagement, aber auch für die Direktkommunikation mit den Mitgliedern. Darüber hinaus nimmt Fundraising zwangsläufig die beteiligten und noch nicht beteiligten Menschen im Umfeld einer Gemeinde in den Blick.

Aus Sicht der Organisationsentwicklung sind die mit der Mitgliederkommunikation und dem -management, dem Ehrenamtsmanagement und dem Fundraising beauftragten Einheiten miteinander und als eigenständige Organisationseinheiten auf der Ebene von Finanzen, Pastoral usw. anzusiedeln. Letzteres gilt ebenso für die Öffentlichkeitsarbeit und Massenkommunikation. Nur wenn diese Bereiche stark aufgestellt und positioniert sind, können die hier angeregten Veränderungen realisiert und die aufgezeigten Fehlentwicklungen korrigiert werden.

Option: Austritten aktiv entgegenwirken

Mitgliederorientierung ist mittelbar auch Austrittsprävention – das belegen die vorgestellten Projekte. Neben den Chancen, die eine die Biografie begleitende persönliche Kommunikation eröffnet, bleibt zu prüfen, ob zusätzlich zu den hier skizzierten Bindungsmaßnahmen eine direkte Austrittsprävention durch eine geeignete unmittelbare Ansprache von austrittsgefährdeten Mitgliedern wirksam ist. Die Motive für die Austritte sind nicht nur durch die Essener Studie belegt; mit dem vorhandenen Wissen lassen sich mithilfe moderner sozidemografisch-georeferenzierter Daten Profile erstellen,[22] mit denen potenziell austrittsgefährdete Kirchenmitglieder identifiziert werden können. Es wäre zu testen, ob eine angemessene Form der Ansprache der Mitglieder die Zahl der Austritte reduziert. Ob die mit diesem Ansatz verbundenen Investitionen durch die Reduzierung der Austritte und der damit verbundenen Einnahmeverluste gerechtfertigt sind, lässt sich unschwer evaluieren.

---

[21] Nouwen, Henri J. M., Spirituality of Fundraising, Upper Room 2011, 12. „Fundraising is, first and foremost, a form of ministry. It is a way of announcing our vision and inviting other people into our mission." Übersetzung Schnieders.

[22] Erste Schritte in diese Richtung hat das Erzbistum Freiburg 2011 zu Beginn als Reaktion auf die Austrittswelle im Jahr 2010 unternommen.

Option: Innovation als Grundprinzip

Mitgliederorientierung erfordert und fördert Innovationsbereitschaft und macht Kirche fit für ein missionarisches Wirken – auch das veranschaulichen die vorgestellten Projekte.

Die Aufrechterhaltung der Territorialseelsorge und die damit einhergehenden Strukturveränderungen scheinen auf den ersten Blick eine systematische Mitgliederorientierung und -bindung zu erschweren. Auf den zweiten Blick eröffnen die neuen Organisationseinheiten aber auch Chancen für eine Professionalisierung – auch im Bereich der Mitgliederorientierung.

Dennoch ist ein Paradigmenwechsel weg vom Besitzanspruch der Territorialseelsorge auf die Kommunikation hin zu einer ausdifferenzierten Zuständigkeit für die Kommunikation mit den Mitgliedern notwendig, zum Beispiel durch eine zentral verantwortete Direktkommunikation.

Damit korrespondieren die Schaffung ergänzender pastoraler Angebote „quer“ zu bestehenden Territorial- und Kategorialpastoral im Sinne einer „Kasualienpastoral“ und die Entwicklung von neuen pastoralen Formaten, wie etwa Trauungs-, Taufangebote und Segensfeiern für werdende Eltern im Bistum Essen oder die Gründung neuer und anderer Formen von Gemeinden.

Damit Kirchenentwicklung im Sinne einer Mitglieder- und Zielgruppenorientierung gelingen kann, braucht es auch andere Formen des Involvements von Mitgliedern und Zielgruppen. Offene Partizipationsansätze allein reichen nicht aus. „Möchte man [...] auch Mitglieder mit niedrigem Involvement systemrelevant werden lassen, so sind dafür Ansätze zu wählen, die ihre Bedürfnisse pro-aktiv einfließen lassen.“[23]

Mitgliederorientierung braucht die Bereitschaft und den Mut, Neues zu wagen und zu testen. Die notwendige Innovation erfordert den Mut, Fehler zu machen und aus ihnen zu lernen. Schlussendlich erfordert eine konsequente Mitgliederorientierung eine innovationsfreundliche Kultur. „Ein zentraler Aspekt von Innovationskultur ist die Förderung von Fehlerkultur im Sinne von Fehlerfreundlichkeit auf Seiten der Leitung und Fehlerfreudigkeit auf Seiten der AkteurInnen. Denn Innovation entsteht am liebsten von unten nach oben (bottom-up), während Innovationsmanagement nur von oben nach unten (top-down) geht – von unten sieht man den Wald vor lauter Bäumen nicht.“[24]

Die Kirchen sind also herausgefordert, Innovationsmodelle zu entwickeln und eine Innovationskultur zu schaffen. Welchen Segen Innovation zu

[23] Hahmann (2018).

[24] Sobetzko, Florian: www.sobetzko.de [02.03.2019].

schenken vermag, zeigt das Beispiel der Quellgemeinde.[25] Für die Entwicklung einer Innovationskultur in größeren kirchlichen Zusammenhängen und vor allem der Mitarbeitendenentwicklung scheint der „Gründeransatz“[26], wie er im Aachener Innovations- und Gründungstraining vermittelt wird, wegweisend. Er besticht durch den konsequenten „Brückenschlag zwischen Ökonomie und Theologie, genauer: zwischen Entrepreneurship-Forschung und Pastoraltheologie“.[27]

All dies erfordert eine begleitende theologische Reflektion und eine Theologie, „die es möglich macht, von den Adressaten her in Unterschieden und Prozessen, in experimentellen Kategorien zu denken, eine Theologie, die operational definiert, was sie meint, sich an überprüfbaren Wirkungen orientiert und einer empirischen Validierung unterzieht“.[28] Eine solche Theologie wäre ganz im Sinne der Praxis Jesu, dem in den meisten Erzählungen der Wille des Heilungsbedürftigen zentral wichtig ist. Zum Ausdruck kommt das in der immer wiederkehrenden Frage: „Was willst du, das ich dir tue?“ (Markus 10,51 u. a.).

Fazit

Die in diesem Buch vorgestellten Projekte ermutigen zu einem Fokus- und Haltungswechsel der Kirchen im Umgang mit ihren Mitgliedern. Und sie zeigen exemplarische Wege auf, wie diese Neuausrichtung empirisch nachweisbar gelingen kann. Ob die Kirchen die daraus resultierenden strategischen Optionen ergreifen und umsetzen, entscheidet nicht nur darüber, ob sie sich ihrer institutionellen und (pastoral-)theologischen Verantwortung für die Glieder am lebendigen Leib Christi stellen. Die Mitgliederorientierung ist de facto der Stresstest für eine Kirche, die missionarisch wirken und neue Menschen für die Botschaft und die Nachfolge Jesu Christi gewinnen möchte.

---

[25] Vgl. das in diesem Band porträtierte Projekt „Auf dem Weg zu Quellgemeinde“.
[26] Sobetzko; Sellmann (2017), 27–41.
[27] Ebd., XVII.
[28] Dessoy; Hahmann; Lames (2018).

DIE KIRCHEN UND IHRE MITGLIEDER. EINE NICHT GANZ SO EINFACHE BEZIEHUNG

Bernd Raffelhüschen, Fabian Peters und David Gutmann

Die Beziehung zwischen den Kirchen und ihren Mitgliedern ist dem Grunde nach klar strukturiert: Die Kirche sagt – das Mitglied hört. Die Kirche ruft – das Mitglied kommt. Eine klassische Top-Down Struktur, wobei klar ist, wer mit „Top" und wer mit „Down" gemeint ist. Auch heute ruft die Kirche noch. Aber immer weniger kommen. Wer sich sonntags in unseren Kirchengebäuden umschaut, der findet oft leere Bänke vor. Und nicht nur das. Die Menschen bleiben nicht nur weg. Sie wenden sich ab und treten – sofern sie denn überhaupt je Mitglied waren – aus. Den Volkskirchen geht es wie den Volksparteien. Ihnen läuft das Volk davon.

Was ist da los? Der Markenkern der christlichen Kirchen, die Botschaft des Evangeliums, hat zwei Jahrtausende Menschen überzeugt und angezogen. Noch Ende der 60er-Jahre des 20. Jahrhunderts waren über 90 Prozent der westdeutschen Bevölkerung Mitglied der evangelischen oder katholischen Kirche. In den vergangenen Jahrzehnten haben die Kirchen zunehmend Mitglieder verloren. Aktuell gehören noch etwas mehr als die Hälfte der deutschen Bevölkerung den beiden großen Kirchen in Deutschland an. Aktuellen Berechnungen unseres Forschungszentrums zufolge wird dieser Anteil bis zum Jahr 2060 auf nur noch ein Drittel der Gesamtbevölkerung Deutschlands schrumpfen.[1]

Mit den gesellschaftlichen Megatrends Säkularisierung und Individualisierung lassen sich schnell zwei Gründe finden, denen die Kirchen quasi machtlos gegenüberstehen und die in einer modernen, pluralen und weltoffenen Gesellschaft dementsprechend scheinbar zwangsläufig zu einer Entkonfessionalisierung führen.[2] Diese Argumentation ist zu großen Teilen sicher richtig – aber für die Kirchen wenig zielführend. Denn dabei verdrän-

---

[1] Vgl. Gutmann, David; Peters, Fabian (2020): German Churches in Times of Demographic Change and Declining Affiliation: A Projection to 2060, in: Comparative Population Studies 45.

[2] Vgl. bspw. Wilke, Annette (2013): Säkularisierung oder Individualisierung von Religion?, Zeitschrift für Religionswissenschaft 21/1; Keupp, Heiner (1997): Identitätskonstruktionen: das Patchwork der Identitäten in der Spätmoderne, Reinbek; Berger, Peter (1999): The Desecularization of the Word. Resurgent Religion and World Politics, London; Pickel, Gert (2010): Säkularisierung, Individualisierung oder Marktmodell? Religiosität und ihre Erklärungsfaktoren im europäischen Vergleich, Kölner Zeitschrift für Soziologie und Sozialpsychologie, 62, 219–245.

gen die Kirchen, dass es zumindest für einen Teil des Mitgliederrückgangs auch hausgemachte Gründe gibt. Diesen Gründen möchte sich dieser Beitrag aus einer ökonomischen Perspektive widmen und dabei das Verhältnis der Kirchen und ihrer Mitglieder in den Fokus rücken.

Angebot und Nachfrage

Nehmen wir einmal an, eine Kieler Studentin zieht nach dem erfolgreichen Hochschulabschluss berufsbedingt nach Freiburg und findet hier die Liebe ihres Lebens. Als die Geburt des ersten Kindes hinter ihr liegt, möchte sie, dass das Kind getauft wird. Sie, die evangelisch getauft ist, aber seit der Konfirmation mit ihrer Kirche nicht mehr in Kontakt stand, googelt nach den Kontaktdaten ihrer Gemeinde und – nach einer mehr oder weniger schnellen Internetrecherche und einigen erfolglosen Telefonversuchen – hat sie die Pfarrsekretärin am Apparat. „Nein", erklärt ihr diese. „Eine Taufe am Samstag ist nicht möglich." Die Taufe fände grundsätzlich im Gottesdienst am Sonntagvormittag statt. Eine Ausnahme sei nicht möglich. Dann müsse die Kieler Verwandtschaft – wenn sie dabei sein will – eben am Montag Urlaub nehmen. Außerdem habe sie sich an das falsche Pfarramt gewendet, da die Studentin nicht in ihrem Gemeindebezirk wohne. Sie solle sich doch an das zuständige Pfarramt wenden. Unsere Studentin versucht es also noch in einem anderen Pfarramt. Vielleicht hat sie dort mehr Erfolg.

Was haben Kirchenmitglieder eigentlich von ihrer Mitgliedschaft – die ja in Deutschland mit der Pflicht zur Errichtung von Kirchensteuern einhergeht? Was erwarten die Menschen von ihrer Kirche und was bekommen sie von ihr? Als Ökonomen können wir das Verhältnis von Kirche und Kirchenmitgliedern als ein Aufeinandertreffen von Angebot und Nachfrage beschreiben. Die Kirchen machen Angebote wie gemeinsame Gottesdienste, Taufen, Bestattungen und Hochzeiten, die im Idealfall unter den Kirchenmitgliedern eine Nachfrage schaffen. Wobei – ganz so einfach ist es nicht, schließlich werden kirchliche Angebote nicht spitz abgerechnet. Vielmehr erwirbt man durch die Aufrechterhaltung der Kirchenmitgliedschaft gewissermaßen eine Flatrate. Man zahlt permanent, um im Bedarfsfall das Angebot ohne zusätzliche Kosten in Anspruch nehmen zu können – bzw. damit es andere in Anspruch nehmen können. Der Wissenschaftsbereich, der sich mit dem kirchlichen Angebot und seiner Nachfrage befasst, wird Religionsökonomie genannt und beschäftigt sich unter anderem mit der Erklärung religiöser Verhaltensweisen. Kirchenmitglieder, die in diesem Kontext die Nachfrage- bzw. Kundenseite repräsentieren, fragen vor allem drei Motivbündel nach, die Pollack und Rosta mit den Daten der Kirchenmitgliedschaftsuntersuchung der EKD aus dem Jahre 2002 abgeleitet haben: wertrationale, affektive Motive, zweckrationale Motive sowie konventionelle, ritualistische Motive.[3] Letztere beinhalten auch die Bedeutung von Kasualien im Zusammenhang mit Lebenswenden und wurden im Befragungszeitraum von 68 Prozent der Evangelischen in Westdeutschland als wichtigster Grund für die Kirchenmitgliedschaft benannt. Nachgefragt werden besonders anlassbezogene Gottesdienste wie Weihnachten oder jene, die im Zusammenhang mit Lebenswenden stehen: also anlässlich einer Geburt (Taufe), im Zuge des Erwachsenwerdens (Kommunion, Konfirmation und Firmung), bei Partnerschaften (Trauung) sowie Todesfällen (Bestattung).[4] Gerade Kirchenmitglieder, die kirchliche Angebote nur selten in Anspruch nehmen – dabei dennoch Kirchensteuer bezahlen –, erwarten, dass im Bedarfsfall eine passgenaue und individualisierte Dienstleistung zur Verfügung steht.

Demgegenüber steht jedoch die Wahrnehmung der kirchlichen Angebotsseite. Die bloße Verwendung von Begrifflichkeiten wie Angebot, Nachfrage, Kunde und Markt führt freilich in kirchlichen Kreisen regelmäßig zu einer Abwehrhaltung. Wenn Kirchenmitglieder als Kunden bezeichnet werden, stellt das für viele Pfarrerinnen und Pfarrer eine Provokation dar. Die Kirchen verweigern sich gerne der Darstellung, ein Player unter anderen zu sein. Deshalb argumentieren sie mit einer inhaltlichen Monopolstellung, auch um die grundsätzlich zweckfreie seelsorgerliche Zuwendung zu allen Menschen zu betonen. Diese mag aus theologischer Perspektive durchaus berechtigt sein – ökonomisch hingegen ist sie nicht nachvollziehbar. Denn Menschen, die sich überlegen, eine kirchliche Amtshandlung wie Taufe, Trauung oder Bestattung in Anspruch zu nehmen, stehen vor einer Auswahl an potenziellen Anbietern und Angeboten. Eine Taufe hat Alternativen: Säkulare Willkommensfeiern von Säuglingen gehören genauso dazu wie die Möglichkeit, ein Kind gar nicht mit einem Ritus willkommen zu heißen. Freie Redner bei Beerdigungen und Trauungen können mit der Qualität kirchlicher Angebote oft mithalten, wenn sie diese nicht gar übertreffen. Die Kirche ist – um es klar mit wirtschaftswissenschaftlichen Vokabular zu verdeutlichen – bei Weitem kein Monopolist.

Kirchenmitglieder, die kirchliche Dienstleistungen nachfragen (sollen), erwarten ein attraktives Angebot. Dabei spielen neben dem grundsätzlichen Bedarf die Qualität und Passgenauigkeit des Angebots eine wesentliche Rolle. Das Beispiel unserer Kieler Studentin zeigt, dass für die be-

---

3 Vgl. Pollack, Detlef; Rosta, Gergely (2015): Religion und Moderne. Ein internationaler Vergleich, Frankfurt, 109.

4 Vgl. Evangelische Kirche in Deutschland (2014): Engagement und Indifferenz. Kirchenmitgliedschaft als soziale Praxis. V. EKD-Erhebung über Kirchenmitgliedschaft, Hannover.

stehende Nachfrage eine Professionalisierung des Angebots vonnöten ist. Um bewährter Begleiter bei Lebenswenden oder aus ökonomischer Perspektive zuverlässiger Kasualdienstleister zu sein, müssen Taufen, Beerdigungen und Hochzeiten qualitativ hochwertig und individuell gestaltet sein. Das schließt eine Differenzierung entsprechend der bekannten Milieus mit ein. Die Kirchen müssen auf die sich ausdifferenzierende Nachfrage reagieren und ihr Angebot entsprechend ausbauen. Dabei sind Hochzeiten oder Taufen an besonderen Orten wie beispielsweise See- und Flusstaufen oder Trauungen im Grünen nur erste Ansätze. Ob die oft wahrgenommene kirchliche Verweigerungshaltung einer vielfältigeren Produktpalette im Bereich der Kasualien wirklich auf theologisch stichhaltigen Argumenten beruht oder eher der „Es war schon immer so"-Argumentation folgt, sollte in diesem Zusammenhang ernsthaft hinterfragt werden. Zudem ist für die „Außenwelt" nicht immer klar, dass Kasualhandlungen und Seelsorge aus Kirchensteuermitteln finanziert werden und dadurch beim Kirchenmitglied im Falle einer Inanspruchnahme keine zusätzlichen Kosten entstehen. Hier muss sich kirchliche Kommunikation verbessern.

Eine erhebliche Hürde stellt die unterschiedliche Wahrnehmung der Mitglieder und des kirchlichen Personals, insbesondere der Pfarrerinnen und Pfarrer, vor Ort dar. Während Kirchenmitglieder gerade bei Kasualanfragen oft nur „dieses eine Mal" etwas von ihrer Kirche brauchen und dementsprechend eine hohe Erwartungshaltung an das kirchliche Angebot haben, empfinden die kirchlichen Mitarbeitenden das Verhalten der Kasualsuchenden oft als provokant oder gar arrogant.

Denkt man den Dienstleistungsgedanken konsequent weiter, gilt es, den Vermittlungs- und Matchingprozess zwischen Angebot und Nachfrage zu verbessern. Überfordert dies die untere pastorale Ebene, müsste – dem Subsidiaritätsprinzip folgend – die nächst höhere Organisationseinheit, zum Beispiel die Diözesen und Landeskirchen, die nötige Unterstützung in Form von Weiterbildung oder IT-Infrastruktur zur Verfügung stellen.

Das ist nötig, denn die Kirchen können es sich nicht leisten, Tauf-, Trau- und Bestattungsanfragen unbeantwortet zu lassen. Wer sich mit einem individuellen Anliegen an die Kirche wendet, sollte zeitnah freundliche, verbindliche und umfassende Unterstützung erhalten. Das gilt nicht nur für Kasualien, sondern auch für die vielfältigen weiteren kirchlichen Angebote. Mit den heutigen technischen Möglichkeiten, die für die übergeordneten Diözesen und Landeskirchen finanzierbar sein sollten, können problemlos detaillierte Auskünfte erteilt sowie insbesondere Personen, Orte und Zeiten koordiniert „gematcht" werden. Das in diesem Band vorgestellte „Trauteam" aus dem Bistum Essen scheint hier vorbildhaft zu sein. Aus der Forschung zu Austrittsmotiven wissen wir, dass individuelle negative Erfahrungen mit der Kirche – insbesondere wenn Angebote nur selten in Anspruch genommen werden – Anlass zum Austritt aus der Kirche sind.

Wie wäre es also statt einem „Rufen Sie mal da und da an" mit „Vielen Dank für Ihre Anfrage. Wir klären das und melden uns morgen wieder bei Ihnen".

Kontakt suchen

Nehmen wir positiv an, dass unsere Studentin im nächsten Pfarramt mehr Glück hatte. Das Kind, ein Junge, wurde in einem wunderschönen und individuell gestalteten Gottesdienst wunschgemäß an einem Samstag getauft. Ihre ganze Kieler Familie, die natürlich extra angereist kam, war von der zugewandten und gewinnenden Art des Pfarrers begeistert gewesen. Mittlerweile sind nicht nur die Taufe sondern auch die Konfirmation des Sohnes und zwei sich anschließende Jahre als KonfiTeamer Geschichte. Jetzt hat dieser sein VWL-Studium in Münster aufgenommen. An seinem neuen Wohnort weiß er nicht, zu welcher Gemeinde er gehört. Das ist für ihn aber auch nicht weiter tragisch – Kirche kommt in seiner Lebenswelt nicht vor. Er hat und er braucht – so ist er überzeugt – keine kirchlichen Berührungspunkte.

Einem Kirchenaustritt geht oft eine kontaktlose Zeit zwischen Kirchenmitglied und Kirche voraus.[5] In einem längeren Entfremdungsprozess gehen die meisten der positiven Beziehungen zur Kirche – wenn es sie denn im Leben überhaupt gab – verloren. Für den Kirchenaustritt bedarf es dann nur noch eines bestimmten Anlasses. Diese Theorie des Kirchenaustritts, der mehrere relevante Studien folgen, fußt auf der Rational-Choice-Theorie.[6] Der Einzelne vergleicht den Nutzen, den er aus seiner Kirchenmitgliedschaft zieht, mit ihren Kosten. Wenn die Vorteile die Kosten überwiegen, bleibt er Kirchenmitglied. Andernfalls tritt er aus der Kirche aus. Dabei müssen Kosten wie Nutzen nicht allein materieller Natur sein. In diesem Zusammenhang ist es nicht verwunderlich, dass die Wahrscheinlichkeit für einen Kirchenaustritt mit dem Eintritt in das Berufsleben in der Mitte des

[5] Vgl. Riegel, Ulrich; Kröck, Thomas; Faix, Tobias (2018): Warum Menschen die katholische Kirche verlassen. Eine explorative Untersuchung zu Austrittsmotiven im Mixed-Methods Design, in: Etscheid-Stams, Markus; Laudage-Kleeberg, Regina; Rünker, Thomas (Hg.): Kirchenaustritt – oder nicht? Wie sich Kirche verändern muss, Freiburg, 125–207.

[6] Vgl. Birkelbach, Klaus (1999): Die Entscheidung zum Kirchenaustritt zwischen Kirchenbindung und Kirchensteuer. Eine Verlaufsdatenanalyse in einer Kohorte ehemaliger Gymnasiasten bis zum 43. Lebensjahr, in: Zeitschrift für Soziologie 28 (2), 136–153.

zweiten Lebensjahrzehnts drastisch ansteigt. Der „erste Gruß" der Kirche nach der langen kontaktlosen Zeit geschieht durch den Einzug der ersten Kirchensteuer. Die „ruhende" Kirchenmitgliedschaft erhält dadurch einen anderen Status. Waren die Kosten der Kirchenmitgliedschaft bisher ausschließlich emotionaler Natur, lassen sie sich jetzt in Euro beziffern und übersteigen für viele junge Menschen den Nutzen. Kirchliche Angebote werden in dieser Lebensphase quasi nicht genutzt: Die Firmung oder Konfirmation liegt einige Jahre zurück, Hochzeit und Geburt und damit auch die Betreuung eigener Kinder sind (noch) kein Thema, die eigenen Eltern sind (noch) nicht pflegebedürftig und auch die Inanspruchnahme kirchlicher Beratungsdienste wie Telefonseelsorge oder Ehe-, Familien- und Lebensberatung sind in den meisten Fällen (noch) nicht notwendig gewesen. Ähnlich lässt sich eine Austrittswelle zwischen 45 und 55 Jahren erklären. Jene Kirchenmitglieder haben sich mit einer gewissen Höhe an Kirchensteuern arrangiert. Da die Kirchensteuerzahlungen in der Lebensmitte jedoch häufig deutlich ansteigen, kann dies einen Austritt zur sonst fremd geworden Kirche zur Folge haben. Der Anstieg wiederum hat verschiedene Gründe: Zum einen werden in dieser Phase der Berufsbiografie die höchsten Einkommen erzielt. In vielen Familien entfallen zu diesem Zeitpunkt auch die Kinderfreibeträge, die zuvor zu einer Reduzierung der Kirchensteuerzahlung geführt hatten.[7] Diese Faktoren erhöhen das Einkommen und dadurch die Einkommensteuer- sowie die Kirchensteuerzahlung. Aus der Analyse der Einkommensteuerstatistik ist bekannt, dass nur etwa die Hälfte der Kirchenmitglieder tatsächlich Kirchensteuer bezahlen. 76 Prozent der Kirchensteuern werden sogar nur von 15 Prozent der Kirchenmitglieder, das waren 2014 knapp sieben Millionen Menschen, erbracht.[8] Das bedeutet: Die regelmäßigen kirchlichen Angebote, wie zum Beispiel Gottesdienste, werden zumindest zur Hälfte von Mitgliedern wahrgenommen, die keine Kirchensteuern leisten. Als gutes Beispiel sei hier der traditionelle Gottesdienst genannt, der überwiegend von älteren Menschen nachgefragt wird,[9] die in dieser Lebensphase in der Regel keine Kirchensteuer zahlen.

Der Fokus der Kirchen sollte sich verstärkt auf austrittsgefährdete Mitgliedergruppen konzentrieren. Dies sind in erster Linie Menschen zwischen 25 und 35 Jahren, die sich am Beginn ihres Berufslebens oft auch räumlich

[7] Vgl. Peters, Fabian; Gutmann, David (2019): Endlich Entlastung für Familien!? Der Einfluss einer Anhebung des Kinderfreibetrags auf die Kirchensteuer, Kirche und Recht 25(1), 66–80.

[8] Vgl. Statistisches Bundesamt (2018): Sonderauswertung Kirchensteuer der Lohn- und Einkommensteuerstatistik für dir evangelische und katholische Kirche. Berechnung: Gutmann/Peters.

[9] Vgl. Evangelische Kirche in Deutschland (2014) (vgl. Fn 4).

neu sozialisieren. Zum anderen sind es Menschen zwischen 45 und 55 Jahren, die im Hoch der Erwerbsphase stehen. Will man noch etwas allgemeiner und grober klassifizieren, sollten all jene Mitglieder in den besonderen Fokus der Kirchen gelangen, die nicht zum Kern der Kirchengemeinden gehören. Denn Kirchenaustritte – zumindest in statistisch relevanter Anzahl – vollziehen sich an den Rändern. Das birgt sicherlich auch das Risiko, diese Personen auf ihre Kirchenmitgliedschaft aufmerksam zu machen und damit Anlass für einen Austritt zu geben. Dieses Risiko muss allerdings eingegangen werden.

Zwei sehr gelungene Projekte dazu werden in diesem Band vorgestellt: Das Projekt „Kirchenpost“ sowie das Modell „Lebenslang Mitglied bleiben”. Ansatz der bayerischen Kirchenpost ist das persönliche Anschreiben Jugendlicher ab dem 13. Lebensjahr. Der persönliche Briefkontakt wiederholt sich kontinuierlich einmal jährlich. Besonders in den ersten Jahren macht die Kirche auf sich aufmerksam, indem sie auf altersspezifische Angebote wie Jugendfreizeiten verweist sowie auf Betriebspraktika oder Freiwilligendienste im Ausland aufmerksam macht. Jugendliche gewinnen so den Eindruck, dass Kirche nicht nur ein Angebot für sie hat, sondern sich auch für sie interessiert. Die erzielte Einsicht – Kirchenmitgliedschaft lohnt sich – vermittelt auch das Schweizer Modell „Lebenslang Mitglied bleiben”. Anders als bei der bayerischen Variante sind hier die Gemeinden vor Ort gefragt, um regelmäßige Kontaktflächen zu distanzierten Kirchenmitgliedern herzustellen. Ähnlich eines Franchise-Modells werden den Gemeinden Ideen und konkrete Vorschläge online zur Verfügung gestellt. Als konkrete Maßnahmen werden den Kirchengemeinden vor allem persönliche Kontakte im Zusammenhang mit Kasualien und – soweit diese nicht in Anspruch genommen werden – bestimmten Lebensereignissen empfohlen. So können die Gemeinden auch eigene strategische Schwerpunkte setzen. Besonders gelungene Ansätze, um den Blick der kirchlichen Aktivitäten von der Kerngemeinde auf distanziertere Mitglieder zu lenken, stecken auch in der „Lichtträgeraktion“ und den „4x4 Gänge-Menüs“, die „auf dem Weg zur Quellgemeinde“ ebenfalls in diesem Band beschrieben werden. Allerdings fällt in allen Projekten auf, dass gerade der systematische Blick auf Menschen zwischen 25 und 35 Jahren kaum vorkommt. Hier haben die Kirchen aber akuten Handlungsbedarf. Nur wenn es ihnen gelingt, im Leben von jungen Erwachsenen relevant zu sein, werden sie deren Austrittswillen etwas entgegensetzen können. Wenn die Kirchen Austritte verhindern möchten, sollten sie Kontaktflächen zu denen schaffen, die mit hoher Wahrscheinlichkeit die Kirche verlassen werden – und das, bevor sie ausgetreten sind.

Hürden abbauen

Nehmen wir an, dass der Partner unserer Kieler Studentin während seines Studiums aus der Kirche ausgetreten ist. Nehmen wir weiter positiv an, dass er seitdem Kirche überaus positiv wahrgenommen hat – bei der Taufe seines Kindes, seiner kirchlichen Trauung, der Konfirmation und sogar bei einigen wenigen Gottesdiensten, bei denen er dabei war. Außerdem findet er, dass Kirche für die Gesellschaft wichtig ist. Nehmen wir an, obwohl er sich eigentlich nicht als gläubig bezeichnen würde, überlegt er, wieder in die Kirche einzutreten. Wäre da nicht das Gespräch mit dem Pfarrer ...

Ein Kirchenaustritt wird bei einer staatlichen Behörde erklärt und kann damit vergleichsweise einfach vollzogen werden. Ein Wiedereintritt ist dagegen nicht bei den kommunalen Meldebehörden möglich. Da die Taufe lebenslang gilt, muss und kann diese weder bei Wiedereintritt noch bei Übertritt wiederholt werden. Dennoch behalten sich die Kirchen die Entscheidung über einen Wiedereintritt vor. Das hat zur Folge, dass die eintrittswillige Person von sich aus den Kontakt zur Kirchengemeinde suchen muss. Dabei ist der Eintritt in die evangelische Kirche, die deutschlandweit auch über zahlreiche Eintrittsstellen verfügt, vergleichsweise einfach. Der Wiedereintritt in die katholische Kirche muss mehrstufig erfolgen: Nach einem ersten Gespräch mit einer für die Seelsorge verantwortlichen Person, fällt die eigentliche Entscheidung zur Wiederaufnahme durch den Bischof bzw. das Ordinariat oder Generalvikariat. Nach Zustimmung muss vor Zeugen der Wunsch zur Wiederaufnahme durch die eintrittswillige Person bestätigt werden. Die Hürden eines Wiedereintritts sind – besonders bei der katholischen Kirche – im Vergleich zum Austritt hoch. Da hilft das durchaus gute Informationsangebot im Internet nur bedingt weiter.[10] Vermutlich wäre es vorschnell, allein die unterschiedlichen Verfahren für die höhere Zahl an (Wieder-)Aufnahmen und Erwachsenentaufen in der evangelischen Kirche verantwortlich zu machen. Doch auch wenn einschlägige Studien dazu bisher fehlen – durch ein einfaches, unbürokratisches Verfahren könnten die Kircheneintrittszahlen in beiden Kirchen erhöht werden. Will heißen: Ein Kircheneintritt sollte mindestens so einfach sein wie ein Kirchenaustritt. Überlegenswert erscheint in diesem Zusammenhang auch, den Kirchenaustritt bei kirchlichen Beratungsstellen zu ermöglichen, wie dies in der Freien Hansestadt Bremen der Fall ist. Die Kirchen hätten in diesem Modell eine Möglichkeit, mit austrittswilligen Kirchenmitgliedern in Kontakt zu treten, diese individuell zu beraten und dadurch möglicherweise Austritte zu verhindern oder auch von ihren Gründen zu lernen.

[10] Entsprechende Angebote finden sich bspw. unter https://www.ekd.de/Evangelisch-werden-10880.htm und https://www.katholisch-werden.de/.

Gelingt es den Kirchen, die Kontaktaufnahme zu kirchlichen Einrichtungen niederschwellig und einfach zu gestalten, dann besteht die Möglichkeit der ernsthaften Kontaktaufnahme mit nicht kirchlichen Personen und distanzierten Mitgliedern. Niederschwellige Angebote wie beispielsweise das Karlsruher David-Projekt, das die Kirche in die säkularen städtischen Umfelder trägt, erscheinen dafür geeignet zu sein. Die Niederschwelligkeit allein ist dabei allerdings nicht der Erfolgsfaktor, sondern vielmehr die Relevanz christlicher Themen einer breiten, auch außerkirchlichen Öffentlichkeit zu vergegenwärtigen und dadurch neue und unerwartete Begegnungen zu ermöglichen. An dieser Stelle bieten sich den Kirchen aber auch zahlreiche weitere Möglichkeiten der Kontaktaufnahme, beispielsweise in den Kindertageseinrichtungen oder ihren diakonischen und karitativen Einrichtungen.

Den Kern sichtbar machen

Nehmen wir zuletzt an, dass es mit der großen Liebe unserer Kieler Studentin in Freiburg nicht nur rosig lief. In ihrer Ehe kriselt es. Zusammen mit ihrem Partner entschließt sie sich, das kostenlose Angebot der Ehe-, Familien- und Partnerschaftsberatungsstelle Freiburg in Anspruch zu nehmen. Nach einigen Sitzungen sehen beide – auch dank der Begleitung durch die Beratungsstelle – wieder Licht am Beziehungshorizont. Dass es sich bei der Beratungsstelle um ein kirchliches Angebot handelte, das auch durch ihre Kirchensteuern mitfinanziert wird, haben sie nicht wahrgenommen.

Die im Rahmen des David-Projekts gestellte Frage, wie die Kirchen dazu beitragen können, dass das Leben vor Ort noch besser gelingt, könnte programmatisch für das kirchliche Auftreten sein. Gerade der bevorstehende demografische Wandel bietet dafür Anknüpfungspunkte. Für die Kirchen mit ihrem über die Kernkirchengemeinden hinausgehenden Netzwerk aus Pflegedienstleistern, Wohlfahrtsverbänden, Kindertagesstätten und Bildungseinrichtungen, Beratungsangeboten aber auch als Arbeitgeber und Grundeigentümer (Stichwort sozialer Wohnungsbau) besteht dadurch die Chance, sich als relevanter Akteur einzubringen und zu präsentieren. Dies setzt allerdings den politischen Willen voraus, gemeinsam und koordiniert aufzutreten und an der Lösung dieser gesellschaftlich hoch relevanten Herausforderung mitzuwirken. Wenn es zusätzlich gelingt, dieses Netzwerk ökumenisch zu gestalten, bestehen darüber hinaus Synergieeffekte und im besten Falle zusätzliche Hebelwirkungen in Bezug auf die gesamtgesellschaftliche Wahrnehmung.

Ein Grundproblem dabei ist, dass Menschen kirchliche Angebote durchaus nutzen und damit auch zufrieden sind. Sie wissen oft nur nicht, dass es kirchliche Angebote sind. Zu diesem Ergebnis kam eine Zufriedenheitsstudie im Bistum Münster, die Grundlage für die in diesem Band vorgestellte dortige Markenentwicklung war. Kirchliche Angebote sind als solche leider oft nur schwer zu erkennen. Sucht man beispielweise auf der Homepage der katholischen Ehe-, Familien- und Partnerschaftsberatungsstelle einer größeren süddeutschen Stadt nach Informationen zum Träger, muss man sich durch mehrere Unterseiten klicken, bis erstmals das Wort „katholisch" zu finden ist. Bislang wird eine strategische Vermarktung kirchlicher Angebote quasi nur wenig wahrgenommen. Gerade für junge Erwachsene, die in der Regel keinen bzw. nur sehr geringen Bedarf an kirchlichen Angeboten sehen, sollte eine passive Mitgliedschaft plausibilisiert werden. Marketingaktivitäten setzen hier an, schließen das Informationsdefizit und bewerben die teilweise sehr guten Angebote zielgruppenspezifisch. Dabei reichen die kirchentypischen Mitgliederzeitschriften und Jahresberichte nicht aus. Vielmehr geht es darum „up to date" zum Beispiel auch über sogenannte „Influencer" für Kirchen neue Wege einzuschlagen. Das beinhaltet auch eine Haltungsänderung dahingehend, kirchenferne Mitglieder als solche zu akzeptieren, wie dies im Projekt „Lebenslang Mitglied bleiben" eindrücklich beschrieben wird. Gerade die Mitglieder, die keine Angebote wahrnehmen und auch keinen Kontakt zur Kirchengemeinde suchen, stehen dort im Fokus.

Das breite, aber nicht immer bekannte Angebot im Bewusstsein der Mitglieder zu halten, hat aber noch einen weiteren Effekt: Den Kirchenmitgliedern wird die gesellschaftliche Nutzenerbringung vor Augen geführt (zweckrationale Mitgliedschaftsmotive). Neben den zahlreichen Einrichtungen für Menschen, die von Armut betroffen sind, für Kranke oder Alte oder Menschen in Lebenskrisen erscheint es sinnvoll zu sein, die Kirchen auch als Träger zahlreicher kultureller Aktivitäten, als großer Arbeitgeber und Auftraggeber im Bewusstsein zu halten. Menschen sollten daher wissen, dass ihre Kita evangelisch, die Telefonseelsorge ökumenisch und das Altenheim katholisch getragen ist.

Beziehungsstatus: Es ist kompliziert

Wie steht es jetzt um die Beziehung der Kirchenmitglieder zu ihrer Kirche? Nun ja, es könnte besser sein. Insbesondere bei denen, die nicht zum harten Kern dazugehören, würde es der Kirche gut anstehen, etwas serviceorientierter aufzutreten. Und so lautet die gute Nachricht (aus der Sicht eines Ökonomen) dann auch: Bei den Kirchen gibt es Optimierungspotenzial. Die Ergebnisse der koordinierten Mitgliedervorausberechnung belegen deutlich, dass der projizierte Mitgliederrückgang der beiden Kirchen stärker auf Tauf-, Austritts- und Aufnahmeverhalten der Kirchenmitglieder beruht als auf dem demografischen Überschuss der Todesfälle über die Geburten und Wanderungen.[11] Und zumindest ein Teil der Austritte, Aufnahmen und Taufen lässt sich durch kirchliche Aktivitäten beeinflussen – im Übrigen in beide Richtungen.

Entscheidend für den weiteren Weg der Kirchen wird sein, wie sie es halten wollen mit denen, die von sich aus nie zur Kirche kommen, mit denen, die lange keinen Kontakt zur Kirche hatten, und mit denen, die nur ab und zu etwas von der Kirche wollen.[12] Ob sich die Kirchen wohl aufmachen werden? Es wäre ja nicht das erste Mal, dass sich Christen auf den Weg zu den Menschen machen – da das letzte Mal allerdings schon eine Weile her ist, wäre doch jetzt ein guter Zeitpunkt, das wieder zu tun.

[11] Vgl. Gutmann; Peters 2020 (vgl. Fn 1).

[12] Vgl. Worbs, Frank (2019): Das Modell „Lebenslang Mitglied bleiben: Grundlagen, Voraussetzungen und Maßnahmen für die Beziehungspflege mit distanzierten Mitgliedern in der Kirche“ in diesem Band.

STRATEGISCHE KONSEQUENZEN DER KIRCHLICHEN MITGLIEDERENTWICKLUNG AUS SICHT DER KIRCHENFINANZEN AM BEISPIEL DER EVANGELISCHEN LANDESKIRCHE IN WÜRTTEMBERG

Martin Kastrup und Martin Ritter

Einführung

Kirchliche Finanzverantwortliche stehen jährlich vor einem grundsätzlichen Dilemma: der Aufteilung der eingehenden Mittel zwischen Gegenwart und Zukunft, also zwischen der unmittelbaren Gestaltung kirchlicher Arbeit und der Sicherung kirchlicher Handlungsspielräume für zukünftige Generationen. Anders als der Staat und die Kommunen kann die Kirche bei finanziellem Mehrbedarf nicht die Steuern erhöhen, da die Option des Kirchenaustritts besteht und eine solche Maßnahme sogar kontraproduktiv wirken könnte. Im Vergleich zu Unternehmen bestehen nur sehr begrenzte Möglichkeiten, das Leistungsangebot zu verändern oder ein aggressiveres Marketing zu betreiben, da der Auftrag von Kirche nicht willkürlich verändert werden kann und ihre breite Akzeptanz stark von ihrem Auftritt abhängt. Angesichts dieses geringeren Bewegungsrahmens bedarf es in der Kirche daher besonderer Sorgfalt bei der Abwägung zwischen Kurz-, Mittel- und Langfristperspektive.

Hinzu kommen weitere kirchenspezifische Erschwernisse:

- Kirchliche Arbeit zeichnet sich durch Face-to-Face-Kommunikation aus, lässt sich durch digitale Medien unterstützen, aber keinesfalls dadurch ersetzen, und ist daher personalintensiv. Dies ist gleichzusetzen mit hohen Fixkosten, die bei rückläufiger Finanzkraft nur schwer abzubauen sind.
- Eine ähnliche Problematik ergibt sich beim Immobilienaufwand: Zumindest Kirchen und Gemeindehäuser gehören zum Proprium kirchlichen Selbstverständnisses und sorgen als sichtbare „Leuchttürme" und „Orte kirchlicher Aktivität" für die gewünschte gesellschaftliche Präsenz und Wahrnehmung. Ihre Abgabe ist daher stark eingeschränkt und erfordert langwierige innerkirchliche Kommunikationsprozesse.
- Neben den Fixkosten spielen auch Belastungen der Vergangenheit eine Rolle. Aus dem Selbstverständnis einer öffentlichen Körperschaft haben Kirchen lange wie staatliche Organe

agiert, Kirchenbeamte und Pfarrer in öffentlich rechtlichen Dienstverhältnissen beschäftigt und ihre Altersvorsorge über den sogenannten Generationenvertrag aus den laufenden Haushalten bezahlt. Erst in den letzten 25 Jahren verstärkte sich das Bewusstsein, dass angesichts rückläufiger Kirchenmitglieder eine weitgehend kapitalgedeckte Altersabsicherung unvermeidbar ist, die erhöhte Sparanstrengungen erfordert.
- Schließlich wurden aus dem früheren Selbstverständnis auch weitreichende Verpflichtungen und Zusagen zum Beispiel im Bereich der Diakonie übernommen, die langfristig ein erhebliches Risiko darstellen können und entsprechender finanzieller Vorsorge bedürfen.

Angesichts dieser Herausforderungen ist es wichtig, ein sinnvolles Verteilsystem zu entwickeln, Reserven aufzubauen und solche Maßnahmen zu unterstützen, die die finanzielle Basis verbreitern oder den Mittelbedarf reduzieren. Noch entscheidender erscheint es, sich von reinen Finanzüberlegungen zu lösen und eine Schicht tiefer zu graben. Dies bedeutet, Aktivitäten zu unterstützen, die einen (messbar) positiven Einfluss auf die Mitgliederentwicklung haben. Die Freude ist dann im Idealfall eine doppelte: über die personelle Stärkung unserer christlichen Gemeinschaft und die Erfüllung unseres Auftrags auf der einen Seite und über die voraussichtlich breitere finanzielle Basis zur Erledigung kirchlicher Aufgaben auf der anderen.

Die folgenden Einzelmaßnahmen beschreiben einige wichtige Aktivitäten der Evangelischen Landeskirche in Württemberg, die in diesem Kontext zu sehen sind.

Das Nachhaltigkeitsniveau (NN)

Geprägt wurde der Begriff der Nachhaltigkeit 1713 von Hans Carl von Carlowitz, um der Holzverknappung aufgrund von Misswirtschaft zu begegnen. Übertragen auf heutige Verhältnisse geht es darum, die Ressourcen eines Systems so zurückhaltend zu nutzen, dass selbiges System langfristig gesund und überlebensfähig bleibt.

Auch das Finanzsteuerungsinstrument „Nachhaltigkeitsniveau“ der Evangelischen Landeskirche in Württemberg verfolgt dieses Stabilisierungsziel. Statt mit schwankenden Einnahmesituationen umgehen zu müssen, steckt dahinter die Absicht, jährlich ein verlässliches Finanzbudget zur Verfügung zu stellen, das sich unabhängig von konjunkturellen Zyklen an einem langfristigen Trend orientiert. Dies erhöht die Planungssicherheit, stabilisiert die Arbeitsbedingungen der Mitarbeitenden und stärkt das Vertrauen ins System Kirche.

Voraussetzungen sind ein systematischer Aufbau von Rücklagen in wirtschaftlich guten Zeiten und eine verantwortungsvolle Rücklagenentnahme in schwierigen Konjunkturphasen. Mit Hilfe des NN werden die Ressourcen zwischen Mitteleinsatz und Mittelreservierung jährlich neu aufgeteilt. Die kirchlichen Finanzverantwortlichen sind in dieser Situation die wichtigsten Anwälte zukünftiger Generationen, die den Gestaltungswunsch der Fachverantwortlichen einschränken und gegebenenfalls auch reduzieren müssen – immer in der eingangs beschriebenen Abwägung. Dies ist nicht selten mit Konflikten und Verdruss verbunden.

Abb. 29: Entwicklung von Nachhaltigkeitsniveau im Verhältnis zu tatsächlichem Ertragsniveau und laufendem Gesamtaufwand (Quelle: Evang. Landeskirche in Württemberg).

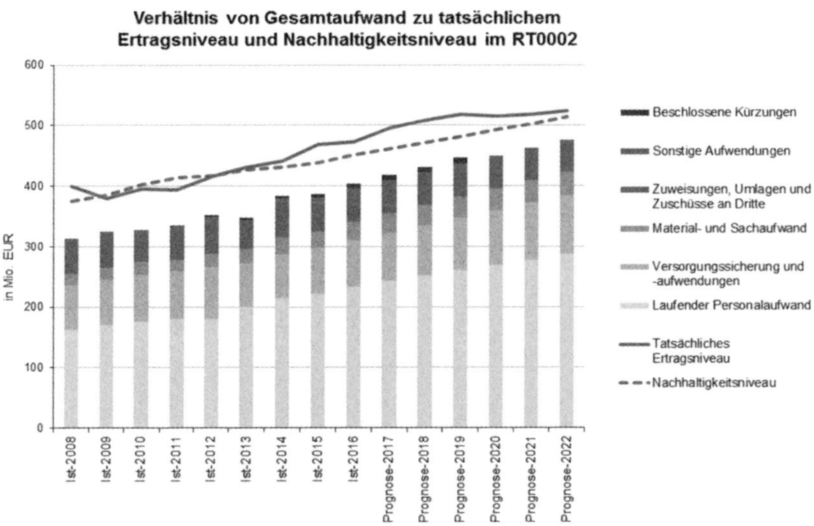

Die Umsetzung des Nachhaltigkeitsniveaus geschieht wie folgt:

- Das NN berechnet sich jährlich neu aus der prozentualen Steigung einer grafischen Ausgleichsgeraden ab einem Basisjahr (1992) bis zum letzten Planungsjahr der aktuellen Mittelfristplanung. Dieser Prozentsatz wird ausgehend von dem tatsächlichen Ertrag eines durchschnittlichen Basisjahres (in Abb. 29: 2006) jährlich hinzuaddiert. Aufgrund des längeren Ausgleichszeitraums schwankt das NN von Jahr zu Jahr viel gemäßigter als die tatsächlichen jährlichen Erträge der Landeskirche.

- Neben der durchschnittlichen Konjunkturentwicklung gehen automatisch die Mitgliederentwicklung, der gesellschaftliche Wohlstand und die steuerlichen Rahmenbedingungen in das NN ein.
- Wichtig zu betonen ist, dass sich das NN an der nominalen Ertragsentwicklung orientiert und deshalb nicht die reale Kaufkraftentwicklung widerspiegelt.
- Die Differenz zwischen dem NN und den in den Balken dargestellten Aufwänden wird von der Landeskirche für investive Tätigkeiten und einen systematischen Rücklagenaufbau genutzt.

Abb. 30: Basismodell des Nachhaltigkeitsmanagements in der Landeskirche (Quelle: Evang. Landeskirche in Württemberg).

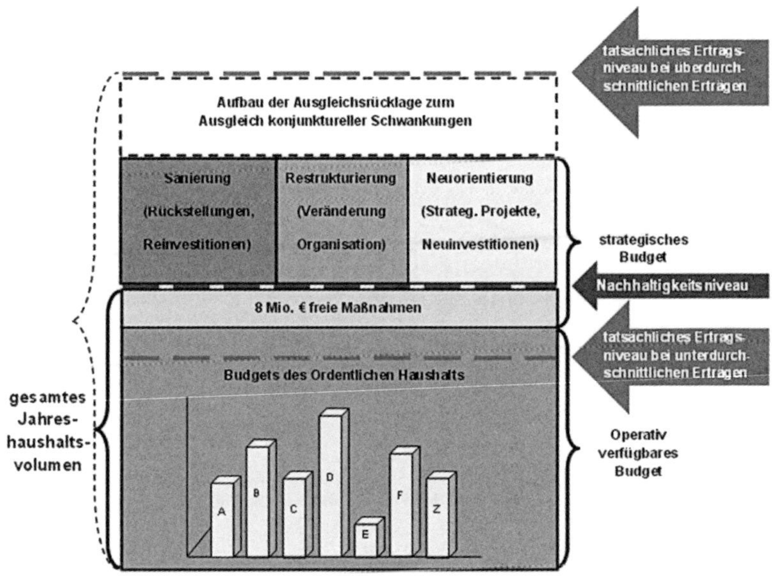

- Das NN bildet die Obergrenze für den jährlichen Gesamtaufwand im Haushaltsplan. Das Ordentliche Haushaltsvolumen darf nicht darüber hinaus durch Kredite oder Rücklagenentnahmen erhöht werden.
- In konjunkturell guten Phasen liegt der tatsächliche Ertrag über dem NN und es bleibt ein Überschuss, der der Ausgleichsrücklage zugeführt werden kann. In wirtschaftlich schwachen Zeiten sind Entnahmen aus derselben Rücklage bis zur Höhe des Nachhaltigkeitsniveaus zulässig. Die Ausgleichsrücklage

dient so dem Ausbalancieren konjunktureller Schwankungen und der Überbrückung mehrerer finanzschwacher Jahre.
- Im Falle dauerhafter struktureller Probleme müssen zusätzlich Restrukturierungsmaßnahmen ergriffen werden, um die Handlungsfähigkeit und die sonstigen Reserven zu erhalten. Dazu wird die Summe der Einzelbudgets auf ein Niveau begrenzt, das Jahr für Jahr mindestens acht Millionen Euro unter dem Nachhaltigkeitsniveau verbleibt. Der Freiraum sichert unabhängig von der Konjunkturlage Mittel für Sondermaßnahmen (Projekte, Neuinvestitionen etc.), die der Landeskirche eine Reaktion auf aktuelle Entwicklungen und das Setzen von neuen Impulsen erlauben.
- Wurde die Ausgleichsrücklage in konjunkturell guten Phasen bereits gut ausgestattet, stehen weitere Mehrmittel, ähnlich wie die acht Millionen Euro, als strategische Investitionsmittel für Sanierung-, Restrukturierungs- und Neuorientierungsmaßnahmen zur Verfügung.

Rücklagenaufbau und Vermögensmanagement

Das kirchliche Vermögen hat dreierlei Funktionen:
- die gleichmäßige Erfüllung kirchlicher Aufgaben über der Zeitachse,
- die Absicherung von finanziellen Risiken und zukünftigen Verpflichtungen,
- das Generieren von Zusatzerträgen zur Finanzierung der laufenden Aufgaben.

In allen drei Fällen vergrößert sich die Handlungsfreiheit und verlängert sich der Reaktionszeitraum, wenn das Vermögen eine angemessene Größenordnung besitzt. Die beiden ersten Funktionen stehen dabei in unmittelbarem Kontext mit der Mitglieder- und Kirchensteuerentwicklung.

Der Schwankungsausgleich wird in der Landeskirche über das Nachhaltigkeitsniveau gesteuert und über die Höhe verschiedener Schwankungsrücklagen gesichert:
- Die Ausgleichsrücklage der Landeskirche (in der zukünftigen Doppik „Ergebnisrücklage“) ist im Wesentlichen ein Konjunkturpuffer. In Phasen mit Kirchensteuererträgen über dem NN werden Mittel darin angespart, in schlechteren Zeiten können sie für den laufenden Betrieb aus der Ausgleichsrücklage entnommen werden. Als Mindesthöhe sieht die Haushaltsordnung 1/6 des durchschnittlichen Haushalts der vergangenen drei Jahre

vor. Wird diese Untergrenze gefährdet oder gar unterschritten, sind in Folgejahren zusätzliche Mittel zu reservieren. Ansonsten greifen Notlagenregelungen. Während temporäre zyklische Krisen sich mit der Ausgleichsrücklage beherrschen lassen, reichen die Mittel für eine dauerhafte Bewältigung struktureller Probleme nicht aus.

- Einen zusätzlichen Puffer fördert das Finanzdezernat, indem es Budgetrücklagen zulässt: 50 Prozent der in einem Jahr nicht verbrauchten Mittel verbleiben im jeweiligen Budget. Dies hat in der Vergangenheit die große Mehrheit der Bewirtschafter motiviert, nicht benötigte Mittel anzusparen, statt sie im Dezemberfieber zu verbrennen. Die dadurch inzwischen angesammelten Budgetreserven sind erheblich und werden vor allen dann interessant, wenn nicht mehr nur konjunkturelle Schwankungen auszugleichen sind, sondern es strukturelle Abbrüche gibt speziell aufgrund des Mitgliederrückgangs, die den Budgets zusätzliche, mit Mehrmitteln verbundene Restrukturierungsmaßnahmen abverlangen.
- Schließlich werden die in der Landeskirche anfallenden Abschreibungen konsequent als Liquidität angespart, um unregelmäßig anfallende, aber häufig sehr große Reinvestitionen oder auch Sanierungsmaßnahmen daraus finanzieren zu können.

Um spezielle Risiken und Verpflichtungen abzudecken, gibt es darüber hinaus noch weitere Rücklagenpositionen, die in den vergangenen Jahren teilweise aufgestockt und teilweise neu aufgebaut wurden.

- Die mit Abstand größte Verpflichtung der Landeskirche betrifft, wie in fast allen evangelischen Kirchen, die eingangs angesprochene Versorgung für den Pfarrdienst und die Beamtenschaft. Sie schließt die Abdeckung der Beihilfeleistungen der Versorgungsempfänger mit ein. Die für eine vollständige Kapitaldeckung notwendigen Rückstellungen in Milliardenhöhe werden seit circa 25 Jahren systematisch an verschiedenen Stellen aufgebaut:
  a) durch den Einkauf in eine Ruhegehaltskasse für den Pfarrdienst, die einen Kapitaldeckungsanteil von circa 60 Prozent anstrebt,
  b) durch Aufbau einer zukünftig in eine Stiftung umzuwandelnde Rücklage zur Abdeckung der Beihilfe und der nicht kapitalgedeckten Versorgungsleistungen der Versorgungsempfänger im Pfarrdienst,
  c) durch den Aufbau einer Versorgungsstiftung zur Abdeckung der Versorgungs- und Beihilfeansprüche der Kirchenbeamten in Höhe von bis zu 100 Prozent,
  d) durch Aufbau einer Stiftung zur Finanzierung der Zusatzversorgungsbeiträge für Angestellte in der Zukunft.

Gelingt die Kapitaldeckung nicht, weil (a) die Verzinsung an den Kapitalmärkten nicht ausreicht, (b) zurückgelegtes Kapital in volatilen Finanzmärkten zum Teil wieder vernichtet wird oder (c) die Volumina schlicht nicht erreichbar sind, können Kirchen in wirtschaftliche Not geraten, da zukünftige Haushalte aufgrund des laufend fortschreitenden Mitgliederrückgangs absehbar schrumpfen werden. Der Handlungsspielraum wird also jährlich kleiner ohne Garantie, dass die Anstrengungen reichen werden.

- Außer für die Altersabsicherung muss die Landeskirche auch für bekannte Risiken vorsorgen. Hierfür wurden gesonderte Rücklagen aufgebaut:
  a) für Nachzahlungspflichten bei der Kirchensteuerabrechnung zwischen verschiedenen Gliedkirchen der EKD (Clearing) und
  b) für Risiken aus Gewährsträgerschaft oder Bürgschaft gegenüber anderen kirchlichen Körperschaften, insbesondere aus der Diakonie.

Vermögenssteuerung

Die Landeskirche setzt weitere Instrumente ein, um das Vermögen zu steuern und das Risiko zu begrenzen:

- Über eine jährliche Personalstrukturplanung (PSP) für die beiden größten Beschäftigtengruppen (Pfarrdienst, Religionspädagogen) mit einem Prognosehorizont von über 50 Jahren werden Einschätzungen zu den Personal- und Versorgungskostenbelastungen gewonnen, die sich wiederum auf die Personalpolitik auswirken.
- Im 3-Jahres-Rhythmus lässt die Landeskirche versicherungsmathematische Versorgungsgutachten erstellen, um stichtagsbezogen die Bar- und Teilwerte der Verpflichtungen gegenüber den aktiv Beschäftigten und den Versorgungsempfängern, aber auch den Ist-Stand der Kapitalabdeckung zu aktualisieren.
- Neu ist das Durchführen einer Asset-Liability-Studie (ALM), in der den Ertragserwartungen jahresbezogen alle zu erwartenden Aufwendungen gegenübergestellt werden. Neben den Versorgungs- und Beihilfeleistungen des Versorgungsgutachtens sind also auch die Besoldung der Beschäftigten im aktiven Dienst, die Aufwendungen für Immobilien oder sonstige Sachkosten erfasst. Auf diese Weise erhält die Württembergische Landeskirche Hinweise auf zukünftige finanzielle Engpasssituationen und kann entsprechend frühzeitig und mit noch mehr Nachdruck darauf reagieren.

Die Stabilisierung der Erträge

Im Hinblick auf das perspektivisch zu erwartende sinkende Kirchensteueraufkommen gilt es, Strategien zu entwickeln, um die durch den Personal- und Immobilienbestand bedingten hohen Fixkosten der kirchlichen Aufgabenerfüllung finanzieren zu können.

Nachdem die Mitgliederentwicklung eine wesentliche Determinante des Kirchensteueraufkommens und damit der wichtigsten Ertragsquelle der Kirchen darstellt, kommt der Mitgliederorientierung und vor allem der Mitgliederbindung eine sehr große Bedeutung zu. Die letzten Jahre waren geprägt von enormen Kirchensteuerzuwächsen bei gleichzeitigem Mitgliederrückgang. Aus Sicht der Kirchenleitung schien so manchem die Abhängigkeit nicht mehr so stark und zuweilen auch gar nicht mehr vorhanden zu sein. Ein Trugschluss – wie wissenschaftliche Studien zur langfristigen Entwicklung des Kirchensteueraufkommens und der Kirchenmitglieder belegen. Umso wichtiger ist es, in den noch „guten" Kirchensteuerjahren die Weichen für nachhaltige Kirchenfinanzen zu stellen.

Analysen der Kirchensteuerzahlenden haben ergeben, dass das Kirchensteueraufkommen von rund der Hälfte der Mitglieder geleistet wird. Nachdem die Kirchensteuer ein Aufschlag auf die Einkommensteuer ist, sind es unter anderem aufgrund des progressiven Steuertarifs vor allem die hohen Einkommensbezieher, auf die ein erheblicher Anteil am Kirchensteueraufkommen entfällt. Es ist also wichtig, sich aktiv um diejenigen zu kümmern, die mit ihrem Einkommen die tragenden Pfeiler der Kirchenfinanzen bilden. Dies als Aufgaben anzuerkennen, fällt vielen im kirchlichen Kontext schwer, zumal (a) sich Kirche aus Sicht derer eher um die Benachteiligten und Bedürftigen kümmern sollte und (b) aufgrund des Kirchensteuergeheimnisses vor Ort gar nicht bekannt ist, wie viel das einzelne Mitglied genau an Kirchensteuer entrichtet. Trotzdem müssen sich die Kirchen um die breite Basis der Kirchensteuerzahlenden kümmern, um weiterhin wichtige in die Gesellschaft hineinwirkende Aufgaben erfüllen zu können. Es ist also auch wichtig, sich um diejenigen zu kümmern, die mit ihrem Einkommen die tragenden Pfeiler der Kirchenfinanzen bilden.

Die Kirchensteuergesetze der Evangelischen Landeskirche in Württemberg eröffnen seit 1990 die Möglichkeit, die Kirchensteuerschuld zu begrenzen (vgl. § 21 KiStG BW). Die Kirchensteuer kann auf Antrag auf 2,75 Prozent des zu versteuernden Einkommens unter sinngemäßer Anwendung des § 51a EStG gekappt werden, was im Einzelfall zu einer erheblichen Entlastung führt. Die Kirchensteuerkappung wird unter Vorlage einer vollständigen Kopie des Einkommen- und Kirchensteuerbescheids innerhalb eines Jahres nach Bekanntgabe des Steuerbescheids formlos und ohne besondere Begründung beim Oberkirchenrat beantragt. Dem Antrag wird stets stattgegeben, wenn die vom Finanzamt festgesetzte Kirchensteuer 2,75 Prozent des zu versteuernden Einkommens übersteigt.

Die Analyse des Kirchensteuerzahlerprofils der Evangelischen Landeskirche in Württemberg bestärkt die Hypothese, dass das Kappungsverfahren die Bindung von Kirchenmitgliedern mit sehr hohen Einkommen begünstigt. Während bei allen anderen Landeskirchen und auch Diözesen der Anteil der Kirchensteuerzahler in Abhängigkeit von der Höhe des Einkommens abnimmt, zeigen die Entwicklungen bei der Evangelischen Landeskirche in Württemberg im Blick auf die höchsten Einkommen einen gegenteiligen Effekt. Als Nebeneffekt der Kappung treten die Kappungsempfänger in direkten Kontakt mit der Landeskirche und sind dadurch anders als alle anderen Kirchensteuerzahlenden namentlich bekannt. Dadurch wird es erst möglich, sich aktiv um diese für die Finanzierung der Kirche besonders wichtige Gruppe der Kirchenmitglieder zu kümmern und die Beziehung zu ihnen zu pflegen.

Erschließung alternativer Finanzierungsquellen

Um ein nachhaltiges Ertragsniveau sicherstellen zu können, wurden neben der Kirchensteuer bereits weitere Finanzierungssysteme etabliert. Die Evangelische Landeskirche in Württemberg hat gute Erfahrungen unter anderem mit dem freiwilligen Gemeindebeitrag, dem Fundraising sowie mit Stiftungsgründungen gemacht.

Beim freiwilligen Gemeindebeitrag handelt es sich de facto um eine Spende, die in der Regel einmal pro Jahr zusätzlich für örtliche Projekte erbeten wird. Sie ermöglicht es den Kirchengemeinden, vor Ort Vorhaben zu verwirklichen, die mit dem regulären Budget nicht finanzierbar wären. Das Aufkommen des freiwilligen Gemeindebeitrags in der Evangelischen Landeskirche in Württemberg belief sich im Jahr 2017 auf rund 8,7 Millionen Euro.

Fundraising umfasst alle Aktivitäten einer gemeinnützigen Organisation, um Menschen für die gemeinsame Verwirklichung eines Vorhabens zu begeistern und dafür Mittel einzuwerben. Die Renovierung des Kirchturms, die Sanierung der Orgel oder die Finanzierung von Stellenanteilen eines Mitarbeitenden in der Kinder- und Jugendarbeit sind nur einzelne Beispiele für konkrete und lokale Maßnahmen und Projekte, die sich für Fundraising anbieten. Spendenbittbriefe, Benefizveranstaltungen, Gewinnung von Sponsoren, Werbung um Geldauflagen bei Gerichten, persönliche Besuche, Förderkreise, Verkäufe, Werbung um Vermächtnisse und Erbschaften (Legate) zählen zu den gängigsten Fundraising-Instrumenten. Die Fundraisingstelle der Evangelischen Landeskirche in Württemberg berät die Kirchengemeinden, die Kirchenbezirke, die Landeskirche sowie kirchliche Einrichtungen in allen Bereichen des Fundraisings.

Besonders erfreulich hat sich das Stiftungswesen in der Evangelischen Landeskirche in Württemberg mit inzwischen 82 neuen Stiftungen in den letzten zehn Jahren mit über 30 Millionen Euro Vermögen entwickelt. Der Erfolg basiert in erster Linie auf der Landeskirchenstiftung, die als Dachstiftung für viele kleinere Stiftungen fungiert. Sie hat die Aufgabe, die christliche Identität unserer Gesellschaft nachhaltig zu stärken und zu erhalten, bestehende und neu zugründende Stiftungen praxisorientiert zu fördern und Services in den Bereichen Stiftungsberatung, Buchführung und Rechnungsprüfung sowie Stiftungsverwaltung und Vermögenssicherung anzubieten. Zur Zielgruppe gehören in erster Linie Kirchengemeinden und Kirchenbezirke. Ihnen wird es ermöglicht, bestehende Stiftungen unter das Dach der Stiftung der Evangelischen Landeskirche in Württemberg zu verlagern oder neue Stiftungen unter diesem Dach zu initiieren, wobei die rechtliche Eigenständigkeit gewahrt bleibt. Zur Landeskirchenstiftung gehören darüber hinaus sieben unselbstständige Stiftungsfonds, in die die themenbezogenen Zustiftungen erfolgen können. Auf der Grundlage des Evangeliums werden insbesondere in den Bereichen Gemeindearbeit und Pfarrdienst, Jugendarbeit, diakonische Arbeit, Bildungsarbeit, Mission und Ökumene, kirchliche Gebäude sowie Kirchenmusik und Kunst Fördermöglichkeiten angeboten. Dem jeweiligen Stifterwunsch entsprechend werden die erwirtschafteten Erträge den zweckentsprechenden Werken und Einrichtungen zugeführt.

Flankierend zu all diesen Maßnahmen ist es die Aufgabe der Kirchenleitung, Maßnahmen und Vorsorge dafür zu treffen, dass auch in der Zukunft ausreichend Mittel für inhaltliche Arbeit zur Verfügung stehen, um den kirchlichen Auftrag erfüllen zu können. Als „Dienstleistungsunternehmen“ überrascht es nicht, dass die kirchliche Arbeit einen hohen Personaleinsatz erfordert. Die Arbeit mit und an Menschen lebt vom persönlichen Kontakt und von Erfahrungen. Mitgliederbindung kann (nur) dann gelingen, wenn Kirche erlebbar ist, das heißt, dass sie in ihrer Umgebung präsent und mit Personen verknüpft ist. Den Kirchengemeinden und ihrer Arbeit kommt damit die höchste Bedeutung zu. Ihnen muss es gelingen, eine aktive Beziehung zu den Menschen, ob Gemeindeglied oder nicht, aufzubauen, sodass die Kirche in der Gesellschaft und für den Einzelnen relevant bleibt bzw. wird. Aufgabe der Landeskirchen ist es, die Rahmenbedingungen für die Kirchengemeinden so zu setzen, dass Freiräume und Gestaltungsmöglichkeiten entstehen und in den Kirchengemeinden durch gut ausgebildete Pfarrerinnen und Pfarrer sowie durch Entlastung von Bürokratie Zeit für die Arbeit mit und an den Menschen bleibt.

Verantwortliche Mittelverwendung

Zu einer verantwortlichen Finanzpolitik bei einem perspektivisch zu erwartenden sinkenden Kirchensteueraufkommen gehört neben der Stabilisierung des Ertrags auch die Steuerung des Aufwands.

Um Budgetsteigerungen zu limitieren und einen möglichst effizienten Finanzmitteleinsatz zu befördern, werden in der Evangelischen Landeskirche in Württemberg neue Dauerbelastungen nur bei Kürzungen anderer Dauerfinanzierungen akzeptiert. Dies hat zur Folge, dass bei einer nicht gegebenen Refinanzierung innerhalb eines Budgets (beispielsweise durch Einsparungen) die zusätzliche Last von allen Budgets zu tragen ist. Langfristig kann es zu Verschiebungen zwischen Budgets kommen, die strategisch jedoch gewollt sind.

Mit den Personal- und Immobilienkosten und den damit verbundenen Verpflichtungen sind große Teile des gegenwärtigen aber auch zukünftiger Haushalte bereits vorbelegt. Zu den Zielen einer verantwortungsvollen Finanzpolitik gehört es daher, die Starrheit der Kostenseite so weit wie möglich aufzuweichen und sie dauerhaft zu flexibilisieren. Nachdem die bereits heute vorhandenen Verpflichtungen eine große finanzielle Belastung sind, gilt es, sehr genau zu prüfen, ob neue Verpflichtungen eingegangen werden können. Die Frage der intergenerativen Gerechtigkeit ist nicht nur im staatlichen, sondern insbesondere auch im kirchlichen Umfeld zu beantworten. In welchem Umfang sollen zukünftige Generationen durch Aufwendungen der Gegenwart belastet werden? Welche Folgen hat dies für die inhaltliche Arbeit der Zukunft? Nach den vorliegenden Prognosen und dem sinkenden Spielraum nachfolgender Generationen sind insbesondere jene neuen Verpflichtungen grundsätzlich abzulehnen, für die es keine rechtliche Verpflichtung gibt. Allen Finanzverantwortlichen ist dringend zu empfehlen, aus der Vergangenheit zu lernen und keine neuen Zusagen auszusprechen bzw. freiwillige Verpflichtungen einzugehen.

Auch das Personalmanagement kann einen wichtigen Beitrag dafür leisten, um personalbedingte neue Verpflichtungen zu begrenzen bzw. zu vermeiden. Insbesondere bei zeitlich befristeten Maßnahmen und Projekten ist zu prüfen, inwieweit die jeweilige Aufgabe von einem externen Dienstleister im Rahmen von Outsourcing übernommen werden kann. Dies hat den Vorteil, dass die Personalkapazitäten relativ schnell an veränderte Rahmenbedingungen und Aufgabenstellungen angepasst werden können, ohne neue langfristige Verpflichtungen einzugehen. Darüber hinaus gibt es in einigen Kirchen bereits Überlegungen, von der Beihilfe auf die gesetzliche Krankenversicherung zu wechseln und den Beamtenstatus im kirchlichen Dienst einschränken.

Freiräume können auch dadurch (wieder-)erlangt werden, indem die Verwaltungsabläufe und -prozesse, die Verwaltungsstruktur und -organisation sowie der Immobilienbestand kritisch analysiert und restrukturiert werden. In der Evangelischen Landeskirche in Württemberg wurden hierzu verschiedene Projekte initiiert. Im Rahmen des Projektes SPI (Strukturen – Pfarrdienst – Immobilien) werden Kirchengemeinden ganzheitlich beraten und in Veränderungsprozessen begleitet. Im Projekt „Kirchliche Strukturen 2024plus" stehen die kirchengemeindlichen, kirchenbezirklichen und landeskirchlichen Verwaltungsstrukturen in der Fläche im Fokus. Es sollen Zielvorgaben entwickelt und die bestehende Struktur analysiert, Prozesse beschrieben, Lösungsmöglichkeiten aufgezeigt und erste Schritte getan werden im Vorausblick auf das Jahr 2030. Das Projekt soll die Evangelische Landeskirche in Württemberg auf die bevorstehenden Veränderungsprozesse bis 2030 und die notwendige strukturelle Weiterentwicklung von Verwaltungs- und Kirchenstrukturen vorbereiten und neue Lösungsmöglichkeiten aufzeigen.

Aber nicht nur der Blick nach innen eröffnet Perspektiven. Ein bisher weitgehend ungenutztes Potenzial besteht in der verstärkten inhaltlichen Zusammenarbeit der Kirchen. Freiräume können dadurch entstehen, dass nicht jede Kirche alle Themengebiete selbst bearbeitet, sondern sich auf Schwerpunkte konzentriert und im Gegenzug Dienstleistungen für andere anbietet. Kooperationen sind dabei grundsätzlich in allen Arbeitsbereichen, insbesondere aber bei der Statistik, der IT, dem Gebäudemanagement und der Zentralen Gehaltsabrechnungsstelle (ZGASt) sowie bei den Bildungseinrichtungen, den Diensten und Werken und der Kirchenmusik möglich.

Neben der Reaktion auf das perspektivisch sinkende Kirchensteueraufkommen gilt es insbesondere im Hinblick auf die Mitgliederorientierung zu hinterfragen, welche Schwerpunkte die Kirchen bei ihrer inhaltlichen Arbeit setzen. Dabei ist immer wieder eine Prioritätendiskussion, bezogen auf den Auftrag der Kirche, erforderlich, um neuen bzw. veränderten Bedürfnissen und Bedarfen hinreichend Rechnung zu tragen, dabei aber auch den kirchlichen Auftrag nicht aus dem Blickfeld zu verlieren. Eine inhaltliche Arbeit nach dem Gießkannenprinzip ist spätestens bei knapper werdenden Ressourcen nicht mehr zielführend und praktikabel.

Ausgehend vom Auftrag der Kirche sollten Kernarbeitsbereiche und Wirkungsfelder definiert werden, die unmittelbar und untrennbar mit dem Auftrag der Kirche verknüpft sind. Um diesen Prozess erfolgreich zu durchlaufen, gilt es, mutig bestehende Strukturen zu überdenken, Liebgewordenes zur Disposition zu stellen und eine Wertung bzw. Priorisierung der Aufgaben vorzunehmen. Im Gegensatz zu Unternehmen, die einem wirtschaftlichen Erfolgsdruck unterliegen und damit gezwungen sind, sich an den Kundenbedürfnissen zu orientieren, ist das kirchliche Handeln durch das

Konsensprinzip geprägt, wodurch kritische und einschneidende Entscheidungen erschwert, zuweilen sogar institutionell verhindert werden. Umgekehrt ist es aber gerade dieses Konsensprinzip, das die Einheit der Kirche fördert und dadurch möglicherweise Austrittswellen von denen hemmt, die von den einschneidenden Entscheidungen besonders betroffen sind. Insgesamt besteht jedoch die Gefahr, dass das kirchliche Profil, der Markenkern, weder für die Öffentlichkeit noch für die eigenen Beschäftigten klar erkennbar ist und zu Unsicherheit, Unzufriedenheit und Beliebigkeit führt.

Aus der Definition der Schwerpunktbereiche leiten sich die strategischen Ziele ab, die langfristig der Erfüllung des kirchlichen Auftrags dienen sollen. Aus ihnen werden mittelfristige Ziele abgeleitet, die im Rahmen der mittelfristigen Finanzplanung und anschließend der Haushaltsplanung durch konkrete Maßnahmen operationalisiert werden. Durch die klare Orientierung an den Zielen innerhalb des Beratungsverfahrens kann es gelingen, Maßnahmen zu bewerten und zu priorisieren. Ferner sollte bei jeder Maßnahme festgelegt werden, anhand welcher Kriterien und möglichst objektiv messbarer Kennzahlen ihre Effektivität und gegebenenfalls Effizienz zu beurteilen ist. Solange sich die Kassenlage noch auf einem guten Niveau befindet, erkennt nicht jede Führungsperson die Notwendigkeit und die Vorteile eines (wirksamen) Controlling-Prozesses. Das Controlling beschränkt sich daher in vielen Fällen noch immer auf den Jahresabschluss.

Nachdem sich Maßnahmen, Projekte und Aufgaben relativ leicht unter verschiedensten kirchlichen Zielsetzungen subsumieren lassen, besteht häufig das Missverständnis, dass sie von den Verantwortlichen als Selbstläufer verstanden werden, der jegliche Investitionen und Aufwendungen legitimiert. Dies ist jedoch nicht konsistent zu den Erwartungen und Forderungen insbesondere der Kirchensteuerzahlenden an einen nachhaltigen, wirtschaftlichen und sparsamen Mitteleinsatz. Es bedarf daher eines Controllings, das nicht nur auf die Maßnahmen begrenzt, sondern in ein Gesamtsteuerungssystem eingebettet ist. Hierzu zählt neben einem standardisierten Projekt- und Finanz-, auch ein Personal- und Baucontrolling. Ohne ein wirksames und umfassendes Controlling-System ist eine rechtzeitige und vorausschauende Steuerung erschwert, da für steuerungsrelevante Entscheidungen nicht die hierfür erforderlichen Informationen vorliegen. Ferner leistet das Controlling insbesondere im Zusammenhang mit Maßnahmen und Projekten einen positiven Beitrag zur Beurteilung der Effektivität und der Effizienz und ermöglicht ein laufendes Lernen und einen kontinuierlichen Verbesserungsprozess.

Gerade in Zeiten knapper werdender Ressourcen besteht eine sehr große Herausforderung für die Kirchen darin, sich auf die verändernden Rahmenbedingungen einzustellen. Das heißt, neben den unmittelbar aus dem Auftrag der Kirche abgeleiteten Aufgaben muss sich Kirche auch neuen

Entwicklungen und Megatrends stellen und sich positionieren. Hierzu zählen vor allem die Digitalisierung, aber auch die Globalisierung, die Individualisierung, die steigende Mobilität, die Gesundheit, die Ökologie und die Silver Society. Ein Negieren und „Aussitzen" dieser Trends ist riskant, weil sich Kirche damit gesellschaftlich marginalisiert und damit im Leben vieler immer irrelevanter wird. Die Kirchen haben sich schon seit jeher immer wieder an neue gesellschaftliche und insbesondere auch herrschaftliche Rahmenbedingungen angepasst bzw. anpassen müssen. Die aktuelle Mitgliederentwicklung könnte eine Folge hiervon sein. Trotzdem heißt die Devise „Ärmel hochkrempeln" und nicht „Trübsal blasen".

Insgesamt bedarf es einer Analyse der Kirchenmitglieder bzw. auch der Nichtmitglieder, um Angebote und Projekte zu entwickeln, die die jeweiligen Adressaten ansprechen. Ein besonderes Augenmerk gilt es auf die Altersgruppen mit den höchsten Austrittsquoten zu legen; den jungen Erwachsenen und den Erwachsenen bis 50 Jahren. Durch eine gezielte, jedoch niederschwellige Beziehungskommunikation soll in der Evangelischen Landeskirche in Württemberg gerade die Altersgruppe der 15- bis 30-Jährigen angesprochen werden. Ziel ist es, dass möglichst viele Kirchenmitglieder regelmäßig altersspezifische und an die jeweilige Lebenssituation angepasste Angebote für Kontaktmöglichkeiten zu ihrer Kirche erhalten.

Fazit

Die Kirchenmitgliederentwicklung ist im Rahmen kirchlicher Zukunftsprognosen (leider) der am einfachsten abzuschätzende, klarste Trend. Dennoch wird diese Entwicklung gerne ausgeblendet oder in ihrer Bedeutung nicht angemessen gewürdigt, um Zuversicht zu bewahren, aber auch um einschneidende Konsequenzen zu vermeiden. Eine wissenschaftlich fundierte Prognose, insbesondere in Verbindung mit den langfristig zu erwartenden finanziellen Folgen, ist daher ein erneuter Weckruf für alle in der Kirche, bei denen diese Thematik aufgrund zahlreicher anderer Herausforderungen in den Hintergrund gerutscht ist. Natürlich hat die scheinbare Entkopplung der steigenden Kirchensteuereinnahmen von den verstärkt steigenden Mitgliederzahlen ein Übriges zu den Wahrnehmungsdefiziten beigetragen.

Nach Datenanalyse und Diagnose beginnt erst die Arbeit der Umsetzung. Die in Teil I vorgestellte wissenschaftliche Untersuchung liefert viele wichtige Hinweise, zum Beispiel auf die langfristige Bedeutung von Taufen, die notwendige Einbindung junger Erwachsener, die Bedeutung der Babyboomer oder den hohen finanziellen Beitrag einer ganz kleinen Gruppe unserer Kirchensteuerzahler.

Hier darf die Arbeit aber nicht aufhören. Zum einen gerät jede noch so aufwühlende Untersuchung in Vergessenheit, wenn sie nicht regelmäßig aktualisiert wird. Zum anderen ist das umfangreiche Datenmaterial der Kirchen noch längst nicht erschlossen: Welche regionalen und lokalen Mitgliederentwicklungen können wir warum feststellen? Wirkt sich starke Kindergarten- und Jugendarbeit messbar auf die Mitgliederentwicklung aus? Wie unterscheiden sich das Tauf- und Konfirmationsverhalten in Innenstädten und deren Speckgürtel? Wie spielen Milieus und Austrittsverhalten zusammen?

Unsere Hoffnung wäre, dass mit den aktuellen und weiteren Analysen auch neue Mut machende Ideen entstehen, was wir besser machen, ja wie wir begeistern wollen. Unser Glaube und unsere Institution Kirche sind einfach zu wertvoll, als dass wir nicht alles anschauen und dann mit Freude anpacken sollten, was Aussicht auf positive Wirkung hat – gemeinsam im Verbund der evangelischen Gliedkirchen, mit unseren katholischen Geschwistern und unseren weltweiten Partnerkirchen.

VERZEICHNIS DER AUTORINNEN UND AUTOREN

Baumann, Ute, M. A., geb. 1964, seit 2014 verantwortlich für das Projekt „Kirchenpost" der Evangelisch-Lutherischen Kirche in Bayern; davor Referentin für Öffentlichkeitsarbeit im Bereich Kultur, Diakonie und Kirche unter anderem für den Windsbacher Knabenchor, das Evang.-Luth. Dekanat München und den Arbeitskreis für Jugendliteratur e.V. Kontakt: ute.baumann@elkb.de.

Beese, Dieter, geb. 1955, (apl.) Professor für Praktische Theologie an der Ruhruniversität Bochum, 2014–18 Dezernent für Hochschulangelegenheiten und Gemeindenahe Dienste der Evang. Kirche von Westfalen (EKvW), 2012–14 hauptamtlich Lehrender an der Evang. Hochschule Bochum, 2001–12 Superintendent des Evang. Kirchenkreises Münster, 1991–2001 Lehrbeauftragter der EKD an der Polizei-Führungsakademie Münster-Hiltrup und Landespolizeipfarrer der EKvW, 1985–91 Gemeindepfarrer in Mülheim an der Ruhr. Arbeitsschwerpunkte: Kirchentheorie, Kirchliche Zeitgeschichte, Evang. Sozialethik. www.Dieter-Beese.de.

Bermpohl, Johannes, geb. 1969, Rechtsreferent im Landeskirchenamt der Evangelisch-Lutherischen Kirche in Bayern in München; in der Abteilung „Gemeinden und Kirchensteuer" befasst mit Aufgaben der Kirchengemeindeverfassung und der Kirchensteuererhebung; ehrenamtlich Mitglied im Kirchenvorstand seiner Kirchengemeinde. Kontakt: johannes.bermpohl@elkb.de.

Faix, Tobias, geb. 1969, Professor für Praktische Theologie an der CVJM-Hochschule Kassel. Dort leitet er das Forschungsinstitut empirica für Jugend, Kultur & Religion und den Masterstudiengang „Transformationsstudien: Öffentliche Theologie & Soziale Arbeit". Kirchlich engagiert sich Faix in der Kreissynode Marburg-Biedenkopf und sitzt als ständiger Gast in der Kammer für soziale Ordnung der EKD.

Fiola, Reinhard, geb. 1954, Pastor der Evangelisch-lutherischen Landeskirche Hannovers, Gemeindepastor von 1982–1992, Leiter der Stadtmission Hannover von 1992–2010, Projektleiter „Jahr der Taufe" von 2010–12, Projektleiter „Mitgliederorientierung" von 2012–18.

Först, Johannes, geb. 1972, Professor für Pastoraltheologie an der Universität Würzburg, 2015–18 Professor für Practical Theology and Religious

Studies an der Universität Tilburg (Niederlande), Kardinal-Wetter-Preis der Kath. Akademie in Bayern für die Habilitationsschrift; seit vielen Jahren Tätigkeit in der Aus- und Weiterbildung kirchlicher Mitarbeiter/innen in deutschen Diözesen.

Frühmorgen, Peter, geb. 1985, wissenschaftlicher Assistent und akademischer Rat (a. Z.) am Lehrstuhl für Pastoraltheologie an der Universität Würzburg; B. Sc. der Wirtschaftswissenschaften; Bonhoeffer-Forschungspreis 2017 für die theologische Dissertationsschrift.

Gutmann, David, geb. 1978, wissenschaftlicher Mitarbeiter am Forschungszentrum Generationenverträge und am Institut für Finanzwissenschaft und Sozialpolitik der Albert-Ludwigs-Universität Freiburg. Davor verschiedene Stationen im Erzbischöflichen Ordinariat Freiburg unter anderem von 2008–12 verantwortlich für die Einführung des neuen Rechnungswesens sowie von 2012–16 für das Personalmanagementsystem.

Herrmann, Maria, geb. 1984, Theologin und seit 2013 Referentin für Kirchehoch2 im Bistum Hildesheim. Sie arbeitet derzeit an einem Promotionsprojekt zu Fresh Expressions of Church und setzt diese Formen von Kirchenentwicklung und Gemeindegründung in den Kontext von sowohl Missions- wie Komplexitätsdiskursen. Kontakt: maria@kirchehoch2.de

Kastrup, Martin, Dr., geb. 1962, ist Oberkirchenrat und Dezernent für Finanzmanagement und Informationstechnologie der Evangelischen Landeskirche in Württemberg.

Keller, Dirk, geb. 1959, zurzeit Citykirchenpfarrer und Gemeindepfarrer an der Evangelischen Stadtkirche Karlsruhe, zuvor zwölf Jahre Dekan im Kirchenbezirk Mosbach und von 1989–2000 Gemeindepfarrer und Öffentlichkeitsbeauftragter im Kirchenbezirk Karlsruhe.

Kendel, André, Dr., geb. 1967, Gemeindepfarrer, fünf Jahre im Marketing tätig, Gemeindeberater, Projektleiter Mitgliederorientierung der Badischen Landeskirche. Kontakt: mitgliederorientierung@ekiba.de.

Leiser, Wolfgang, geb. 1970, seit 2007 Leiter des Kompetenzzentrum Fundraising der Evangelisch-Lutherischen Kirche in Bayern; zuvor Fundraising-Referent, Industriekaufmann. Kontakt: wolfgang.leiser@elkb.de.

Peters, Fabian, geb. 1987, wissenschaftlicher Mitarbeiter am Forschungszentrum Generationenverträge und am Institut für Finanzwissenschaft und

Sozialpolitik der Albert-Ludwigs-Universität Freiburg. Als langjähriger Vorsitzender der Evangelischen Jugend in Baden sowie Präsidiumsmitglied der aktuellen badischen Landessynode gilt sein kirchliches Interesse insbesondere den Arbeitsfeldern mit jungen Menschen.

Raffelhüschen, Bernd, geb. 1957, ist Direktor des Forschungszentrums Generationenverträge und des Instituts für Finanzwissenschaft und Sozialpolitik der Albert-Ludwigs-Universität Freiburg. Unter seiner Leitung wurde in einem ökumenischen Forschungsprojekt erstmals eine koordinierte Mitglieder- und Kirchensteuervorausberechnung für jede der 20 evangelischen Landeskirchen und 27 römisch-katholischen (Erz-)Diözesen in Deutschland erstellt.

Riegel, Ulrich, geb. 1966, ist Professor für Religionspädagogik am Seminar für Katholische Theologie der philosophischen Fakultät der Universität Siegen. Seine Forschungsschwerpunkte sind die Analyse der zeitgenössischen Religiosität und religiöser Lehr- und Lernprozesse mit den Mitteln der empirischen Sozialwissenschaften.

Ritter, Martin C., geb. 1980, leitet das Referat Finanzplanung, Haushalt, Steuern, Finanzcontrolling und Statistik der Evangelischen Landeskirche in Württemberg.

Rünker, Thomas, geb. 1976, Journalist und Diplom-Kaufmann, seit 2013 Redakteur in der Stabsabteilung Kommunikation des Bistums Essen, 2015–18 Leiter des Projekts „Initiative für den Verbleib in der Kirche" und Mitherausgeber der daraus entstandenen Studie „Kirchenaustritt – oder nicht? Wie Kirche sich verändern muss"; bis 2013 Redakteur bei der Neuen Ruhr/Neuen Rhein-Zeitung in Essen. Kontakt: thomas.ruenker@bistum-essen.de.

Schmidt, Thomas, geb. 1965, Professor für Management und Organisationsethik an der Katholischen Hochschule Freiburg, Privatdozent der Alpen-Adria-Universität Klagenfurt, Mitherausgeber der Zeitschrift Praxis Palliative Care; seit 2001 Organisationsberater und Managementtrainer auch in zahlreichen kirchlichen Organisationen, 2009–11 Projektbegleiter für die Pilotphase zur Einführung des LEVI-Programms zur Gemeindeentwicklung und Visitation in der Erzdiözese Freiburg. Kontakt: t.schmidt@werte-wandel.de.

Schnieders, Udo, geb. 1960, Partner und Strategieberater bei Schomerus – Beratung für gesellschaftliches Engagement GmbH, Diplom-Theologe, Erwachsenenbildner, Personal- und Organisationsentwickler; seit 2002 Fundraisingberater für zahlreiche kirchliche Organisationen; 2007–18 Leiter der Stabsstelle bzw. Referat Fundraising des Erzbischöflichen Ordinariats Freiburg. Kontakt: udo.schnieders@schomerus.eu.

Swiatkowski, Sebastian, geb. 1989, hat in Freiburg im Breisgau katholische Theologie studiert. Die ersten beiden Jahre seiner Ausbildung zum Pastoralreferenten verbrachte er in der Kirchengemeinde Beim Titisee im Hochschwarzwald. Aktuell arbeitet er in der Kirchengemeinde Karlsruhe Albsüdwest St. Nikolaus. Als Pastoralinnovateur sucht er nach neuen Formen der Glaubenskommunikation. Kontakt: sebastian.swiatkowski@stnikolaus-ka.de

Vormweg, Frank, geb. 1967, Diplom-Theologe und Diplom-Arbeitswissenschaftler; seit 2017 Leiter der Hauptabteilung Seelsorge im Bischöflichen Generalvikariat Münster. Zuvor berufliche Stationen zunächst in Jugendpastoral und Bildung, seit 2002 im Prozess- und Personalmanagement eines katholischen Klinikums sowie im Verband der Diözesen Deutschlands. Kontakt: vormweg@bistum-muenster.de.

Weimer, Markus, geb. 1976, lebt mit seiner Familie am westlichen Ende des Bodensees und arbeitet als Pfarrer in der Evangelischen Kirchengemeinde in Böhringen. Er ist Mitglied im Leitungsteam des Netzwerks *churchconvention* und investiert gerne in die Entwicklung von jungen Leiterinnen und Leitern, um neue Formen von Kirche zu entwickeln. Er arbeitet an einer Forschungsarbeit zum Thema „Innovation in der Church of England“, ist Mitherausgeber der Reihe „Kirche und Milieu“ (Vandenhoeck & Ruprecht) und genießt es, die kreativen Ansätze in der Gemeinde auszuprobieren. Zu einem guten Cappuccino kann er übrigens nur schwer nein sagen.

Worbs, Frank, geb. 1957 in Deutschland, Leiter Kommunikation der Reformierten Landeskirche Aargau seit 1998, Studium der Evangelischen Theologie in Marburg, Paris und Zürich, 1986–98 Pfarrer in der Schweiz, Kanton Aargau, und Redaktionsmitglied der Kirchenzeitung, Ausbildung zum Leiter Marketing Kommunikation IAA beim Schweiz. Ausbildungszentrum SAWI, Leiter des Projekts „Lebenslang Mitglied bleiben“ der Deutsch-Schweizer Kirchen. Kontakt: frank.worbs@ref-aargau.ch.